# 农村电商
## 基础与实务

隋东旭 隋海军 编著

清华大学出版社
北京

## 内 容 简 介

大力发展农村电商作为乡村振兴的重要手段,在全面推进乡村振兴的进程中发挥重要的作用。本书共8章,包括农村电商基础知识、农产品电商化的前期准备、农村电商营销推广、农村电商支付、农村电商物流、农村电商运营、农村直播电商、农村电商案例分析。

本书可以作为电子商务专业学生的教材,也可以供相关从业人员参考使用。

本书封面贴有清华大学出版社防伪标签,无标签者不得销售。
版权所有,侵权必究。举报:010-62782989,beiqinquan@tup.tsinghua.edu.cn。

图书在版编目(CIP)数据

农村电商基础与实务 / 隋东旭,隋海军编著 . — 北京:清华大学出版社,2022.11(2024.8重印)
ISBN 978-7-302-61936-9

Ⅰ.①农… Ⅱ.①隋…②隋… Ⅲ.①农村—电子商务—研究—中国 Ⅳ.①F724.6

中国版本图书馆 CIP 数据核字(2022)第 180919 号

责任编辑:吴梦佳
封面设计:常雪影
责任校对:袁 芳
责任印制:刘 菲

出版发行:清华大学出版社
    网  址:https://www.tup.com.cn,https://www.wqxuetang.com
    地  址:北京清华大学学研大厦A座  邮  编:100084
    社 总 机:010-83470000  邮  购:010-62786544
    投稿与读者服务:010-62776969,c-service@tup.tsinghua.edu.cn
    质量反馈:010-62772015,zhiliang@tup.tsinghua.edu.cn
    课件下载:https://www.tup.com.cn,010-83470410
印 装 者:三河市铭诚印务有限公司
经  销:全国新华书店
开  本:185mm×260mm  印  张:16.25  字  数:370千字
版  次:2022年12月第1版  印  次:2024年8月第2次印刷
定  价:49.00元

产品编号:097676-01

# 前　言

随着电子商务的不断发展，我国的城市电商市场正在趋于饱和，而农村电商市场还处于亟待挖掘的状态，掌控下沉市场成为所有电商平台的重中之重。随着互联网的普及，以及农村基础建设的不断完善，农村有了发展电子商务的基础条件，同时，国家也在出台相关政策大力支持农村电商的发展，把发展农村电商作为促进"三农"发展、转变经济发展方式、优化产业结构、带动就业与农民增收的重要动力。农村电商的发展为农村经济的发展及加快农业农村现代化提供了新的引擎。

本书共分为 8 章。

第一章　农村电商基础知识，主要包括电子商务认知、农村电子商务认知、农村电子商务相关法规与政策。通过本章的学习，学生应该掌握农村电商的相关知识，比如农村电商的主要模式、农村电子商务相关的法规与政策等。

第二章　农产品电商化的前期准备，主要包括农产品电商化、农村电商团队建设。通过本章的学习，学生应该掌握农产品电商化的相关知识，如农产品文案策划、农村电商企业架构等。

第三章　农村电商营销推广，主要包括认识网络营销、农村电商营销策略、农村电商营销推广方法。通过本章的学习，学生应该掌握农村电商营销推广的主要内容，如服务策略、社群营销等。

第四章　农村电商支付，主要包括电子支付概述、第三方支付、移动支付、网上银行。通过本章的学习，学生应该掌握农村电商支付的主要内容，如移动支付相关技术、网上银行的特点与类型等。

第五章　农村电商物流，主要包括农村电商物流概述、农村电商物流配送。通过本章的学习，学生应该掌握农村电商物流的相关知识，如农产品物流、农产品电商物流配送模式等。

第六章　农村电商运营，主要包括农村电商平台运营、农村电商社交平台运营。通过本章的学习，学生应该掌握农村电商运营的相关工作，如农村电商京东平台运营、农村电商微信运营等。

第七章　农村直播电商，主要包括直播电商概述、农村电商直播前的准备、农村直播电商的运营。通过本章的学习，学生应该掌握农村直播电商的相关知识，如直播团队的打造、直播间商品的展示等。

第八章　农村电商案例分析，主要包括淘宝村案例分析、县域电商案例分析、民宿电商案例分析。通过本章的学习，学生应该掌握农村电商的相关案例，如县域电商等。

本书特点如下。

（1）内容系统详尽。本书从什么是农村电商、农产品电商化的前期准备、农村电商营销、农村电商支付、农村电商物流、农村电商运营、农村直播电商等不同的方向对农村电商做了全方位、系统化的介绍。

（2）课程形式多样化。本书除讲述理论知识外，还设置了教学目标、学习重难点、思政小课堂、思维导图、知识扩展等多个模块，有助于学生更主动地学习，以及更好地吸收课堂知识。

（3）教学资源丰富。本书提供配套电子课件、课后习题答案、期末试卷及答案、教学进度表、电子教案等教学资源。

本书由隋东旭、隋海军老师编著并进行全书的统稿工作。由于编著者水平有限，书中不足和疏漏之处在所难免，敬请专家和读者不吝赐教。

编著者
2022 年 4 月

# 目 录

## 第一章 农村电商基础知识 / 1

### 第一节 电子商务认知 / 2
一、电子商务的概念与特点 / 3
二、电子商务的主要模式 / 5

### 第二节 农村电子商务认知 / 9
一、农村电商的概念 / 10
二、农村电商的分类与特征 / 10
三、农村电商的发展现状 / 13
四、农村电商面临的机遇与挑战 / 14
五、农村电商的价值 / 18

### 第三节 农村电子商务相关法规与政策 / 20
一、农村电子商务相关法规与政策汇总 / 20
二、重点政策解读 / 22

## 第二章 农产品电商化的前期准备 / 26

### 第一节 农产品电商化 / 27
一、农产品客户画像 / 28
二、农产品卖点挖掘 / 30
三、农产品价格定位 / 33
四、农产品文案策划 / 35

    五、农产品服务定位 / 38

  第二节 农村电商团队建设 / 41

    一、农村电商企业架构 / 41

    二、农村电商岗位职责与职业要求 / 43

    三、农村电商人才培养 / 45

    四、农村电商团队激励与考核 / 47

# 第三章 农村电商营销推广 / 54

  第一节 认识网络营销 / 56

    一、网络营销的定义与特点 / 56

    二、网络营销的任务与层次 / 57

    三、网络消费者购买动机与购买行为 / 62

  第二节 农村电商营销策略 / 68

    一、产品策略 / 68

    二、价格策略 / 72

    三、渠道策略 / 76

    四、促销策略 / 78

  第三节 农村电商营销推广方法 / 81

    一、搜索引擎营销 / 81

    二、微信营销 / 82

    三、病毒营销 / 86

    四、社群营销 / 88

    五、短视频营销 / 89

    六、微博营销 / 91

# 第四章 农村电商支付 / 94

  第一节 电子支付概述 / 96

    一、电子支付的定义 / 96

二、电子支付的特点　　/ 96

三、电子支付的类型　　/ 96

## 第二节　第三方支付　　/ 98

一、第三方支付的定义　　/ 98

二、第三方支付的流程　　/ 98

三、第三方支付平台　　/ 99

## 第三节　移动支付　　/ 101

一、移动支付的定义　　/ 101

二、移动支付的分类　　/ 101

三、移动支付的相关技术　　/ 102

四、移动支付的流程　　/ 104

## 第四节　网上银行　　/ 105

一、网上银行的定义　　/ 105

二、网上银行的特点与类型　　/ 106

三、网上银行的优势　　/ 107

四、网上银行的业务品种　　/ 107

五、网上银行常用的安全技术　　/ 108

六、网上银行的支付流程　　/ 109

# 第五章　农村电商物流　　/ 111

## 第一节　农村电商物流概述　　/ 112

一、物流的概念　　/ 113

二、物流的分类　　/ 113

三、生鲜电商物流　　/ 116

四、农产品电商物流　　/ 118

五、农村电商物流认知　　/ 119

## 第二节　农村电商物流配送　　/ 122

一、农村电商物流配送模式　　/ 122

二、农产品电商物流配送模式　　/ 124

三、生鲜电商物流配送模式　　/ 127

# 第六章　农村电商运营　/ 129

## 第一节　农村电商平台运营　/ 130

一、农村电商淘宝平台运营　/ 131
二、农村电商京东平台运营　/ 137
三、农村电商1688平台运营　/ 140
四、农村电商拼多多平台运营　/ 145

## 第二节　农村电商社交平台运营　/ 151

一、农村电商微信运营　/ 151
二、农村电商短视频运营　/ 156

# 第七章　农村直播电商　/ 162

## 第一节　直播电商概述　/ 164

一、直播电商的概念与特点　/ 164
二、直播电商的模式与基本流程　/ 165
三、农村直播电商的优势与价值　/ 171

## 第二节　农村电商直播前的准备　/ 174

一、直播团队的打造　/ 174
二、农村电商直播设备的配置　/ 178
三、农村电商直播脚本的策划　/ 182
四、农村电商直播间的布置　/ 186

## 第三节　农村直播电商的运营　/ 190

一、直播间商品的选择与规划　/ 190
二、直播间人气的打造　/ 195
三、直播语言技巧的设计　/ 197
四、直播间商品的展示　/ 199
五、直播间的互动技巧　/ 201

六、直播间的数据分析　　/ 205

# 第八章　农村电商案例分析　　/ 211

## 第一节　淘宝村案例分析　　/ 212
　　一、案例背景概况　　/ 213
　　二、案例分析思路　　/ 214
　　三、案例总结与思考　　/ 221

## 第二节　县域电商案例分析　　/ 226
　　一、案例背景概况　　/ 226
　　二、案例分析思路　　/ 228
　　三、案例总结与思考　　/ 232

## 第三节　民宿电商案例分析　　/ 237
　　一、案例背景概况　　/ 237
　　二、案例分析思路　　/ 240
　　三、案例总结与思考　　/ 242

# 参考文献　　/ 248

# 第一章
# 农村电商基础知识

 **教学目标**

- ☑ 了解电子商务的概念。
- ☑ 掌握电子商务的主要模式。
- ☑ 了解电子商务的特点。
- ☑ 了解农村电商的概念。

 **学习重点和难点**

学习重点：
- ☑ 能够掌握农村电商的分类。
- ☑ 能够了解农村电商的特征。

**学习难点：**
- ☑ 能够掌握农村电商面临的机遇与挑战。
- ☑ 能够掌握农村电商的价值。
- ☑ 能够了解农村电子商务相关法规与政策。

 **思政小课堂**

通过本章的学习，培养学生的专业素养与人文家国情怀，在传授专业知识的同时对学生进行价值引导，培养有能力担当民族复兴大任的时代新人。

**思维导图**

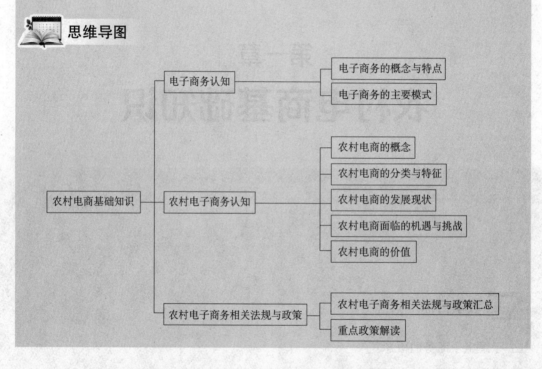

互联网在下沉市场的加速渗透带动了农村电商的快速发展。随着农产品触网的程度加深，农产品网络零售额迎来快速增长。在乡村振兴战略带来的新机遇下，中国农村电商产业将完成农产品产业链重塑，进一步加快发展。

# 第一节 电子商务认知

随着社会经济的发展，人们生活水平不断提高，对物质生活的要求也不断提高。科技的发展，尤其是移动通信技术的飞速发展，改变了人们的购物方式，人们不再局限于面对面的、看着实实在在的货物、靠纸介质单据（包括现金）进行买卖交易，更多的是通过网上琳琅满目的商品信息、完善的物流配送系统和方便安全的资金结算系统进行交易(买卖)。电子商务的发展在方便人们的生活的同时促进了经济的发展。

## 一、电子商务的概念与特点

### 1. 电子商务的概念

根据《联合国国际贸易法委员会电子商务示范法》，广义的电子商务（electronic business，EB）是指利用数据信息进行的商业活动，而数据信息是指由电子、光学或者其他类似方式所产生、传输并存储的信息。狭义的电子商务（electronic commerce，EC）是指基于互联网平台实现商业交易电子化的行为。我们日常生活中所接触的电子商务属于狭义的电子商务。根据电子商务的特点，我们可以这样理解：电子商务是基于互联网、以交易双方为主体，以电子支付和结算为手段，以客户数据为依托的全新网络贸易形式。

在这里需要注意的是：电子商务本身并非高新技术，而是高新技术的应用；电子商务的本质是商务，而非技术，技术运用的目标是更加高效地实现商务功能。

### 2. 电子商务的特点

1）电子商务的技术特点

电子商务的技术特点如图1-1所示。

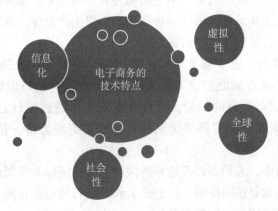

图1-1　电子商务的技术特点

（1）信息化。电子商务是以信息技术为基础的商务活动，需通过计算机网络系统来实现信息的交换和传输。计算机网络系统是融数字化技术、网络技术和软件技术为一体的综合系统，因此，电子商务的实施和发展与信息技术的发展密切相关，信息技术的发展推动了电子商务的发展。

（2）虚拟性。互联网作为数字化的电子虚拟市场，它的商务活动和交易是数字化的。由于信息交换不受时空限制，因此，可以跨越时空形成虚拟市场，完成过去在实物市场中无法完成的交易，这正是电子商务快速发展的根本所在。

（3）全球性。作为电子商务的主要媒体，互联网是全球开放的，电子商务的开展是不受地理位置限制的，它面对的是全球性统一的电子虚拟市场。

（4）社会性。虽然电子商务依托的是网络信息技术，但电子商务的发展和应用是一项社会性的系统工程，因为电子商务活动涉及企业、政府组织、消费者参与，以及适应电子虚拟市场的法律法规和竞争规则形成等，如果缺少任意一个环节，势必制约电子商务的发展，如电子商务交易纳税问题等。

2）电子商务的应用特点

电子商务的应用特点如图1-2所示。

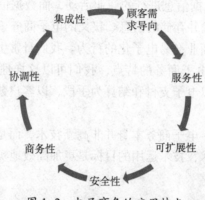

图1-2 电子商务的应用特点

（1）商务性。电子商务作为一种新型的商务方式，商务性是其最基本的特性，即提供买、卖交易的服务、手段和机会。网上购物为客户提供了一条方便的途径。因此，电子商务对任何规模的企业而言，都是一种机遇。它将生产企业、流通企业及消费者和政府带入一个网络经济、数字化生存的新天地。

（2）顾客需求导向。电子商务可以扩展市场，增加访客数量。通过将Internet信息连入企业数据库，企业就能记录下进入企业网站的用户的每次访问、销售和购买形式及动态，以及客户对产品的偏爱，这样企业就可以通过统计这些数据来获得客户的需求信息，并根据客户要求提供定制服务，真正实现为每一位客户定制个性化的产品。

在电子商务环境中，人们不再受地域的限制，客户能以非常简捷的方式完成过去较为繁杂的商务活动，如通过网络银行能够全天候地进行资金的存取、信息的查询等，同时，企业对客户的服务质量也大幅提高。

（3）集成性。电子商务采用了大量的新技术，但这并不意味着新技术将会导致老设备的报废。电子商务能够使用户更加行之有效地利用自己已有的资源和技术完成自己的工作。

电子商务的集成性在于事务处理的整体性和统一性，它能规范事务处理的工作流程，将人工操作和电子信息处理集成为一个不可分割的整体。这样，不仅提高了人力和物力的利用效率，也提高了系统运行的严密性。

（4）服务性。电子商务能支持企业的全过程和服务流程。服务性不仅体现在对企业外部客户的服务上,而且体现为对企业内部的服务更强有力的支持。在电子商务环境中,客户的选择范围已经不再是过去的只对几家邻近商店的选择,而是在全球范围内的选择。客户也不再仅把目光盯在价格上,而是开始进行服务的比较。因此,服务质量在某种意义上成为电子商务活动的关键,这是新技术创新带来的新结果。

现在,在 Internet 上的企业都能为客户提供完整的服务,而电子商务在这种服务的提高中充当了催化剂。而且,Internet 的应用使企业能够自动处理商务过程,并不再像以往那样强调公司内部的分工。

企业通过将客户服务过程移至 Internet 上,使客户能以一种更快捷的方式获得过去需要耗费许多周折才能获得的服务。例如,要将资金从一家银行的账户移至另一家银行的账户、查看信用卡上的存款、记录自己所需的货物的运送情况,这些足不出户就可以完成,而在过去,这是不可想象的。

(5)可扩展性。要使电子商务正常运作,必须确保其可扩展性。在网上有数以百万计的用户,而在传输过程中,可能会出现多个用户同时登录企业同一个网站的情况,因此常常会出现高峰状况。如果一家企业原来设计每天可受理 40 万人次的访问,而事实上每天有 80 万用户进行访问,这就需要尽快配备一台可扩展的服务器,否则客户访问速度将会急剧下降,甚至还会拒绝数千次可能带来丰厚利润的客户来访。对于电子商务来说,可扩展性的系统才是稳定的系统。如果在出现高峰状况时能及时扩展,就可以使系统阻塞的可能性大为下降。在电子商务中,耗时仅 2 分钟的重新启动也可能导致大量客户流失,因而可扩展性极其重要。

(6)安全性。在电子商务中,安全性是一个至关重要的核心问题。它要求网络能提供一种端到端的安全解决方案,如加密机制、签名机制、安全管理、存取控制、防火墙、防病毒保护等,这与传统的商务活动有着很大的不同。

(7)协调性。商务活动本身是一种协调过程,它需要客户与公司内部、生产商、批发商、零售商间的协调,在电子商务环境中,它更要求银行、配送中心、通信部门、技术服务等多个部门的通力协作,电子商务的全过程往往是一气呵成的。

## 二、电子商务的主要模式

### 1. B2B 交易模式

企业与企业之间的电子商务,即 B2B(business to business)电子商务,是指企业与企业之间通过互联网进行产品、服务及信息的交换,包括企业与供应商之间的采购,企业与产品批发商、零售商之间的供货,企业与仓储、物流公司的业务协调等。B2B 电子商务的具体交易过程包括:发布供求信息,订货及确认订货,支付过程,票据的签发、传送和接收,确定配送方案并监控配送过程等。

B2B 电子商务包括非特定企业间的电子商务和特定企业间的电子商务。非特定企业间的电子商务是在开放的网络中对每笔交易寻找最佳伙伴,与伙伴进行从定购到结算的全部交易行为。这里,虽说是非特定占多数,但由于加入该网络的只限于需要这些商品的企业,可以设想限于某一行业的企业。不过,它不以持续交易为前提,不同于特定企业间的电子商务。特定企业间的电子商务是在过去一直有交易关系或者今后一定要继续进行交易的企业间，为了相同的经济利益，共同进行的设计、开发或全面进行市场及库存管理而从事的商务交易。企业可以使用网络向供应商订货、接收发票和付款。B2B电子商务在这方面已经有了多年的运作历史，使用的效果也很好，特别是通过专用网络或增值网络上运行的电子数据交换（electronic data interchange，EDI）。

**知识扩展** 阿里巴巴国际站

阿里巴巴国际站是目前世界上最大的互联网国际贸易供求交流市场，其用户可以获得来自全球范围各行各业的即时商业机会、公司产品展示、信用管理等贸易服务，其中包含32个行业7000多种产品分类的商业机会。

阿里巴巴国际站如图1-3所示。

图1-3　阿里巴巴国际站

### 2. B2C 交易模式

企业与消费者之间的电子商务，即B2C（business to customer）电子商务。B2C电子商务主要应用于商品的零售业，包括面向普通消费者的网上商品销售（网上购物）和网上电子银行业务（存款业务、取款业务和货币兑换业务等）。它类似于联机服务中进行的商品买卖，是利用计算机网络使消费者直接参与经济活动的高级形式。这种形式基本等同于电子化的零售，它随着WWW（万维网）的出现迅速地发展起来。目前，在互联网上遍布各种类型的商业中心，提供从鲜花、书籍到计算机、汽车等各种消费商品和服务。传统商家根据各自销售商品的经验使用电子商务平台进行此类商务活动。

B2C电子商务是目前发展非常迅速的一个领域，也是电子商务的一个新的增长点，是我国最早产生的电子商务模式，目前市场上成功的B2C企业如天猫商城、京东商城、当当网、一号店、亚马逊、苏宁易购、国美在线等。

> 知识扩展 → **天猫商城**

　　天猫商城在 B2C 电子商务模式的电子营销行业始终处于领先地位。其模式主要就是只做网络销售平台，各大卖家可以通过天猫平台销售各种商品，这种模式类似于现实生活中的购物商场，而天猫商城的功能主要就是为商家提供一个销售平台，而不参与任何销售交易，但前提是进驻天猫商城的任何商户都不得违反天猫商城的规定，否则将会受到处罚。

　　天猫商城采用的 B2C 模式就像一把双刃剑，有利有弊。

　　其优势在于天猫商城的平台较大，商户相对自由，商户自负盈亏。对于商城与商户来说，收入都比较稳定。

　　其劣势在于天猫商城这种 B2C 模式对于商户来说利润比较低。天猫商城如图 1-4 所示。

图 1-4　天猫商城

### 3. C2C 交易模式

　　消费者与消费者之间的电子商务，即 C2C（consumer to consumer）电子商务。简单地说，就是消费者本身提供服务或产品给其他消费者。

　　在电子商务的运营模式中，C2C 交易模式由于其用户参与性强、灵活方便等特点，表现出了很强的发展潜力。C2C 电子商务平台就是通过为买卖双方提供一个在线交易平台，使卖方可以发布待出售的物品的信息，而买方可以从中选择进行购买，同时，为便于买卖双方交易，提供交易所需的一系列配套服务，如协调市场信息汇集、建立信用评价制度、多种付款方式等。到目前为止，C2C 市场上成功的企业如淘宝网、拍拍网、易趣网等。

### 4. B2G 交易模式

　　企业与政府之间的电子商务，即 B2G（business to government）电子商务。这种商务活动覆盖企业与政府组织间的各项事务，包括政府采购、税收、商检、管理条例发布，以及法规政策帮助等。

在该交易模式中，政府一方面作为消费者，可以通过网络发布自己的采购清单，公开、透明、高效、廉洁地完成所需物品的采购；政府另一方面对企业宏观调控、指导规范、监督管理的职能通过网络电子商务方式更能充分、及时地发挥。借助于网络及其他信息技术，政府职能部门能及时、全面地获取所需信息，做出正确决策，做到快速反应，能迅速、直接地将政策法规及调控信息传达于企业，起到管理与服务的作用。在电子商务中，政府还有一个重要的作用，就是对电子商务的推动、管理和规范。

总之，在电子商务中政府扮演着双重角色：既是电子商务的使用者，进行购买活动属商业行为；又是电子商务的宏观管理者，对电子商务起着扶持和规范的作用。对企业而言，政府既是电子商务中的消费者，又是电子商务中的企业管理者。

### 5. C2B 交易模式

消费者与企业之间的电子商务，即 C2B（customer to business）电子商务。C2B 模式最先是在美国流行起来的，其核心是采用消费者主动的方式，通过聚合分散分布，使数量庞大的用户形成一个强大的采购集团，以此来改变 B2C 模式中用户一对一出价的弱势地位，使之享受到以大批发商的价格买单件商品的优惠。这一模式改变了原有生产者（企业和机构）和消费者之间的关系，帮助消费者和商家创造一个更加省时、省力、省钱的交易渠道。

### 6. ABC 交易模式

代理商、商家与消费者之间的电子商务，即 ABC（agent business consumer）电子商务。ABC 模式是新型电子商务模式的一种，它是由代理商、商家和消费者共同搭建的集生产、经营、消费为一体的电子商务平台，三者之间可以转化。大家相互服务，相互支持，你中有我，我中有你，真正形成一个利益共同体。

### 7. B2B2C 交易模式

B2B2C（business to business to customers）是一种新的网络通信销售方式。第一个 B 指广义的卖方（即成品、半成品、材料提供商等），并不仅仅局限于品牌供应商、影视制作公司和图书出版商，任何的商品供应商或服务供应商都可以成为第一个 Business；第二个 B 是电子商务企业，通过统一的经营管理对商品和服务、消费者终端同时进行整合，是广大供应商和消费者之间的桥梁，为供应商和消费者提供优质的服务，是互联网电子商务服务供应商。C 表示消费者，是在第二个 B 构建的统一电子商务平台购物的消费者。

B2B2C 是目前的 B2B、B2C 模式的演变和完善，把 B2C 和 C2C 完美地结合起来，采用 B2B2C 模式的电子商务企业构建自己的物流供应链系统，提供统一的服务。它把"供应商→生产商→经销商→消费者"各个产业链紧密连接在一起。整个供应链是一个从创造增值到价值变现的过程，把从生产、分销到终端零售的资源进行全面整合，大幅增强了网商的服务能力，该平台将帮助商家直接充当卖方角色，把商家直接推到与消费者面对面的前台，让生产商获得更多的利润，使更多的资金投入技术和产品创新上，最终让广大消费者获益。

### 8. O2O 交易模式

线上线下共同交易模式，即 O2O（online to offline）电子商务交易模式。O2O 是新兴的一种电子商务新商业模式，即将线下商务的机会与互联网结合在一起，让互联网成为线下交易的前台。这样，线下服务就可以在网上寻找消费者，然后将他们带到现实的商店中。它是支付模式和为店主创造客流量的一种结合，实现了线上的购买、线下的服务。它本质上是可计量的，因为每一笔交易（或者是预约）都发生在网上。这种模式应该说更偏向于线下，更利于消费者，让消费者感觉消费得较踏实。

**课堂实训**

| 活动题目 | 收集并对比电子商务的不同类型 |
| --- | --- |
| 活动步骤 | 对学生进行教学分组，每3～5人为一个小组，以小组为单位进行讨论 |
| | 讨论并收集电子商务的不同模式，并将结果填入表1-1中 |
| | 讨论、对比电子商务各类型的特点，并将结果填入表1-2中 |
| | 每个小组将小组讨论结果形成PPT，派出一名代表进行演示 |
| | 教师给予评价 |

表 1-1　收集结果

| 电子商务主要模式 | 主要概念与典型企业 |
| --- | --- |
|  |  |
|  |  |
|  |  |
|  |  |

表 1-2　电子商务各类型的特点

| 电子商务类型 | 特　点 |
| --- | --- |
|  |  |
|  |  |
|  |  |

## 第二节　农村电子商务认知

农村电子商务通过网络平台嫁接各种服务于农村的资源，拓展农村信息服务业务、服务领域，使之成为遍布县、镇、村的三农信息服务站，作为农村电子商务平台的实体终端直接扎根于农村服务于三农,真正使三农服务落地,使农民成为平台的最大受益者。农村电子商务平台配合密集的乡村连锁网点,以数字化、信息化的手段,通过集约化管理、市场化运作、成体系的跨区域跨行业联合,构筑紧凑而有序的商业联合体,降低农村商业成本、扩大农村商业领域、使农民成为平台的最大获利者,使商家获得新的利润增长。

## 一、农村电商的概念

农村电商又称农村电子商务,指通过网络平台嫁接各种服务于农村的资源,拓展农村信息服务业务、服务领域,使之兼而成为县、镇、村的三农信息服务站。

狭义的农村电商一般指其内涵,是指利用互联网(移动互联网),通过计算机、移动终端等设备,采用多媒体、自媒体等现代信息技术,为从事涉农领域的生产经营主体提供在网上完成产品或服务的销售、购买和电子支付等业务交易的过程,其中也包括对接外部电商平台、建立电商基础设施、进行电商知识培训、搭建电商服务体系和出台电商支撑政策等业务。

广义的农村电商一般还包括其外延部分,它更多地强调在农村推进和应用电子商务,它不仅指工业品下乡或农产品进城,还包括以下五个层面的含义:将农产品通过网络途径销售出去;在乡村聚集的以销售本地特色商品为主要业务的乡村电商,如淘宝村、淘宝镇;将电商的物流、人才流、信息流、资金流聚集在县城周边,形成电商服务业、包装仓储物流相关产业和商品配套供应产业协同集群发展的县域电商;将农民需要的生活服务、农业生产资料和生活日用品通过电商终端的延伸,实现服务到村的农村电商,典型的就是阿里巴巴、京东实行的农村战略;将信息技术、大数据、物联网技术应用到农业生产,实现农业的规模化、精准化生产,并促进农业与乡村旅游和谐发展。

## 二、农村电商的分类与特征

### 1. 农村电商的分类

农村电商的分类如图1-5所示。

农村电商的分类

图1-5 农村电商的分类

1) 农产品电商

农产品电商是指在农产品销售过程中全面导入电子商务系统，利用信息技术，以网络为媒介，进行需求、价格等信息的发布与收集，依托农产品生产基地与物流配送系统，为顾客提供优质农产品和服务的一种新型的商业运营模式。农产品电商主要分为以下三类。

（1）自产自销，即由农民、种养大户、家庭农场、农业企业等将自己生产的农产品通过网络销售出去，主要采用 B2C、C2C 模式。其优点是集"产加销"于一体，货源可控、质量可控、价格可控。其缺点是品种单一、季节性强、单打独斗。

（2）专职电商，即由零售电商或电商企业通过网络为农民、农业企业销售农产品，有的采用代销模式，有的建有电商平台。其优点是专业性强、选择性强、适应性强。其缺点是货源、质量、价格不可控。

（3）自产带销即上述二者的结合，既做产品，又做平台。

2) 农资电商

农资即农用物资，是指农业生产中所需的物质资料，包括化肥、种子、饲料、农机、农药等。农资电商平台的出现是让各种农资价格信息透明化，农民可以货比三家，而不必为假冒伪劣问题担惊受怕，一旦出了问题，农民就有明确的追溯和索赔通道。借助"互联网+农业"的大潮，未来农技服务与农资电商完全可以嫁接，农技服务的专业化和及时性将大大增强。

对于农资经销商来说，简单地销售产品越来越难实现业务上的扩张。与其在这个巢穴中越陷越深，不如改行做服务商，不再为卖产品和赊销犯愁，专业为农资电商平台提供物流配送、农技服务，集中优势资源做自己更擅长的事情。很显然，正在兴起的农资电商为此提供了可能。

总之，农资电商并不仅仅是"互联网+农资"，而是"互联网+农资+仓储+物流+金融+服务+经销商"的综合解决方案。

3) 农业电商

农业电商是指利用现代信息技术（互联网计算机、多媒体等），为从事涉农领域的生产经营主体提供在网上完成产品或服务的销售、购买和电子支付等业务交易的过程。农业电商是一种全新的商务活动模式，它充分利用互联网的易用性、广域性和互通性，实现了快速可靠的网络化商务信息交流和业务交易。

农业电商是以农业网站平台为主要载体，为农业提供各种商务服务或直接经营商务业务的过程。农业电商是一个涉及社会方方面面的系统工程，包括政府、企业、商家、消费者、农民，以及认证中心、配送中心、物流中心、金融机构、监管机构等，通过网络将相关要素组织在一起。农业电商是从农业传统生产和经营活动中发展起来的新的社会经济运作模式。

2. 农村电商的特征

农村电商的特征如图 1-6 所示。

图1-6 农村电商的特征

（1）整体性。整体性是指农村发展所需要的区域整体社会经济的发展水平。农村电商支持系统的系统性主要表现为它与多个部门和领域的平台都有重要的联系，包括农产品的生产、加工、网络营销路径、配送物流，以及产品售后等农村电商环节中必不可少的环节，所以大量人力和物力的倾注也是不可或缺的。

农村电商的发展依赖于农村区域社会经济文化发展的整体水平，电商发展依赖的是农村区域的综合实力，因此，只有那些区域发展阶段较高、社会发展水平综合全面的农村区域才有条件推进农村电商。不具备整体实力的地区需要强化支持体系各因素中的弱项和短板，创造良好的整体条件后才能顺利推进农村电商的发展。不分区域、不系统审视区域发展状态、不科学评估区域发展水平就盲目推进农村电商发展，不会达到预期效果，也不可能以期望通过农村电商的发展推进地方产业升级转型和区域经济水平的提高。

农村电商发展要求的整体性体现在区域发展阶段、综合竞争力、社会文明程度、经济的现代化程度、商业文化底蕴等方面。

农村社会发展阶段至少要基本脱离传统农业发展和小农经济阶段。区域综合竞争力较高体现为城市化水平较高、综合基础设施较发达、基本公共服务项目没有缺失。社会文明程度较高体现为受教育程度较高、崇尚文明和科学、经济水平足以承受电商基础设施建设和其他短缺的电商支持体系建设。商业文化底蕴较浓厚体现为市场较发达。

（2）连锁性。连锁性主要表现为产业连锁、区域互动、市场非场所性三个方面。

一个完整的农村电商产业是一个联通生产、销售、加工、基础设施建设等诸多环节的价值链。

农村电商的产品销售以地方名优特产、地方优势农产品为主，农村电商的农村地区必然会形成农业产业化和农业生产的地域分工，分工的结果是建立和强化区域互动，实现农业生产的因地制宜。

农村电商的市场不是地方市场，其市场圈的形成完全颠覆了传统市场形成与演化的逻辑，最大的特征是市场空间和市场规模的快速、无限放大。因此，农村电商的投入成本主要是以构建诚信为核心内容的线上市场的形象塑造，随着美誉度的提升而提高知名度。

（3）集聚性。集聚性主要表现在电商商家的空间集聚、产品生产者的空间集聚和以电商企业为核心的物流、金融、仓储服务等的区位集聚等方面。因此，农村电商通常集聚在一些特殊的区位，从而形成专业性很强、特色鲜明的电商村、电商园区、电商小镇等。

农村电商的产业集群是既可以由劳动力将资源转换成产品，又可以直接钱生钱的经济，也就是说将实体经济和虚拟经济融合的经济活动。农村电商是在信息技术的参与下，使传统农村产业变得更为创新，所以这是它与一般产业集群存在差异的地方，但同时又包含了一般产业集群的四大特征，即在一个固定的地方有大量的企业聚集、有主导的产业支持、有自己运行的机制、有根植性。所以农村电商的产业集群是交叉融和不同产业与相关的传统产业的。

> **知识扩展** → **义乌小商品批发**
>
> 义乌隶属于浙江省金华市,是全球最大的小商品集散中心,被联合国、世界银行等国际权威机构确定为世界第一大市场。义乌已经形成了包含服装、饰品、针织、拉链等各种小商品的产业集群,虽然卖的是各类小商品,但已经形成了一个大的产业链。由各类小商品形成一个市场,再由一个个市场形成一个小企业,各个企业集群在义乌这个地方扎根,这种特殊的发展格局已基本形成。义乌的产业集群发展迅速,范围广泛。随着市场规模的逐渐扩大及多种功能的完善,义乌发展成为目前为止最大也最有名气的小商品批发集聚地,也一跃成为知名的国际商贸城市。

(4)销售平台低投入与支持体系高投入并存。由于农村电商商户绝大多数是网店,投入成本十分低廉。但是,如果把农村电商作为一个系统考虑,是社会长期发展积累的各种社会财富和生产力进步的结果,这样的投入就远远超过网店的投入。另外,作为一个体系,农村电商顺利运营所要投入的各个环节中,绝大多数是社会公共服务提供的基础设施。因此,虽然从电商商户的经营角度看确实是低投入的,但从整体性看其实是社会高度发达的产物,无法计算运营成本。

尽管运营销售平台的投入不多,但农村电商的支持体系投入则是巨大的、系统的和长期的。没有大量的、长期的资金投入,难以建成农村区域的物流系统、信息基础设施系统、农村道路系统和农副产品的产供销一体的产业链系统。

## 三、农村电商的发展现状

据有关统计结果显示,我国农产品电子商务规模持续增加,有望成为未来我国农村经济发展的重要支撑。目前,已经登记备案的农产品电商平台超过4000家,其中85%的电商平台参与农产品的运营,在农产品电子商务发展的过程中存在的问题主要包括以下几个方面。

### 1. 农产品质量标准体系不完善

我国传统农业管理理念根深蒂固,随着现代农业经济的发展,农产品标准体系正在逐步构建,但是,关于农产品质量标准体系的研究在实际执行过程中依然存在诸多问题。首先,不同农产品的质量标准未能进行量化,相关标准缺乏指导性,这对农产品电子商务发展中的消费体验带来了不同程度的影响;其次,农产品质量标准的统一化问题,农产品电子商务打破了传统农产品营销的时间与空间限制,但是,受区域农产品质量标准体系差异的影响,导致农产品电商业务的优势得不到发挥;最后,农产品电子商务跨境电商质量标准体系缺失,农产品跨境电商需要以贸易对象所在国家质量标准体系为依据,国内农产品电子商务质量标准体系未能与国际接轨,这在一定程度上也影响了农产品跨境电商业务的拓展。

2. 农产品电子商务物流供应链的适应性问题

早期的物流供应链主要采取以城市为中心的配置原则，这与传统大宗物流需求相适应，随着电子商务的规模化发展，离散的消费行为推动了物流供应链的去中心化。电子商务背景下的物流供应链向下沉市场探索，完成了区域多点布局，在一定程度上促进了农产品电子商务业务的推广。

然而，农产品区别于其他物流对象，在电商物流供应链结构体系逐步完善的同时，农产品与电商供应链的矛盾日益明显。农产品物流需要考虑运输过程中环境温度、湿度等相关因素，并对在途时间有着严格要求，否则将影响农产品质量。出于成本方面的考虑，大多数农产品电商物流供应链并未考虑相关问题的存在，进而导致农产品物流供应链无法适应新形势下农产品电子商务发展的需要。以冷链物流为例，在农产品电子商务规模不断扩大的情况下，国内冷链物流规模的增长速度却逐渐下滑，如此，在一定程度上限制了包括农产品在内的冷链物流产业链的发展。

3. 农产品电商规模效应无法体现

近年来，我国农产品电子商务规模持续增加，随着人们消费习惯的改变，电子商务将成为人们的主要消费模式。然而，农产品与电子商务的融合时间较短，且相关业务主体之间的信息沟通机制有待完善，这在一定程度上限制了农产品电商规模效应的体现。

4. 农产品电子商务与网络金融服务衔接问题

电子商务平台推动了农产品营销的网络化、信息化转型，加快了农产品的流转速度，缩短了农产品营销中的资本流转周期，为农产品电子商务业务主体带来了丰厚的利润。但是，资本的快速流动需要大量的资本作为支撑，为适应农产品电子商务模式，相关业务主体需要通过各种方式筹措资金，其中就包括网络金融服务。

由于大多数农产品电子商务的业务主体为中小型企业，相关金融机构提供的网络金融服务存在门槛高、流程复杂等问题，以至于农产品生产加工企业、物流运输企业等无法通过网络金融服务进行资本补充。不仅如此，农产品电子商务平台所提供的网络金融服务较为单一，可供农产品电子商务业务主体选择的网络金融服务较少，能够为中小型农产品生产加工企业提供金融支撑的机构未能纳入电子商务平台进行统一管理，严重限制了农产品电子商务的发展。

## 四、农村电商面临的机遇与挑战

1. 农村电子商务发展的机遇

（1）"国家政策 + 电商平台"双轮驱动，农村电商市场快速发展。国家脱贫攻坚与乡村振兴等一系列政策为农村电商市场带来发展红利。一方面，农村基础设施日益完善，网络覆盖面积不断扩大，为农村电商的爆发提供了坚实的硬件支撑；另一方面，电商平台响应国家号召，大力发展农村市场，挖掘新的增长动能，通过政策、资源、技术、服务等多方面助力农村上行,不断完善农村电商市场的软件条件。比如截至2019年9月初，全国农村网商已经接近1200万家，累计带动就业人数超过3000万人。在政策与平台的支持下，采摘端、分拣端、包装端等产业分工链将被进一步打通与规范，畅通上行通道，农村电商市场将进入快速发展期，市场前景广阔。2016—2019年中国农产品网络零售额情况如图1-7所示。

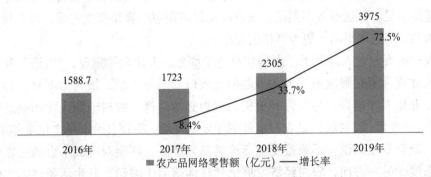

图1-7  2016—2019年中国农产品网络零售额情况

（2）农产品供给侧改革深化，农产品逐渐标准化、品牌化。农村电商平台布局下沉市场，有助于促进农产品触网与带动农产品上行，为需求端接入更多农产品资源，驱动供给端的持续升级与发展。与此同时，消费者对农产品的需求不断升级，帮助农产品建立品牌化运营，也是电商平台未来的重要发力点。一方面，通过品牌运营帮助商家规避恶性价格竞争，提升市场竞争力；另一方面，在帮助农产品标准化的过程中，可以实现电商平台的规模化发展，降低成本，提高供应效率，提升用户满意度和黏性，实现农产品电商平台与农产品供给端的双赢。

（3）农产品营销模式迎来新突破，直播带货唤醒乡村活力。相较于其他电商模式，直播电商具有传播路径更短、效率更高等优势，商家、平台、主播和消费者四方都将受益。与其他产品通过网红主播带货不同，拼多多开创的基层领导干部农产品直播模式引发风潮，市场反响热烈，激发出下沉市场的增长活力。未来，随着农产品逐渐标准化、品牌化，消费者信任建立成本将有效降低，农产品直播的内容与模式将更加丰富、多元。

2. 农村电商发展面临的问题

（1）信息不对称。信息不对称是指在市场经济条件下，市场的买卖主体不可能完全获知对方的信息，这种信息不对称必定导致信息拥有方为谋取自身更大的利益而抢占市场先机，而信息获取不及时、不全面的一方的经济利益将受损。农村电商的信息不对称问题主要体现在农产品产业链的信息不对称。产业链连接着个体农户和农产品市场，而产业链的信息不对称是指农户无法较为准确地了解市场行情，导致无法制定有效的生产策略、销售策略和价格策略。

（2）农村基础设施建设与物流配套服务发展滞后。尽管我国部分农村地区网络基础设施建设在不断推进和优化,农村物流体系也在逐步完善,物流主体向着多元化方向发展,但农村网络建设仍然有待完善。目前,我国仍有很多个行政村尚未实现4G网络全覆盖,农村网络建设面临着技术和成本两大难题。农村交通相较于城镇更为不便,搭建网络基础设施的难度更大,搭建成本更高。同时,部分已覆盖的行政村的网络覆盖范围和网络质量还有待进一步扩大、提升。在道路运输方面,我国部分农村道路狭窄崎岖、交通不畅,以及没有集中的运输渠道,导致运输效率低下、运输成本较高。在快递物流方面,快递点不足、配送服务不到位,而农产品保鲜期短、容易腐烂变质,对农村物流的冷冻技术和送货速度提出了更为严格的要求。

（3）农村电商专业人才匮乏。发展农村电子商务,人才至关重要,"引进"和"培养"电商人才成为现在解决电商人才难题的突破口。当务之急,加大力度对农村地区进行电商专业化人才培训,尽快弥补短板,成为必然选择。农村电商人才的缺乏还体现在两方面：一方面,农村居民是农村电商的主要从业者,部分农民本身文化素养不高、思想陈旧、缺乏专业知识,不易接受电商这类新兴产品,甚至对电商平台的可靠性持否认质疑态度；另一方面,农村经济发展仍然整体落后于城镇,其生活条件、工作环境和薪资福利都难以留住人才,大部分人才为了自己有更好的就业前景都会选择去大城市打拼,留下来建设家乡的人才所剩无几,使农村电商发展面临发展可持续性的问题。

### 3. 解决农村电商发展问题的方案

（1）各方协同打造信息共享的农村电商平台。面对农村电商平台交易信息不对称困境,需要政府、电商平台、卖方和买方等各方的合力才能共同打造一个绿色健康、信息共享的农村电商平台。

从政府层面而言,首先,建设健康的营商环境,扮演好管理和监督的角色；其次,加大对农村电商的扶持力度,如对返乡创业的青年群体提供更多的福利和资源；最后,加强对卖方农户的技能培训,同时要注重引导卖方提高农产品质量、维持商户信誉,进行高品质的销售。

从电商平台层面而言,首先,要倡导买卖双方的诚信经营理念,以诚信为基础进行信息的传递和农产品的销售；其次,电商平台要搭建起买卖双方沟通的桥梁,要在分别与买方和卖方进行信息沟通的前提下,向对方推送产品信息,还要为买卖双方搭建起直接进行信息沟通的通道,以保证买方与平台、卖方与平台、以及买卖双方能够进行充分的交流和信息互换；最后,电商平台应净化运营环境,在买卖双方进行交易的过程中扮演好监督者的角色,避免违法违规或不道德的交易行为。

从卖方层面而言,首先,卖方农户要树立长期经营、诚信经营的思想意识,不能为了片面追求短期利益而进行虚假营销,要树立品牌意识,打造自己的特色产品,形成核心竞争力。其次,卖方农户要加强对农村电商平台的技能培训,面对日新月异的技能更替,卖方农户要更加夯实自身的知识技能。最后,卖方农户要对产品进行充分展示和宣传,可以利用抖音、微博等自媒体平台,对农产品从播种到收成的全过程进行拍摄记录,也可以通过直播带货的方式，对自家的农产品进行推广，让买家亲眼看到农产品的绿色价值并放心购买。

从买方层面而言，买方首先需要了解电商平台的规则及交易流程。其次需要提高收集和甄别信息的能力，能够在大量丰富的产品信息中购买到物美价廉的商品。最后买方需要提高警惕，树立维权意识，在自身权益受到侵害时懂得及时运用法律武器维护自己的合法权益。

（2）加强农村基础设施配套建设，优化农村物流配送服务体系。加强农村基础设施配套建设主要是完善农村互联网网络设施建设，地方政府应加大政策扶持和资金扶持，给愿意来此建立互联网基站的企业提供更多的优惠政策，在政府和企业的合力下，借助5G网络建设平台，在农村建立覆盖面广、网速快、网络稳定的基础通信设施。同时，地方政府必须发挥主导性作用，结合农村地域的实际情况，在道路建设方面增加拨款，提高道路的通畅性。将各大物流公司尽量转移到乡村和城市郊区结合处，在乡村建立大量的物流配送中心，加大农村快递网点建设，提高覆盖率。道路交通网四通八达，农产品的运输问题也迎刃而解。此外，农户可以对附近的消费者提供送货上门服务，一方面节省物流费用的支出，另一方面提高送货效率，提供更加高效的送货服务。农户通过积极推动产销融合，构建集产、销、网络直销以及批发零售等于一体的发展模式。

（3）培养和引进农村电商人才。影响农村电商发展最关键的因素是"人"。首先，加大农村的教育投入力度，提高广大农民的受教育程度，让农民切实感受到互联网的便利，意识到农村电商对农村经济发展的重要性，充分发挥农民在农村电商方面的自主性和积极性。其次，针对本土的电商人才，可以通过建立农村电商人才培育基地，进行专门的电子商务技能培训，提升其互联网的理论知识和实际应用能力，使其能够运用农村电商平台销售产品。此外，鼓励青年群体和具备专业电商技能的人才返乡创业，对其进行一定幅度的资金补贴，并在住房、医疗、子女教育等方面提供更多的资源和福利，使其能够长期安心在农村发展电商行业。最后，地方政府应制定科学合理的培训体系，加强对电商培训的规范化管理。培训专业的电商知识，并辅之以实践手段来积累经验，为农村电商的发展提供具备专业技能和实践经验的电商人才。

（4）推动农产品电子商务与网络金融的服务衔接。网络金融为各类型企业的发展提供了融资渠道，然而，在全球市场经济形势不断恶化的情况下，网络金融与农产品电子商务的结合可以明显降低业务主体的压力，以适应农产品电子商务资本快速流转的需求。在构建网络金融服务架构的过程中，需要结合农产品的实际特点，具体包括线上、线下服务平台构建，以及相关服务内容的体系化构建等。

首先，农产品电子商务信息的公开、透明。金融机构为降低自身风险，需要对农产品电子商务相关业务主体的实际情况进行分析，建立网络金融服务风险模型，并能够及时对农产品电子商务风险进行预警，为网络金融与农产品电子商务之间的服务衔接提供参考依据。

其次，网络金融服务限制性条款的科学设定。金融机构为降低业务风险，在提供网络金融服务的同时，也制定了严格的限制性条款，由于未考虑农产品电子商务业务主体多为小微企业或个人，导致网络金融服务与农产品电子商务之间出现衔接问题。为此，除弱化相关限制性条款外，还可以建立农产品电子商务供应链上业务主体的相互担保模式，在保证金融机构自身权益的同时，解决农产品电子商务的资本需求。

（5）实现农村电商产品的标准化和品牌化。结合当地的实际情况，发展地方特色产品，制定产品标准，同时对产品进行资质认证，通过与阿里、京东和苏宁等各大电商平台展开合作，搭建自己的销售平台。品牌直接影响消费者对产品的信任度。首先，为电商人员提供更多有效的品牌培训，让其建立品牌意识，加强对自身产品的品牌化建设。其次，打造地方特色产品助力乡村振兴的品牌形象，进行宣传和推广，提升消费者对品牌的好感度，从而增强品牌影响力。最后，利用自媒体大V的影响力在抖音、微博等平台进行直播卖货，吸引其粉丝对产品的兴趣和认同，转而进行购买，最大限度地把流量转化为订单。

## 五、农村电商的价值

### 1. 缩短城乡差距

农产品电商发展具有显著的区域就业效应和创业效应，能够有效促进农民收入的增加。农村网店、"淘宝村"经营点等能够创造大量就业机会，具有良好的创业集群效应，尤其是将低收入群体纳入进来的"包容性创业"，对于改善其收入状况有明显效果。农村电商既能增加农民就业机会和收入，具有显著的效果，又能深刻改变农村社会面貌，促进农村经济社会的全面发展，进而成为缩小城乡差距的重要桥梁。同时，农村电商的发展也为城镇地区的产业转移和产业结构调整创造了机会，成为推动城乡协同发展的重要推力。

### 2. 促进乡村振兴

发展农村电商是实施乡村振兴战略的重要措施，不仅具有长远的战略意义，更能在短时期内促进农村经济快速发展。从整体上看，农村电商的发展在市场拓展、产业升级、资金融通等方面促进了乡村振兴战略的实施。一方面，发展农村电商使农村地区能够依托电商渠道实现脱贫致富，并建立长效稳定的经济增长机制。另一方面，农村电商的大力发展促进农民增收、实现产融结合，进而促进精准扶贫和农村经济发展，同时也极大地改变了农村面貌，改变了农民的生活方式和思维方式。

### 3. 推动供给侧改革

农村电商发展是农业供给侧改革的重要内容，对推动农村经济发展作用显著。农村电商的发展实现了供需的直接匹配，改变了传统农业流通模式流通环节长、成本高、效率低、服务差的不良状况，大幅度提升了流通环节的供给质量，也在一定程度上推动了生产环节供给质量的升级。农村电商的发展使传统流通模式中存在的供需矛盾得以有效化解，有效化解产供销的矛盾，也从供给端加强农村产业结构的优化调整，提升农村经济发展质量。

1）农村电商有助于改善农产品的生产经营模式

（1）农村电商平台无须中间商或中介的介入，个体户直接将农产品出售给消费者，个体农户实现了生产和销售的一体化,农产品的研发、生产、宣传和销售形成了一条完整的产业链,农产品交易方式便捷化,供应链环节更为简化,交易成本降低。

（2）个体户的销售渠道拓宽,可以采用线上和线下相结合的方式进行销售,突破时间和空间的限制,使消费者能够更为便捷和高效率地消费。对因传统营销模式尚未完全出售而积压的过剩产品,通过农村电商的方式进行销售,可有效缓解市场资源配置不合理的现象。农产品电商平台如图1-8所示。

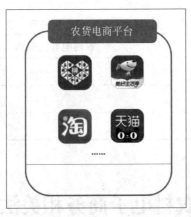

图1-8　农产品电商平台

2）农村电商有助于提高农村个体户的市场竞争力

市场是瞬息万变的,而农业生产者作为一个独立的个体,面对复杂而多变的市场环境,难免会手足无措和无能为力,处于劣势地位,而使用农村电商平台,农业生产者可以借助这个平台了解市场最新的需求动态和供给状况,这就在一定程度上降低了农业生产者的生产风险,合理有效地组织生产,避免因市场上农产品价格不稳定和供应过多而造成巨大损失。随着农村电商被广泛地应用和接受,无论是对消费者还是生产者,农村电商的优势均越来越明显。由于农村特殊的自然环境和社会环境,没有形成规模性的购物场所,农民购物很不方便,而农村电商弥补了这一缺陷。电商模式的优势就是能把个体农户组织在一起,在销售上实现规模化,在降低市场流通成本的同时还可以更好地满足市场的需求,由此推动农村经济的发展。

### 课堂实训

| 活动题目 | 收集并对比农村电商的不同类型 |
| --- | --- |
| 活动步骤 | 对学生进行教学分组,每3~5人为一个小组,以小组为单位进行讨论 |
| | 讨论并收集农村电商的不同类型,并将结果填入表1-3中 |
| | 讨论、对比农村电商的机遇与挑战,并将结果填入表1-4中 |
| | 每个小组将小组讨论结果形成PPT,派出一名代表进行演示 |
| | 教师给予评价 |

表 1-3　收集结果

| 对比选项 | 农村电商类型 |
|---|---|
|  |  |
|  |  |
|  |  |

表 1-4　对比农村电商的机遇与挑战

| 对比选项 | 农村电商的机遇与挑战 |
|---|---|
|  |  |
|  |  |
|  |  |

# 第三节　农村电子商务相关法规与政策

近年来,在乡村振兴战略实施的背景下,国家政府政策频发,促进农村电商行业的发展。从培育农村电子商务供应链、促进产销对接到开展"电子商务进农村综合示范工作",国家政策针对农村电商发展的措施越来越明确,目标也越来越清晰。农村电子商务相关法律法规的颁布与实施,是农村电子商务持续发展的保障,为农村电子商务的长足发展保驾护航。

## 一、农村电子商务相关法规与政策汇总

2015—2020 年 6 月初,我国农村电商的相关政策汇总如下。

2015 年 5 月,国务院印发了《关于大力发展电子商务加快培育经济新动力的意见》,积极开展农村电子商务,加强互联网与农业农村融合发展,引入产业链、价值链、供应链等现代管理理念和方式,研究制定促进农村电子商务发展的意见,出台支持政策措施。

2015 年 11 月,国务院印发了《关于促进农村电子商务加快发展的指导意见》,强调农村电子商务是转变农业发展方式的重要手段,是精准扶贫的重要载体,通过大众创业、万众创新,发挥市场机制作用。加快农村电子商务发展,把实体店与电商有机结合,使实体经济与互联网产生叠加效应,对于促消费、扩内需,推动农业升级、农村发展、农民增收具有重要意义。

2017 年 2 月,中共中央、国务院印发了《关于深度推进农村供给侧结构性改革加快培育农业农村发展新动能的若干意见》,促进新型农业经营主体,加工流通企业与电商企业全面对接融合;加快建立健全适应农产品电商发展的标准体系;支持农产品电商平台和乡村电商服务站点建设;深入实施电子商务进农村综合示范;鼓励地方规范发展

电商产业园；完善全国农产品流通骨干网络：加强农产品产地预冷等冷链物流基础设施网络建设，完善鲜活农产品直供直销体系。

2017年8月，国务院印发了《国务院关于积极推动"互联网+"行动的指导意见》，开展电子商务进农村综合示范，支持新型农业经营主体和农产品、农资批发市场对接电商平台，积极发展以销定产模式。完善农村电子商务配送及综合服务网络，着力解决农副产品标准化、物流标准化、冷链仓储建设等关键问题，发展农产品个性化定制服务等。

2017年8月，商务部、农业部印发了《关于深化农商协作大力发展农产品电子商务的通知》，顺应互联网和电子商务发展趋势，充分发挥商务、农业部门协作协同作用，以市场需求为导向，着力突破制约农产品电子商务发展的瓶颈和问题，加快建立线上线下融合、生产流通消费高效衔接的新型农产品供应链体系。

2018年5月，财务部、商务部、国务院扶贫办印发了《关于开展2018年电子商务进农村综合示范工作的通知》，深入建设和完善农村电子商务公共服务体系，培育农村电子商务供应链，促进产销对接，加强电商培训，带动贫困人口稳定脱贫，推动农村电子商务成为农业农村现代化的新动能、新引擎。

2019年1月，中共中央、国务院印发了《关于坚持农业农村优先发展做好"三农"工作的若干意见》，推进重要农产品全产业链大数据建设，加强国家数字农业农村系统建设；继续开展电子商务进农村综合示范，实施"互联网+"农产品出村进城工程，全面推进信息进村入户，依托"互联网+"推动公共服务向村延伸。

2019年2月，中共中央、国务院印发了《关于促进小农户和现代农业发展有机衔接的意见》，发展农村电子商务，鼓励小农户开展网络购销对接；深化电商扶贫频道建设，开展电商扶贫品牌推介活动，推动贫困地区农特产品与知名电商企业对接。

2019年4月，中共中央、国务院印发了《关于建立健全城乡融合发展体制机制和政策体系的意见》，完善农村电子商务支持政策，实现城乡生产与消费多层次对接。

2019年5月，财政部、商务部、国务院扶贫办印发了《关于开展2019年电子商务进农村综合示范工作的通知》，以电子商务进村综合示范为抓手，加强农村流通设施建设，提升公共服务水平，促进产销对接，探索数据驱动，打造综合示范"升级版"，构建普惠共享、线上线下融合、工业品下乡和农产品进城畅通的农村现代流通体系。

2019年12月，国家发展和改革委员会、财政部、商务部、农业农村部印发了《关于实施"互联网+"农产品出村进城工程的指导意见》，建立完善适应农产品网络销售的供应链体系、运营服务体系和支撑保障体系，促进农产品产销顺畅衔接、优质优价，带动农业转型升级、提质增效，拓宽农民就业增收渠道，以市场为导向推动构建现代农业产业体系、生产体系、经营体系，助力脱贫攻坚和农业农村现代化。

2020年1月，农业农村部、中央网络安全和信息化委员会印发了《数字农业农村发展规划（2019—2025年）》，深化电子商务进农村综合示范，实施"互联网+"农产品出村进城工程，推动人工智能、大数据赋能农村实体店，全面打通农产品线上线下营销通道。

2020年4月，农村农业部、财政部印发了《关于做好2020年农业生产发展等项目实施工作的通知》，提升便民服务、电子商务、培训体验服务水平，推进"互联网+"

农产品出村进城，将益农信息社打造成为农服务的一站式窗口。

2020年5月，农业农村部印发了《"互联网+"农产品出村进城工程试点工作方案》，发挥"互联网+"在推进农产品生产、加工、储运、销售各环节高效协同和产业化运营中的作用，培育出一批具有较强竞争力的县级农产品产业化运营主体，建立完善适应农产品网络销售的供应链体系、运营服务体系和支撑保障体系。

2020年6月，财政部、商务部、国务院扶贫办印发了《关于做好2020年电子商务进农村综合示范工作的通知》，深入开展电子商务进农村综合示范、夯实农村物流基础设施，健全农村电商公共服务体系，培育壮大农村市场主体，畅通农产品进城和工业品下乡。

> **知识扩展** 你知道《关于做好2020年电子商务进农村综合示范工作的通知》的申报范围吗

2020年，综合示范在全国范围内择优支持一批基础较好、潜力较大的县，对工作扎实的贫困县和前期受新冠肺炎疫情影响较大的地区适度倾斜，并加强对典型县的激励支持，具体申报要求如下。

申报对象应基本建立市场化、可持续的农村电商运营体系，具备较好的产业、人才等基础条件。申报方案须紧扣提升电子商务进农村水平，围绕建立农村现代市场体系，进一步挖掘农村电商潜力，提高城乡双向流通效率，推动农产品进城和工业品下乡，促进农民增收、扩大农村消费，助力乡村振兴，工作目标可量化、可考核。

以前年度支持过的示范县可二次申报，需满足资金拨付和项目验收基本完成、工作成效突出等条件。鼓励国贫县、欠发达革命老区县申报，优先支持电商扶贫成效显著的国贫县。继续支持西藏自治区以整区推进形式开展工作。

根据《国务院办公厅关于对真抓实干成效明显地方进一步加大激励支持力度的通知》（国办发〔2018〕117号）精神，对2020年确定的黑龙江省五常市等10个农村电商典型激励县市不需再行申报，直接纳入综合示范范围。

## 二、重点政策解读

### 1.《关于做好2020年电子商务进农村综合示范工作的通知》解读

为贯彻落实2020年中央一号文件部署，推动提升电子商务进农村，建立农村现代市场体系，助力脱贫攻坚和乡村振兴，财政部、商务部、国务院扶贫办决定继续开展电子商务进农村综合示范。自2014年起，我国连续6年开展电子商务进农村综合示范，推动全国农村电子商务发展。而2020年面临新型冠状病毒性肺炎疫情的特殊形势，此次中央财政资金支持重点和申报范围也有新变化，具体内容如下。

1）中央财政资金支持方式和重点

（1）县乡村三级物流配送体系。支持发展共同配送，推动邮政、供销、商贸物流、快递、交通等资源整合，鼓励实体商业和电商快递的物流协同，整合县域日用消费品、农资下乡和农产品进城双向配送，推动商流、物流统仓共配，降低农村物流成本。

（2）农产品进城公共服务体系。支持农村电商公共服务体系的建设与升级，整合邮政、供销、快递、金融、政务等资源，统筹品控、品牌、认证、培训、营销等服务，拓宽农村产品线上线下销售渠道；鼓励有条件地区立足农畜牧业、手工制作、乡村旅游等特色产业，以县级电商公共服务中心、电商物流产业园等现有园区为中心推动电商、物流、培训、金融、创意等服务集聚发展，打造县域电商产业集聚区。

（3）工业品下乡流通服务体系。支持农村地区商贸流通企业的数字化转型升级，加强与电子商务、金融保险、移动支付、就业引导等资源对接，促进业务流程和组织结构优化重组，实现线上线下融合发展，建立本地化、连锁化、信息化的商品流通网络，引导支持大型流通企业加强数字化改造，以乡镇为重点下沉供应链，开展集中采购、统一配送、直供直销等业务，提升商品品质，更好地满足村民的生活和消费需求。

（4）农村电子商务培训体系。支持对返乡农民工、大学生、退伍军人、贫困户等开展农村电商普及和技能培训，强化培训机制，突出培训质量而非数量，完善标准化教材，提升培训的针对性，根据实际需求增加直播带货、社交电商等培训内容，健全培训转化机制，指导对接就业用工，注重跟踪服务而非"一锤子"培训，如实做好培训记录。

2）申报范围

在全国范围内择优支持一批基础较好、潜力较大的县（不含市区），对工作扎实的贫困县和前期受新冠肺炎疫情影响较大地区适度倾斜，并加强对典型县的激励支持；有脱贫攻坚任务，特别是有未脱贫县和"三区三州"所在省份申报的贫困县数量，原则上不少于本地区申报县总数的1/3。

2.《"互联网+"农产品出村进城工程试点工作方案》解读

1）试点目标

优先选择包括贫困地区、特色农产品优势区在内的100个县开展试点，到2021年年底，基本完成试点建设任务。

2）试点县工程建设重点任务

（1）培育县级农产品产业化运营主体。试点县要依托试点参与企业及农业龙头企业、合作社、产业协会、信息进村户运营商、电商企业等各类组织，有条件的地方还可以探索财政投资或国有资本参股等方式，整合行业内资源，因地制宜建立健全县级农产品产业化运营主体（以下简称"运营主体"），作为"互联网+"农产品出村进城工程的推进主体；建立健全利益联结机制，加强对运营主体的监管指导，探索订单生产、参股分红等多重分配机制，把更多电商发展红利留给当地农民。

（2）以运营主体为核心打造优质特色农产品供应链：①建设提升农产品生产加工和仓储物流基础设施；②构建基于互联网的供应链管理模式。

（3）建设适应农产品网络销售的运营服务体系：①提升益农信息社农产品电商服务功能；②加强农产品品牌建设和网络营销。

（4）建立有效的支持保障体系：①加强产品质量安全监管；②建立农产品全产业链标准体系；③建设县域优质特色农产品大数据。

3.《数字农业农村发展规划(2019—2025年)》解读

1)发展目标

到2025年,数字农业农村建设取得重要进展,有力支撑数字乡村战略实施,到2025年,农产品网络零售额占农产品总交易额比重达15%;农村互联网普及率达70%。

2)重点任务

(1)构建基础数据资源体系:①建设农业自然资源大数据;②建设重要农业种质资源大数据;③建设农村集体资产大数据;④建设农村宅基地大数据;⑤健全农户和新型农业经营主体大数据。

(2)加快生产经营数字化改造:①种植业信息化;②畜牧业智能化;③渔业智慧化;④种业数字化;⑤新业态多元化;⑥质量安全管控全程化。

(3)推动管理服务数字化转型:①建立健全农业农村管理决策支持技术体系;②健全重要农产品全产业链监测预警体系;③建设数字农业农村服务体系;④建立农村人居环境智能监测体系;⑤建设乡村数字治理体系。

(4)强化关键技术装备创新:①加强关键共性技术攻关;②强化战略性前沿性技术超前布局;③强化技术集成应用与示范;④加快农业人工智能研发应用。

(5)加强重大工程设施建设:①国家农业农村大数据中心建设工程,国家农业农村云平台、国家农业农村大数据平台、国家农业农村政务信息系统;②农业农村天空地一体化观测体系建设工程,农业农村天基观测网络建设应用项目、农业农村航空观测网络建设应用项目、农业物联网观测网络建设应用项目;③国家数字农业农村创新工程,国家数字农业农村创新中心建设项目、重要农产品全产业链大数据建设项目、数字农业试点建设项目。

**课堂实训**

| 活动题目 | 收集农村电商相关法律法规 |
|---|---|
| 活动步骤 | 对学生进行教学分组,每3~5人为一个小组,以小组为单位进行讨论 |
| | 讨论并收集农村电商的相关法律法规,并将结果填入表1-5中 |
| | 根据农村电商相关法律法规颁布的时间顺序制作时间轴表格,并将结果填入表1-6中 |
| | 每个小组将小组讨论结果形成PPT,派出一名代表进行演示 |
| | 教师给予评价 |

表1-5 收集结果

| 序号 | 农村电商相关法律法规 |
|---|---|
| 1 | |
| 2 | |
| 3 | |

表1-6 农村电商相关法律法规时间轴

| 时间 | 农村电商相关法律法规 |
|---|---|
|  |  |
|  |  |
|  |  |

## ▶▶ 自学自测

1. 名词解释

（1）电子商务

（2）B2C 交易模式

（3）B2B 交易模式

（4）农村电商

2. 简答题

（1）电子商务的主要模式有哪些？

（2）农村电商有哪些分类？

（3）农村电商的价值体现在哪些方面？

（4）我国关于农村电子商务的法规与政策有哪些？

# 第二章
# 农产品电商化的前期准备

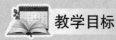 **教学目标**

- ☑ 掌握农产品消费者画像的方法。
- ☑ 掌握农产品卖点的挖掘技巧。
- ☑ 掌握农产品文案的策划方法。
- ☑ 熟悉农村电商企业团队的岗位职责。
- ☑ 了解农村电商人才的培养方式。
- ☑ 掌握农村电商团队的激励方式和考核方法。

 **学习重点和难点**

学习重点：
☑ 能够掌握农产品消费者画像的方法。

☑ 能够掌握农产品卖点的挖掘技巧。
☑ 能够掌握农产品文案的策划方法。

学习难点：
☑ 能够了解农村电商人才的培养方式。
☑ 能够掌握农村电商团队的激励方式和考核方法。

思政小课堂

　　通过本章的学习，了解农产品电商化的准备与农村电商团队建设的知识，了解农产品电商化和农村电商团队建设的过程是一个不断在曲折中前进的过程，创新和更迭伴随其始终，培养学生的创新意识。

思维导图

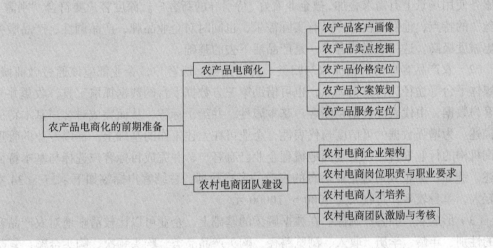

　　企业在开展任何项目之前都需要做好充分的准备工作，无论是人力、物力、财力，还是装备、方法、工具等，都需要进行全面而详细的筹备。对于农村电商也是一样，想做好农产品电商推广与营销，前期详细的市场考察以及资源配置和优化是必要的保障。

# 第一节　农产品电商化

　　在"互联网+"浪潮的冲击下，电商已经成为无数企业和创业者抢占市场的重要选择。而且电商也不再是城市的专属，越来越多的人开始将目光对准农村市场，农产品电商化逐步成为人们关注的焦点。然而，对于任何企业或者创业者来说，在开启新项目之前，做好详细而合理的准备工作是非常重要的。

## 一、农产品客户画像

任何产品的营销都是因人而异的，农产品也不例外。深度挖掘出产品的卖点后，农村电商需要根据客户的不同选择偏好、不同社会地位、不同收入水平等差异化特点进行针对性营销。那么，如何确切地将客户细分归类呢？这就涉及客户画像的概念。农产品电商中一项非常重要的工作就是客户画像，具体而言就是解决三个w问题，即客户是谁（who），客户在哪儿（where），以及客户在做什么（what），用贴标签的方式完成客户画像，从而为后续的产品选择、内容优化、活动策划、平台建设等提供依据。

### 1. 农产品客户是谁

（1）农产品客户的理解与层级划分。客户是谁，从狭义上理解，是已经消费了企业产品或服务的消费者，包括使用客户和深度客户。但从广义上理解，客户还包括在产品或服务使用场景上有需求叠加、被企业看好、待引导的新客户。深度客户要符合"刚需+粉丝"的特点，他们不仅对产品有实际需求，也同时对企业品牌、产品调性、产品服务等忠诚度极高。这一层级的客户，是产品活下去的基础。

（2）农产品客户的数据抓取与归类。无论是哪一级客户，企业都应该通过微商城、新媒体平台等途径进行数据埋点，也可借助第三方数据平台的数据抓取工具，收集并分析客户数据，由代表性数据判断客户基本属性，并给予标签，从而完成对客户基本特征的描述。为增强数据的可信度与代表性，企业可在上述工作的基础上，辅以专业的管理咨询机构的行业报告，以更全面地梳理企业已有客户，并完成目标客户选择与基本特征描述。例如，某企业通过企业后台的农产品客户数据，总结客户标签如下：25～34岁年轻人，单身较多，月收入为5000～10000元。

（3）形成农产品客户画像。在数据解读的基础上，企业可以比较清晰地对农产品客户的性别、年龄、学历、收入、浏览路径、购买产品品类、购买频次、购买金额、复购率、活跃时间等特征进行完整的解读，将客户标签具象后完成客户画像。

仍以上面提到的客户标签确定为例，其客户画像可以进一步确定：年龄25～34岁、月收入5000元左右、单次消费金额有限的单身青年，他们对品牌与服务等有一定要求，且易形成忠诚度。

### 2. 农产品客户在哪儿

客户在哪儿，即指客户在线上APP或网站中的访问行为路径，也涉及客户在线下场景中的行为习惯。了解到客户在哪，企业可以优化渠道投放，完成低价值流量向高价值流量的转化。我们可以借助企业商城后台的页面数据分析与其他第三方平台，如"站长之家""APP ANNIE""友盟"等，辅以行业权威报告，完成客户路径判断，重点选择流量来源数量和转化率高的渠道。

## 3. 农产品客户在做什么

客户场景，即客户在做什么，是客户在特定的时间段内，在线上或线下某个渠道中习惯做什么、行为偏好怎样。农产品运营解决了客户场景的问题，能够对内容、活动等运营产生显著的推动作用。客户场景可以通过客户在平台的内容与活动点击量、转发数、浏览时间等进行间接判断，可以借助相关行业报告进行权威解读，也可以依托三方数据分析平台完成。

以不同年代客户对内容的关注与选择为例，不同年代客户的关注点不同，这就会促使运营团队在进行农产品包装策划时，有针对性地选择目标客户偏好的内容进行产品卖点包装、文案创作及互动话题发起等，如图2-1所示。

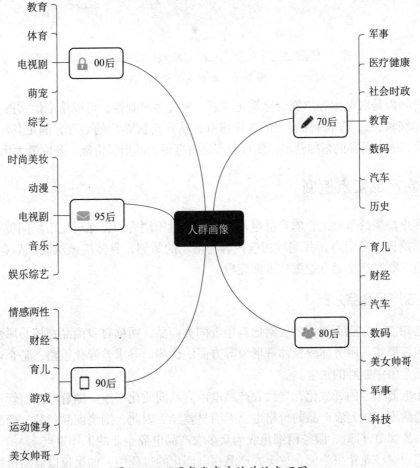

图2-1 不同年代客户的关注点不同

以茭白为例，通过百度指数，我们可以很清晰地看到客户关注这类产品的点包括产品的功效和作用、烹饪技巧等，如图2-2所示。由此可以推断，针对这类产品的推广，企业应该在产品功能、产品烹饪技巧方面挖掘内容与策划活动，借助互联网平台，引导客户关注并参与。

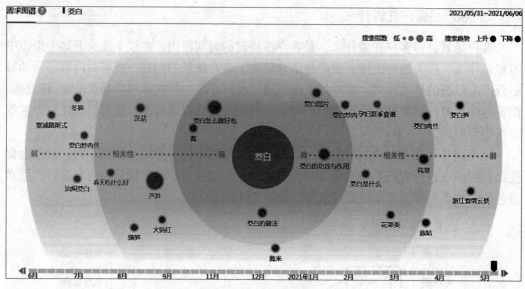

图 2-2　客户舆情分析

客户画像是对电商客户群的标签化描述。通过客户画像，可以精准地掌握主要目标客户的详细特征，了解目标客户的选择偏好，从而把握客户的心理，满足其深层需求，更好地做到因人而异的精准营销，使自身产品占据更大的市场份额，获取最大化的利润。

## 二、农产品卖点挖掘

在客户画像的基础上，农产品电商企业应紧紧围绕客户，在对比市场同类竞争品的基础上，挖掘产品卖点，并完成相应内容与活动的策划，具体应该从农产品竞品分析、客户价值判断和商品卖点挖掘三方面完成。

### 1. 农产品竞品分析

知己知彼，方能百战不殆。对比竞争者同类商品，明确自身商品在核心属性、商品价格、包装形式、服务体验及品牌形象等方面的优势，寻求差异化策略，是企业商品在激烈市场竞争中制胜的法宝。

由于电商平台的开放化，导致农产品电商商品同质化严重。随着电商监管与行业竞争的日趋激烈，线上农产品的价格也已无明显差异。因此，围绕商品包装、商品形式化的设计、品牌 IP 打造、服务精细化成为众多农产品电商企业的工作重点。

以四川攀枝花杧果为例，这类农产品在电商化的过程中，如果仅以商品价格、商品产地、商品品种等作为卖点，显然不能适应电商的行业发展。因此，四川攀枝花杧果以"国家地理标志""南方热量,北方光照""攀西大裂谷""气温年差小日差大""土层矿物质"等标签进行产品打造，成功向市场消费者传达了"营养素含量""甜度""个头大""真正热带水果王""维生素含量""品质性""无可替代性"等概念，将自身产品与海南等区域的同类商品进行了区别,差异化的包装策略成就了其在电商水果市场上的王者地位，定价维持在较高水平也就不足为奇了。

> **知识扩展** ➡ **竞品**

竞品是竞争产品、竞争对手的产品。顾名思义,竞品分析是对竞争对手的产品进行比较分析,主要有竞品基础数据管理、竞品流程管理、竞品分析、竞品展示,而重点在于竞品数据结构的搭建和竞品分析管理。

2. **客户价值判断**

客户价值涉及客户需求与客户痛点。商品仅满足客户基本需求,如矿泉水解渴、杧果含水丰富……这些是一个商品最基本的功能,虽然是客户选择产品的一个初衷,但对于客户来说,客户价值是较低的。

但如果能够经过包装策划,一个商品持续超越客户基本需求,给客户带来不一样的体验甚至惊喜,那么其客户价值就会显著提升。例如,矿泉水"有点甜",这是一个商品在满足客户基本需求外,额外给到客户的感官刺激,客户往往会对这类商品印象深刻,这对于商品在电商平台的推广与溢价销售是有帮助的。

仍以四川攀枝花杧果为例,它产自"攀西大裂谷",当地温差大导致含糖量更高且口感细腻;土壤含丰富矿物质,使杧果果香浓郁且营养成分占比高;没有工业污染,全年近300天的阳光照耀……这些都是在杧果基本属性基础上升华而来的。如果目标客户是年轻的白领一族,喜欢户外运动,这些价值点就能很好地打动客户;如果针对老人和孩子,"口感细腻"就是不错的价值点;对于对生活品质要求较高的消费者,"富含矿物质""没有污染"就非常具有说服力。此外,针对同类产品,客户在食用过程中削皮麻烦、容易弄脏手等问题,如果企业能够随包装提供类似"剥皮神器"之类的配件,或者通过内容设计推荐一些削皮小技巧,同样能有效提升客户价值。

因此,农产品电商运营企业在线上推广农产品之前,可以先通过思维导图或头脑风暴,梳理并明确自身商品哪些能够满足客户的基本需求,而哪些是客户无法拒绝的理由,这些理由应该能够有效解决客户在学习、工作与生活中的某一痛点,而这个痛点只能由本企业商品或服务予以解决,让客户觉得像是为其量身定制一般。只有这样,这类农产品的电商才能有稳定的客户群体,也才有机会借助社群进行传播扩散。

3. **商品卖点挖掘**

当企业完成客户价值点的梳理判断后,卖点挖掘就显得尤为重要了。卖点是指商品在营销传播中向消费者传播的一种主张、忠告和承诺。它能告诉消费者购买商品会得到的利益,是消费者认可、竞争对手无法提出或未曾提出的,在传播过程中易于理解和记忆,而且具有极大的吸引力的点。

1)理解"卖点"

理解卖点应从以下四个方面着手。

(1)卖点要能激发消费者的购买欲望,因此要充分考虑消费者的感受。

(2)卖点能以商品为依托,满足消费者的需求点,可从农产品产地、种植、物流,甚至包装去考虑如何使消费者认为商品具有鲜明的特点,且是消费者所需要的。

（3）卖点应充分了解消费者心理需求，给消费者一个本品优于其他产品的印象，可以将产品的优点提炼出来，用最直接、生动、富有冲击力和记忆点的语言加以概括和描述，并通过最有效的途径传递给消费者，让他们知道、理解和喜爱。

（4）考虑"营销卖点"，创造一些概念或者故事，往往能够起到如虎添翼的作用。

2）落地实施卖点挖掘

卖点挖掘可以从功能卖点挖掘、包装形式创新和服务体验升级三方面着手。

（1）功能卖点挖掘。企业需明确，客户购买的同类农产品中，自己的商品在哪些方面的功能或指标是与竞品有显著区别的。以四川攀枝花杧果为例，消费者熟知杧果号称"水果之王"，其在防癌、降血脂、护眼、提高免疫力、防便秘、延缓衰老及美肤养颜等方面有一定功效。如果某企业的目标客户是爱美的年轻女性，在这么多功能卖点中，最能突出自身特色的应该就是"美肤养颜"。但要使自身商品与其他产区竞争者产品相区别，就需要挖掘背后的卖点，即特殊的土壤与水质条件，四川攀枝花杧果的维生素A、维生素C与维生素E含量均很高，对于养颜护肤有很好的促进作用。此外，产地巨大的昼夜温差及高原的强阳光辐射，促使攀枝花杧果含糖量在14%~23%，较同类其他产区的商品高1%~3%，如此美味又养颜的农产品正是这些目标客户所喜爱的。配合权威的数据对比，用类似方法挖掘出来的商品卖点就是该类商品的核心竞争力所在。

（2）包装形式创新。

① 概念创新。概念是表现商品"卖点"中的一种形式，概念营销会对商品销售产生巨大威力。以四川攀枝花杧果为例，"纬度最北的热带水果""海拔最高的杧果""无公害标准化"等概念的提出，都足以帮助其在市场上以优于竞争对手的价格进行销售。

② 形象创新。将商品形象化，能够在消费者心目中留下深刻而美好的印象。

③ 名人炒作。名人拥有很大数量的崇拜者或粉丝。所以，把名人作为商品的"钩子"，能成功地钩住一大批消费者。

④ 包装创新。"卖产品"更要"卖包装"，在相同质量的前提下，那些质量好、产品包装好的商品更具市场竞争力，更能赢得消费者的喜爱和青睐。比如，四川攀枝花杧果的外包装除了突出"阳光"的特点外，还提供杧果削皮器、一次性手套、湿纸巾等配件，突出互联网环境下以客户为主导的商品理念。

（3）服务体验升级。

① "新奇特"。"新奇特"就是要实现"人无我有，人有我优，人少我多，人多我精"的目标。例如四川攀枝花杧果作为高海拔产区的作物，海拔最高的最晚熟，其具有天然的错季节优势，因此创造出"5至12月都可享用的杧果"这一特点，让消费者的幸福指数显著提升。

② 情怀感受。情怀更多是一种无法对别人提起的执念和向往，是一种纯粹的情感，常常深埋在内心，超越时间和金钱。例如已故的褚时健，75岁承包了2400亩荒山种植褚橙，耕耘10载，在85岁耄耋之年种植出褚橙，以鲜、爽、甘、甜、可口诱人著称，也称"励志橙"。市场中消费者购买褚橙，已不仅关注橙子的品种和口味，更多的是因为一种情感上的认同。

③ 服务升级。服务升级体验包括对商品本身的体验和对生产过程的体验，如推出

工业旅游、服务承诺、服务差异化、服务品牌的打造、个性化服务、衍生服务等。以前面提及的枇果产品所涉及的产地"攀西大裂谷"为例，企业可以挑选一批种子客户，亲自到现场去体验大自然给人心灵的震撼，同时可以引导这些种子客户通过自己的社群发布产地现场及活动现场的图片与视频等，从而引爆线上客户的活跃度。

④ 文化创新。文化创新能使商品市场进一步扩大，因而此类卖点很为商家所看重，值得策划者大力关注和利用。例如，"水井坊"酒利用一次意外考古发现的酒窖塑造了一个很有历史或文化韵味的酒品牌。此外，时尚文化、动漫文化等都是可以考虑的题材。

## 三、农产品价格定位

价格定位关乎成败。所谓价格定位，就是卖家通过对产品质量和市场现状等多方面的综合考虑，把产品价格确定在一个合适的水平，从而尽最大可能吸引消费者并实现收益的最大化。对于卖家来说，无论经营的是哪一类产品，其定价都和成本有着直接的关系。和传统线下销售相比，较低的渠道成本一直是电商经营者的最大优势。而对于农村电商来说，正确地给农产品进行价格定位也是一门必不可少的功课。

简单地说，卖家对产品进行价格定位的过程就是和消费者进行的一场心理博弈。一般情况下，当卖家意识到自己给产品定位的价格并不被消费者认可，没人愿意为其埋单的时候，再对自己的产品价格定位和产品质量进行检讨就为时已晚。特别是对于时间和资源都有限的初创公司来说，时间就是机遇，就是金钱，利用精准的价格定位一击即中才是最明智的行为。

### 1. 定价需考虑市场行情和竞争程度

如果商品的价格定位为高档、中档、低档，则意味着不同的竞争程度。产品的市场竞争程度可以使用淘宝搜索和生意参谋等平台来查看。下面以"人参"为例进行介绍。

在淘宝的产品搜索栏中输入"人参"二字并单击搜索，在淘宝搜索的展示页中可以得到该产品的热门搜索关键词。同时，我们在进行筛选时也可以得到该产品某个价格区间的搜索人数占比，如图2-3所示。如此，就可以根据此结果对宝贝价格进行定位，将其定位在大多数人喜欢的区间范围内，让其最大可能地出现在消费者的视线中。也就是说，产品定价一定要以大部分人的消费需求为依据。

从图中的搜索结果可以看出，低档（0～120元）和中档（121～266元）的价格段是客户喜欢及市场接受度较高的价位，但被选择率越高也意味着竞争越激烈。从图中也可得出结论：价格在267元以上定位为高档的人参市场，市场竞争相对较小，如图2-4所示。

所以，在保证盈利的基础上，一定要注意保持产品的价格优势，制定一个较为符合大多数买家消费水平的价格。图2-4中淘宝搜索"人参"，60%的买家偏好46～266元价格区段的产品。如果你的产品定价在此区段，则可以获得淘宝给予的更多流量展示机会。此外，如果产品价格处于较低的区段，我们就可以凭借拍下立减的方式把产品价格设置到大多数买家比较偏爱的区段，使淘宝搜索展示机会得到最大限度地增加。

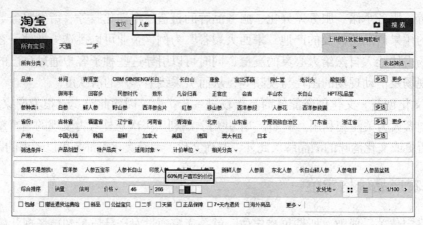

图 2-3　淘宝分类搜索

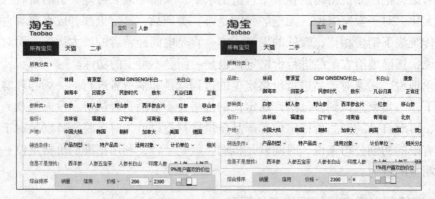

图 2-4　高档定位人参市场的客户喜欢比例

## 2. 定价应考虑产品成本

做生意一定要考虑成本和利润，不赚钱的生意注定难以为继。所以，为产品定价时一定要计算出所有涉及的成本，如人参本身的采购成本、包装成本、物流成本、一定比例的损耗成本等。

## 3. 定价需留促销空间

产品价格定位要考虑市场需求，除根据产品特性制定一个和当前整体市场比较符合的一口价外，一定要考虑为后期的促销活动留出空间，如"双 11"活动价、会员专享价及老客户优惠价等。

## 4. 定价需考虑产品区间

一般情况下，电商店铺产品的价格需有三大区间：引流款、利润款和形象款。

（1）引流款。引流款即店铺爆款。顾名思义，爆款就是非常火爆的产品，高流量、高曝光量、高订单量就是它的具体表现。爆款是给店铺带来流量的产品，但不是利润的主要来源。通常情况下，那些给店铺带来高流量、高订单量的产品，价格都相对较低，而其给店铺带来的利润也非常有限。

但是，对于线上店铺来说，流量是非常重要的，作为主推产品的引流款必然会以流量为最大的追求。因此，这种产品通常具有转化好、性价比高等特点，可以实现"豆腐块"位置的占领，为店铺创造更多的免费流量。

事实上，"大众"与"个性"本身就是一组矛盾的词，作为店铺吸引流量主力的引流款一定是被大多数目标客户群体所接受的。从某种意义上讲，引流款必定是非小众化产品。因此，在进行引流款产品的选择时，我们应该做好相关的数据测试和统计，挑选出一些转化率较高、地域限制较少的产品。针对这样的产品，建议每个店铺设置20%，一般为5件以内。而在打造爆款的前期应该尽可能地把价格降到最低，甚至做好"赔本赚吆喝"的准备，为打造爆款产品提供最大程度的便利。此外，卖家在成本投入上要学会适当地控制。通常情况下，0~1%的利润率对于爆款产品来说是较为合理的。因此，对于爆款产品，卖家要做好盈利不会超过1%的打算。而对于爆款产品的折扣，一般在50%以上较为合理，这样有利于参加淘宝平台的官方活动，如"双11"大促销活动。

（2）利润款。店铺的运营都以利润为最终目的，而所谓利润款就是能够为店铺盈利的产品。通常情况下，店铺的产品除了引流款都可以称得上是利润款，而利润率的大小则由卖家根据实际情况确定。这类产品的流量通常不会太多，但是利润较高。

赚钱是所有卖家的最终需求，因此在实际销售中，利润款通常在店铺的产品结构中占据较高的比例，一般为70%。此外，我们在确定利润款产品时应该瞄准目标客户群中追求个性的小众人群，对他们的爱好进行挖掘，从款式、设计风格及价位等多个方面进行考量，以满足这个小众群体的消费需求。卖家在进行产品推广前，同样需要以少量定向数据作为测试，可以采取预售等手段进行相应的调研，以实现精准推广。

（3）形象款。形象款也称锚产品，即一个店铺、一个品牌的形象工程。在产品的选择上，形象款应该以一些品质高、单价高的极小众产品为主，可以针对目标客户群中的3~5个细分人群制定3~5种形象款。通常情况下，形象款以提升品牌形象为主要目的，只占产品销售中很小的一部分。

例如，一家专卖烤面包机的连锁店以产品质量好、价格高而闻名，店铺最初的主营产品是一种售价1399元的烤面包机，但后来又专门增加了一种售价为2289元的大型烤面包机。由于该店的主要买家以普通客户为主，因此这种适用于面包房的大型烤面包机自然滞销得一塌糊涂。但是，其主要产品1399元的烤面包机却实现了销量的翻倍。

我们从以上案例可以看出，该连锁店中2289元的大型烤面包机就是该店的锚产品，2289元就是该店销售价格的锚点。在将普通产品价格与这个锚点对比之后，消费者就会形成一种印象：1399元的烤面包机简直太划算了，除了小一些，其和2289元的大型烤面包机的功能几乎相同。因此，尽管真正购买2289元烤面包机的没有几个人，但它的存在却在某种程度上使消费者愿意为烤面包机支付的价格得到了提高。

## 四、农产品文案策划

在电商时代，任何商品都离不开文案的支撑，文案是对商品或服务的一次提炼与升华。在文案策划方面，不仅考验的是文字功夫，也同时考验运营者在艺术方面的能力。任何一个好的农产品文案，一定都是文字与艺术的精巧结合。通过文案策划所还原出来的场景，是能够让消费者感受到真实或震撼的，即是"走心"的。从农产品电商不同的营销目的考虑，文案可分为农产品宣传类文案、农产品推广类文案和农产品描述类文案三类。

### 1. 农产品宣传类文案

农产品电商在运营过程中不能参照传统营销的模式，只做好商品、价格、渠道是不够的，在各种新营销模式不断诞生的互联网时代，企业需要通过品牌宣传类文案去吸引和激发对新经济、新玩法、新喜好有极强依赖性的"80后""90后"和"00后"，通过品牌传递商品价值，与消费者产生连接，让其产生好感与信赖，同时强化品牌定位，不断输出品牌文化。

农产品宣传类文案策划就是要通过自有品牌内容价值的输出，与消费者建立起及时的连接和沟通，包括网络热词、热点话题、性格标签、个性偏好等。其具体分四步进行。

（1）分析目标客户是谁。首先，目标客户可以从性别、年龄、职业、学历、分布区域、兴趣等多方面入手，如消费者是22～29岁未婚的白领女性，这就是对一类客户比较完整的描述。

在了解到消费者基本属性后，了解消费者习惯是什么、喜欢什么、观念如何，是做内容策划中一项非常重要的工作。例如，22～29岁未婚白领女性工作节奏较快，有较强的独立自我意识，喜欢二次元及萌宠，喜欢社交，追求精致的生活态度，喜欢网络购物，经常浏览时尚APP，喜欢刷微博等。这些就是对于某类消费者行为习惯与生活态度方面的描述。

（2）分析企业文化或商品初衷。第二步就是结合企业文化或商品设计初衷等进行分析，尽量贴合消费者的生活习惯或生活态度，确定一种消费者正追求或向往的生活方式，结合企业文化或商品理念将其宣扬出来，并加以引领。例如，某乳品企业的"满足你对……的一切幻想"就体现出其商品种类的丰富及品质优良的特点。

（3）挖掘文案的切入点，替消费者说出自己的心声。基于前两点，通过文案代言某一类消费群体的消费观，让消费者通过文案自动与企业统一战线，给予企业强烈的信任与支持。例如，主打健康绿色生态的农产品，可以提炼出"不将就""对自己好一点"等内容引导消费者。

（4）形成图文，与消费者达成共识。最后一步，就是不断优化和提炼文字，搭配适宜的图片与视频，注意场景的还原与主题的明确，如针对前面我们假设的22～29岁未婚白领女性，其最终设计的品牌宣传类文案是"将惬意藏于心怀，以青洌果酒的微醺，将曾经的热血青春娓娓道来"，如图2-5所示。这段文案虽短，却把年轻女性消费者追求自我、通过社交满足情感需求、需要适度释放压力、充满青春激情的状态还原得非常真实。借助鼓励年轻人在

图2-5 某果酒的品牌文案

拼搏与释放中找到某种平衡,鼓励她们选择这类"青冽果酒",既明确了商品的使用场景,又告诉客户"微醺"刚刚好,表达出商品的调性与主张。这类文案势必会引起消费者的情感共鸣,为其整个品牌的塑造奠定良好的基础。

2. 农产品推广类文案

推广类文案不同于品牌宣传文案,推广更重视商品卖点的呈现,表达资源的稀缺性,要给消费者足够的购买理由,最终形成销售转化。

此处仍然以 22～29 岁未婚白领女性为例。作为坚果类商品或相关休闲类食品,文案如果以"美味""品质"等为切入点,会很难打动她们。我们经过分析不难发现,这类女性对休闲零食非常关注,几乎每天都会消费,她们关注什么?哪些是影响其购买的主要因素?经过调查,她们收入并不高,对价格很敏感,但又非常在意品质。因此,优化后的文案可以是"你最忠实的伙伴,却最廉价",它既能表现年轻女性对商品巨大的需求,又能让女性认识到这款商品不贵,给她们一个无法拒绝购买的理由,如图 2-6 所示。

图 2-6　休闲零食的商品推广文案

同样的目标人群,乳品企业在商品推广文案中,为突出商品新鲜的卖点,提炼出"这里满足你对牛奶的一切幻想,能长久保存的都不敢称新鲜"。这种文案对于追求精致生活、讲究品质的女性消费者来说,是非常适宜的,如图 2-7 所示。

图 2-7　乳品的商品推广文案

### 3. 农产品描述类文案

从品牌宣传，再到引导消费者关注和争取销售转化，最终企业的文案要回归到对商品本身的描述上。如果按照传统电商方案来介绍商品产地、规格、功能说明、质量认证、售后服务等，是无法满足现在互联网客户个性化需求的。因此，在销售转化的最后关键环节，农产品描述类文案的策划与优化是农产品电商运营者不得不面对的问题。具体而言，农产品描述类文案策划应从以下四个方面开展。

（1）商品基本信息及属性。该部分与传统电商商品描述部分类似，应涉及商品名称、品牌、规格、Logo、产地、温馨提示等问题，如"温馨提示：拆包后，若未食用完，请密封好并置于阴凉干燥处保存"就是一种基于商品基本信息的描述性文案，能让消费者感觉到企业的真诚与细致。

（2）商品特性。运营者可以从商品优势（为什么买我们的），也可以从消费者需求角度（买了如何好，不买会有何损失）等方面来设计。增加自己商品与其他商品的对比分析，更会加深消费者的好感。比如，某坚果商品详情页中提及"使用大杏仁可以让人产生饱腹感，饭前吃一把可减少对其他热量的摄入。其次，大杏仁所含膳食纤维可有效降低脂肪吸收率，吃多也不会导致体重增加"，这样的文案描述就会有效促使爱美的、想吃零食、怕长胖的年轻女性做出购买选择。

（3）配合商品包装图、细节图展示。为增强消费者对商品的理解，提高信任感，运营者可以在文字策划完成后，将商品包装细节图、QS标志、配料表、产地证及生产批次等信息以图片或视频的方式呈现出来。

（4）口碑与承诺保障。运营者还可以在文案最后将消费者的评价、聊天记录、试用记录、相关资质证书、常见问题解答、媒体新闻报道、实体店实景图、政府背书等作为文案材料呈现出来，以强化消费者的信任感。

总之，无论是哪类文案，一定要还原出特定的场景，文字应精练易读，配图或视频一定要考虑目标客户的可理解性，符合消费者的行为习惯或文化观念特征。

**知识扩展** → **农村电商名人系列赵海伶——让震区山货飘香全国**

赵海伶是一位经历了"5·12"汶川大地震重灾区青川县的女孩。22岁的她从四川外语学院成都学院毕业后放弃在大城市生活，选择回乡创业，克服没有物流、没有网络、没有住房等困难，借助现代科技，采用电子商务的模式，在网上销售家乡土特产，短短10年时间，从一家网店转型成为省级龙头企业。她身上有当今社会提倡的创业精神、网商的精神。她示范带动60余名青年返乡创业，牵头与重庆大学返乡青年建设300亩标准基地，基地累计为留守贫困妇女、老人提供务工岗位1300多个，帮助农户年均增收1.5万元。赵海伶作为乡村振兴代表参加了中华人民共和国成立70周年庆典并站上花车。

## 五、农产品服务定位

从销售农产品到体验营销，再到服务营销；从打响知名度到提高企业美誉度，再到形成客户黏性，这是形成品牌必经的过程。粉丝经济的最大价值就在于，利用一个人的满意来吸引其周围所有人都成为产品的消费者。因此，对于农村电商来说，通过良好的服务培养忠实粉丝是促进企业发展必不可少的一环。

当前，"互联网+农业"正在以全新的网络营销模式颠覆传统农业销售渠道，传统农业正在迎来大洗牌。农村电商的优势在于突破很多的限制，为农民和消费者提供直接交流的平台，以点对点的营销模式使传统的客户关系维护渠道变得更加简单、快捷。很多时候，农村电商的核心竞争力并不是产品，而是服务本身。对于农村电商企业来说，良好的服务就是企业形象的代表，是提高客户服务能力、带动产品销售的有效保障。因此，如何做好服务工作、全方位提高客户体验，对于农村电商来说是非常重要的一课。

那么，怎样理解和做好服务工作呢？需要做到以下六个方面。

1. 理解服务的重要性

（1）服务带来更多粉丝。买过产品的称为客户，而粉丝则是指那些能够重复购买且能影响他人产生购买行为的客户。这部分客户通常会自发将产品的品牌精神、质量和服务传递给他人，从而引发更多人愿意自主为产品进行口碑宣传。当下，粉丝经济已经成为商业的一个热点，提供良好的服务是企业获得粉丝的有效手段。

（2）服务带来更高的销售额。当今时代，低廉的价格早已失去市场竞争力，许多消费者在购物时更注重自己所享受到的服务待遇。所以，企业要想提高销售额，就必须注重服务质量，让客户买得舒心、买得开心。

（3）服务可以促进品牌建立。常说品牌的建立要靠质量，而如今这里的质量不单单是产品的质量，更多的是服务的质量。优质的产品质量为企业敲开市场的大门，而优质的服务则是打开客户购买大门的钥匙。

2. 进行服务定位

（1）基础服务。基础服务即要解决客户提出的问题，商家要做到快速回复、亲切友好、礼貌待人。

（2）特色服务。特色服务即想客户之所想，急客户之所急，积极主动与客户沟通交流。

（3）惊喜服务。惊喜服务就是让客户感到意外、惊喜和感动、超出预期，和客户做朋友，让客户记住你。

这三种类型的服务都很适用，企业在做农村电商时要根据自身的实际情况对服务进行定位，让服务带动销售。

3. 解决好售后配送问题

售后配送是网络销售中非常重要的一个环节，其服务质量对网站信誉有着至关重要的作用。特别是对于农村电商来说，不能实现良好的售后配送服务，一切都是空谈。

4. 与消费者建立良好的联系

在这个物质充沛的时代，消费者越来越注重精神方面的追求，很在意愉悦的购物体验。对于电商来说，如果能够把握住每一位消费者，定将是一笔无穷的财富。因此，要积极采取措施和消费者建立情感联系,如根据消费者的购买记录有针对性地为其推荐合适的产品、发送温馨的节日祝福等。

### 5. 和传统营销方式相结合

农产品行业作为最传统的行业,想要立刻改变消费者长期以来养成的消费习惯必然需要一定的时间。因此,农村电商需要通过和传统营销方式相结合,将互联网企业存在的价值最大化,建立消费者对售后服务的信心。

### 6. 做好网站技术支持及网络维护工作

对于电商来说,网站技术支持和网络维护是一项长期的工作,往往需要投入大量的人力和物力,保障企业的硬件配套设施能够满足客户日益增长的需求,在网站浏览量和销售量激增时也能够为客户提供及时、有效的服务。同时,足够的网络安全意识也是互联网时代对农村电商的要求,农村电商要时刻在企业信息、客户资料、财务安全等各个方面保持警惕,让客户真正感到安心、放心。

口碑传播是最适合电商行业的宣传方式。对于农村电商来说,客户的口碑永远是最重要的,在任何情况下都不要得罪客户。你只要赶走一位客户,就等于赶走了潜在的250位客户,因为每位客户背后都站着250个和他关系亲近的人。

## 课堂实训

| 活动题目 | 了解农产品电商化的前期准备 |
| --- | --- |
| 活动步骤 | 对学生进行教学分组,每3~5人为一个小组,以小组为单位实施活动 |
| | 小组成员对"天景玉米""万年贡米""天赋河套"三家企业的客户及卖点进行分析,并填写表2-1 |
| | 分别调研"褚橙"和"秭归脐橙"的宣传文案,并填写表2-2 |
| | 登录淘宝APP,选出三个你认为做得比较好的农产品品牌旗舰店,并填写表2-3 |
| | 每个小组将结果提交给教师,教师对结果予以评价 |

表2-1 三家企业客户及卖点对比

| 对比项目 | 天景玉米 | 万年贡米 | 天赋河套 |
| --- | --- | --- | --- |
| 客户是谁 | | | |
| 客户在哪里 | | | |
| 客户在做什么 | | | |
| 竞品名称 | | | |
| 客户需求 | | | |
| 产品卖点 | | | |

表2-2 "褚橙"和"秭归脐橙"宣传文案调研

| 调研指标 | 褚橙 | 秭归脐橙 |
|---|---|---|
| 文案类型 | | |
| 从何处获知 | | |
| 文案切入点 | | |
| 商品的特性 | | |
| 口碑与承诺保障 | | |

表2-3 农产品品牌旗舰店分析

| 对比指标 | 对象1 | 对象2 | 对象3 |
|---|---|---|---|
| 旗舰店名称 | | | |
| 侧重方向 | | | |
| 粉丝量 | | | |
| 营销效果评价 | | | |

# 第二节 农村电商团队建设

任何企业都需要高度重视团队的建设。在现实生活中，很多企业在巨大的市场竞争压力面前出现了成员疲惫不堪、精神萎靡的状况，有的企业甚至出现员工大量离职的情况。为什么会出现类似情况呢？归结原因，均和团队建设与管理有关，管理者需要尝试回答几个问题，比如，管理者是否真正了解员工需求、员工是否了解自己的需求、管理者是否满足其需求、价值衡量标准怎样等。

所谓团队，就是技能互补的人，为共同的目标或愿景组合在一起，通过密切沟通配合，全力实现组织目标的一群人。

## 一、农村电商企业架构

农村电商企业的建设与发展，离不开一个架构合理且优秀的团队。团队不仅要懂电子商务方面的内容，包括电商战略规划、商城建设与运营、网络营销推广、搜索关键词优化、新媒体内容策划与制作等，还要熟悉传统企业的商业运作，包括企业行政管理、品牌规划、营销策划、渠道选择与建设等。因此，从宏观上讲，农村电商的企业架构至少应该涵盖人力资源、财务、客服、市场、采购、物流、技术、平台建设、策划等部门。

农村电商企业架构

不同企业，不同的市场情况、规模及资金实力决定了企业架构会有所差异。

## 1. 农村电商企业架构类型

农村电商企业主要分为两类：一类是生产型；另一类是贸易型。前者自己有产品主动权，货源既可以是企业自己的农产品货源，也可以是代理的一手货源；后者则需另外订货，其农产品品类和货源可以动态调整，在企业架构中比前者多一个采购部。两类企业的架构如图2-8所示。

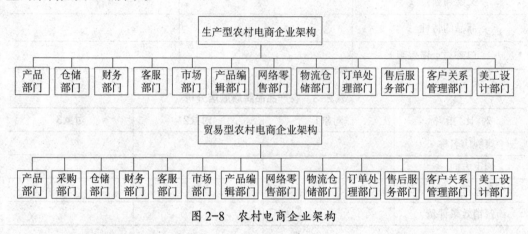

图 2-8 农村电商企业架构

## 2. 农村电商企业架构建议

国内许多农村电商企业受地域及资金的影响，在企业架构中可以将上述提及的生产型或贸易型农村电商企业的组织架构进行必要的调整，对一些岗位划分进行整合。例如，将人力资源、财务等部门合并成企业行政后勤管理部门，将电商业务部门分成客户运营部、渠道拓展部、内容运营部、产品运营部、运营推广部、活动运营部等部门。

在企业不同发展阶段，部门岗位人数应动态调整，一般而言可从三个阶段考虑。

（1）运营前期。运营前期，企业业务开拓资金占用量大，但市场影响力有限，必须压缩成本，因此岗位设置上尽量考虑将相关岗位合并，以减少企业在人力资源方面的成本，如表2-4所示。

表 2-4 农村电商企业架构参考

| 岗 位 设 置 | 建议人数/人 | 主 要 工 作 |
| --- | --- | --- |
| 人事行政 | 1~2 | 企业人事行政事务管理 |
| 财务 | 1~2 | 企业财务管理 |
| 电商运营经理 | 1 | 统筹运营团队 |
| 客服主管 | 1 | 售前与售后管理 |
| 客服（售前+售后） | 1 | 售前或售后业务处理 |
| 策划主管 | 1 | 活动策划、推广工具使用、流量获取、推广文案撰写、活动策划与统筹等 |
| 文案与图片设计 | 1 | 商品拍摄、设计、上传、商品描述等 |
| 营销 | 1~2 | 品牌宣传、产品销售 |

| 岗 位 设 置 | 建议人数/人 | 主 要 工 作 |
|---|---|---|
| 产品管理 | 1 | 采购、保证产品品质与货源、包装管理、仓库管理、发货管理等 |
| 分销管理 | 1 | 渠道开拓与维护、佣金管理 |
| 数据分析 | 1 | 广告投入决策分析、店铺运营数据分析、活动效果评估与安排、进货安排、提供考核数据等 |

（2）运营中期。随着企业业务范围和市场影响力的扩大，可大力增加售前客服人数，5～8人较适宜。伴随企业客户数量的增加，对内容的需求也越来越高，也需在文案、平面设计岗位上适当增配1～2人。此外，为配合企业市场扩大的需求，引流与网络广告相关工作可以独立出来，由2～3人负责。网络前端业务的扩大离不开企业物流仓储的支持，因此有必要在订单处理、仓储配送、打包方面增派多人，应视企业具体情况而定。最后，行政方面的人事、财务及法务方面的人员可考虑各增配1～2人。

（3）运营成熟期。企业经过若干年发展进入成熟稳定阶段，业务板块越来越广，市场覆盖面越来越广，可以考虑矩阵制的架构，即以具体项目为单位运营，每个运营单位均由市场、客服、内容策划、活动策划岗位人员构成，共同在人力资源、行政、法务、财务、物流管理部门的协助下开展项目实施。

必须强调的是，无论农村电商企业属于哪个阶段，其客户、内容与产品运营的部门负责人一定要懂产品，因为这样更容易结合市场挖掘出产品的核心卖点，寻求在内容与活动运营中的突破。

## 二、农村电商岗位职责与职业要求

### 1. 项目负责人岗位职责

农村电商项目负责人就像一艘大船的船长或舵手，其工作好坏决定了企业发展的方向。具体而言，项目负责人应在公司战略下制订品牌、产品、平台与店铺等的规划，扩大品牌影响力，维护品牌形象，明确各渠道定位，并带领团队提高业绩。

项目负责人的具体岗位职责涉及：负责产品、客服、营销、运营、渠道等部门的搭建、日常运作及协调；配合政府主管部门完成项目合同内容，并接待参观；负责跟进公司规划，制订分解目标，确定团队考核指标并进行绩效考核；负责团队推广与销售目标的达成；负责电商平台建设、平台营销、促销方案策划等审核、监督执行、数据诊断；负责供应链、物流相关部门的梳理与建设；负责销售、交易、商品、会员等运营数据的诊断与研究，对销售业绩负责；协助本地企业与合作社依托第三方电商平台销售当地农产品；根据公司战略制定品牌与平台定位，合理评估渠道；制订品牌传播方案，确定投放广告的比例、渠道等；负责部门培训、文化活动组织等，提升团队凝聚力和执行力。

实际业务中，相关岗位名称差异较大，但工作内容与岗位职责相近。常见的该类岗位名称主要有运营总监、电商运营总监、电子商务总监、运营经理、农业项目主管、农村电商项目总监、农产品贸易项目经理等。

### 2. 平台建设与维护岗位职责

平台建设与维护岗位的主要职责是根据公司对品牌与产品的定位，规划长期发展方向，确定店铺与产品的风格；负责平台规划与建设，完成模块搭建、风格与色彩搭配、布局设计与优化等；负责对平台或店铺进行日常维护，包括价格调整、折扣确定、图片设计与更换、商品上下架管理、库存管理、图标设计等；负责商品、服务与活动的上线，并对内容与活动进度进行跟踪，评估内容与活动效果；负责平台活动的报名工作，获取平台的资源支持，全面提升销量；负责跟进平台规划、行业趋势，分析竞争对手，做好数据统计，并提出具体方案。

实际业务中，相关岗位名称差异较大，但工作内容与岗位职责相近。常见的该类岗位有以下3类。

（1）平台类：电商平台运营专员、公众号运营专员、电商设计师、平台主管、网站运营主管、产品编辑、网站运营推广专员、运维主管、网站编辑等。

（2）美工类：策划美工专员、设计专员、美工设计师、平面设计师、UI设计师、网页设计、电商设计专员等。

（3）数据类：数据专员、数据开发工程师、数据架构师、电商数据运营专员等。

### 3. 商品管理岗位职责

商品管理岗位的主要职责是负责优质和大宗农产品品种养殖基地的开发、洽谈，促成合作；负责农产品加工、生产、包装等各环节高品质标准的建立；负责品质体系落地，包含三方认证、农产品质量认证等；负责商品的溯源管理，确保商品品质；负责完成商品品类组合；根据企业目标市场定位，确定商品核心卖点，并规划商品详情页及页面风格；负责商品拍摄与优化。

实际业务中，相关岗位名称差异较大，但工作内容与岗位职责相近。常见的该类岗位有以下两类。

（1）商品采购类：采购主管（专员）、电商采购专员、电商产品开发专员、农产品采购主管、电商选品专员、产品经理、产品开发专员等。

（2）商品管理类：电商产品设计师、商品主管、商品管理专员、电商商品管理专员等。

### 4. 客户管理岗位职责

客户管理是决定客户口碑与客户体验的重要环节，其具体岗位职责涉及：通过线上方式为客户提供咨询解答服务，准确理解客户需求，引导客户完成在线下单；负责处理订单和跟进事宜，保证商品快速、顺利、完好地送达客户手中，保证客户良好的体验；负责客户评价的处理与响应；负责接收客户在体验中的意见与建议，并及时予以响应；负责针对客户退换货进行复核并及时给予协调；针对客户投诉，对投诉进行分类并反馈给相关部门解答；负责可疑订单处理，主动联系客户并确认信息，防止恶意订单的产生；负责客户分级管理，制订并执行促销方案，提高客户复购率。

实际业务中，相关岗位名称差异较大，但工作内容与岗位职责相近。常见的该类岗位名称主要有客户关系专员（经理）、客服专员、客户关系维护专员、电商客服、订单助理（专员）、平台客服文员、社群运营专员、售后客服等。

5. 活动与内容策划岗位职责

随着线上与线下市场的不断融合，市场中消费者的需求发生显著变化，仅依赖产品自身的功能属性满足消费者需求越来越困难，伴随新媒体平台的日趋多元与繁荣，消费者对于内容与活动的要求越来越高。因此，活动与内容策划岗位在农村电商企业中的重要性不言而喻。其具体岗位职责包括负责网络推广营销规划；负责线上与线下活动策划；负责相应文案的创意与编写；负责新品上市策划与制订产品促销活动推广计划；负责对行业资源网站进行挖掘，并推广资源互换合作；负责审定、评估和分析关键词与网络广告效果，并提出调整建议；负责相关内容与活动的推广效果数据评估；利用各媒介，完成企业品牌推广、产品与服务的知名度打造；利用各种资源，提高内容与活动的点击量与访问量，不断提升企业影响力；配合线下门店等，做好社区开发、活动宣传与推广。

实际业务中，相关岗位名称差异较大，但工作内容与岗位职责相近。常见的该类岗位有以下两类。

（1）活动类：电商活动策划专员、广告策划专员、活动策划经理（专员）、活动运营专员、活动执行专员。

（2）内容类：电商编辑、电商文案策划专员、电商直播专员、内容运营专员、新媒体运营经理、品牌策划专员等。

6. 市场与销售岗位职责

市场与销售岗位的主要职责是对接市场，积极开拓渠道，完成产品销售，全力达成企业销售目标。其具体岗位职责包括走访目标农户及农村合作社，宣传推广公司政策，开发货源渠道；建立农村发货点或自提点，并对当地村民开展基本业务培训；负责公司销售目标制定与执行，及时进行市场调研和信息收集、数据统计和报表整理；负责跟踪农产品行业动态；配合内容与活动运营团队选择新媒体渠道，完成品牌和产品宣传；对接线下渠道和其他第三方电商平台等，拓展销售渠道；在销售政策的支持下开展促销活动，负责公司销售业绩的达成。

实际业务中，相关岗位名称差异较大，但工作内容与岗位职责相近。常见的该类岗位名称主要有网络推广主管（专员）、市场推广专员、电商推广专员（助理）、营销推广主管、销售主管（经理）、市场地推员、业务拓展（BD）专员等。

## 三、农村电商人才培养

农村电商的发展离不开专业人才的培养，只有完善软件设施，才能更好地配合硬件设施发展农村电商。

农村电商人才培养首先需要有国家和地方政府的政策支持，依托专业机构开展基于农村电商业务流程、网店经营、商品管理、营销策划与管理、内容策划与推广、企业管理、人力资源管理等方面的培训；其次，鼓励高校开设电子商务、移动商务、农村电子商务类专业，与企业资源对接，共建人才实训基地，校企共同培养农村电商人才；最后，开展以农民、农村青年、返乡大学生、退伍军人等为主体的电子商务技能培训,提升其专业技能,以促进当地农村电商的发展。

### 1. 农村电商人才培养重点

农村电商人才培养具体可以从以下几个方面开展。

1)细分培训对象,确定培训重点

农村电商人才培养不只是培养会电商系统操作、会拍照上传商品、会发货的人,人才培养应该分领域、分目的进行。具体而言,应从以下几个方面入手。

(1)各县(区)的政府部门人员。应重点解决其电商思维问题,帮助其意识到电商的重要性,认识到通过电商可以解决产品渠道、品牌宣传、农村就业、产业经济联动发展等方面的问题。只有他们认识到电商的重要性,才会在产业布局、产业发展方面给予业务层人员足够的重视与支持,可通过考察游学解决这部分人的认知问题。

(2)集体所有制企业负责人或区域农产品经纪人等。其重点在于外部资源的连接与专业技能的提升。他们有一定的资源,但受制于区域,无法在规模、品牌、资源建设上实现突破,可通过建立该农产品相关的交流圈子,提供一个集产品生产、品控、包装、设计、销售、物流配送、平台建设等于一体的交流圈,给这些培训对象提供打开视野、开拓优质资源的路径。此外,他们在商品拍摄、平台搭建、内容建设与活动策划等方面不专业,可通过专业技术培训,解决其在网店建设、美工、商品管理、活动管理等方面能力欠缺的问题。

(3)驻村大学生干部或返乡大学生、电商扶贫志愿者。重点解决他们的技术储备与指导问题。他们学习能力强,理解能力优秀,善于运用新的思维与工具解决问题。培养这些对象在平台搭建、营销策划、支付技术运用、物流平台搭建与技术使用方面的技能,既符合其自身需求与职业特点,又能实现对基层农村电商从业者技能的指导。

(4)农产品的提供者或使用者。这部分人往往就是农民,学历层次、学习能力参差不齐,应重点培养这些人对于产品的养殖种植方面的能力。这样,才能从源头上解决农产品的品质与网络口碑的问题。

2)多元培训手段,组合培训农村电商人才

多元培训的前提是立足本地人才的培养,可在了解农民、返乡大学生、农产品经纪人需求的基础上,开展本地线下集中培训;可借助网络教育平台或视频直播平台,邀请相关行业从业资深人员开展远程教育;也可以整合平台,依托项目,与平台、社会扶贫机构、高校等开展合作,对当地农村电商人才进行培训。

3)培训内容层级化

(1)培训电商基础知识与运营理念。重点针对没有接触电子商务的人群进行培训,使他们了解电商与传统企业融合的发展趋势,明确农村电商带来的机遇与挑战,熟悉互联网思维与主流商业模式。

(2)培训农村电商基础知识与技能。重点解决农产品电商企业或个人对农村电商发展趋势的判断,辅助其掌握农村电商前沿知识,在认识各大电商平台及熟悉规则的基础上,掌握平台建设与维护方法,掌握应对产品与市场变化的方法等。

（3）开展农村电商实战培训。邀请相关的农产品运营比较成功的企业或个人，基于某一具体农产品进行实战经验分享，包括产品定位、特色挖掘、包装、供应链建设、筹资融资、营销策划与宣传经验等，同时协助相关县（区）完成电商运营体系的建设。

（4）开展政策培训。邀请政府主管部门或电商政策制定部门负责人，就具体某一农产品的产业政策与区域旅游规划等进行解读。此外，有政策支撑的地区，对于产业政策与电商对接的解读也是非常有必要的。

2. 农村电商人才培养参考知识与技能体系

农村电商人才需要掌握的知识与技能如表2-5所示。

表2-5 农村电商人才需要掌握的知识与技能

| 序号 | 主 题 | 知识与智能内容 |
|---|---|---|
| 1 | 农村电商的发展前景 | 农村电商行业数据解读、农村电商发展现状与前景（含政策解读）、农村电商发展路径等 |
| 2 | 农产品供应链打造 | 农产品供应链构成、农产品采购策略与注意事项、农产品供应链打造（含物流配送）、农产品库存管理等 |
| 3 | 农产品品控溯源 | 品控溯源的意义、品控溯源体系的解决方案等 |
| 4 | 农产品爆款打造 | 农产品的价值构成、农产品品牌建设意义、农产品品牌打造策略、农产品推广工具与方法等 |
| 5 | 农产品平台建设 | 农产品主要平台、平台特点与运营策略、网店建设与美化、商品管理、订单管理、平面设计（色彩、图文策划、视觉设计等）、网店客服设置、支付体系设置等 |
| 6 | 农村电商创新营销技法 | 新型电子商务模式、农产品网络定价策略、新媒体手段等 |

## 四、农村电商团队激励与考核

1. 农村电商团队激励

任何团队的发展和壮大都离不开激励。团队激励的最终目的是要高度统一团队成员，更加细化团队成员的协调分工，进一步增强团队成员对团队的归属感与荣誉感，全面提升团队成员的积极性与凝聚力，将团队效用最大化。

1）团队激励的原则

团队激励应遵循以下6个原则。

（1）期望值与效价对等原则。所谓对等，就是对于团队成员的奖励，必须是这个团队成员通过努力能够争取到的。此外，激励的载体应该是团队成员所共同关注的。只有满足这两个条件，激励才不是针对少数人的，这样才可能调动所有人的积极性。例如，某农村电商企业，其业绩占整个团队70%的销售，但最终的提成只占团队的20%，这就明显不合理。此外，有的企业领导因为员工提成低，而人为调高这些员工的奖金，确保团队成员收入差异不要过大，类似做法值得商榷。

（2）公开透明原则。如果激励只公布一个结果，那么激励将失去作用，甚至有成员会因为所谓的激励受到来自团队成员不必要的排挤。激励一定要将制度公开化、考核透明化，这样既能确保激励的公平性，也能引导并刺激其他团队成员找到差距，更努力、用心地工作。

（3）注重高名誉性原则。单纯通过物质激励，作用时间不仅短暂，而且效用有限。激励一定要同"获得感""价值感""荣誉感"有关，比如优秀团队成员上荣誉榜、奖励旅游机会等。

（4）激励方案时效性原则。要使激励发挥作用，激励方案应该是短期而不是长期的。如将激励方案限定在三个月内，则会起到非常不错的效果，既可确保目标的达成，又能提升员工的时间观念。

（5）激励方式的可变性原则。随着时间的流逝，激励的方式应发生动态变化。例如，初入职场的年轻人与有多年工作经验的老员工在激励上就应该有所侧重，物质类激励方式对前者更容易奏效，职务晋升类激励对后者更有效。

（6）优先考虑团队激励原则。任何团队的成功都不是某一个或某几个人的功劳，在激励的过程中，如果以团队为单位进行奖励，则不容易出现部分成员积极性受挫的问题，同时团队成员会因自己是某团队的一员而倍感骄傲。以团队为单位的激励，也能有效刺激其他团队形成竞争机制，企业利用团队之间的竞争可不断提升企业经营绩效。

2）团队激励方式

常见的团队激励方式有以下几种。

（1）榜样激励。为团队成员找到并树立一个标杆或镜子。最好的做法就是，管理者要求员工做的，自己首先要做到，树立一种精明强干、身先士卒的榜样形象。此外，针对优秀的团队人才，企业可以考虑因人设岗，这类岗位的设立，对其他团队成员能够起到较强烈的示范引导效应。

地方政府在发展区域农村电商的过程中，可通过重点扶持一些龙头企业发展电商，去带动其他企业完成转型升级。例如，河北省清河县如今以强大的羊绒产业闻名于世，有"中国羊绒之都"的称号。当地政府最早就是通过树立一批电商企业典型，通过这些企业的电商运作总结和提升经验，形成一种可推广的运营模式，最终借助这些企业在当地的影响力，快速完成其他传统商户和企业的电商转型，政府在这一过程中加强过程监督，引导企业创新和走品牌化、差异化竞争道路，从而成功塑造农村电商中的"清河模式"。

（2）目标激励。人的行为会受到动机的驱使。管理者可通过适当的目标引导和激励员工行为。

首先，必须明确企业的愿景是什么，让员工意识到自己身处一个有着巨大发展潜力或清晰发展方向的企业，自己非常有幸成为这个企业的建设者。

其次，必须明确企业的价值观。价值观能帮助员工明白自己努力的目的是什么，形成责任感、使命感，同时能更快速地帮助企业实现愿景，在员工中传承并不断演化。

最后，必须帮助员工明确个人目标与企业目标的关系，即"我的位置和方向在哪""我的时间价值与规划如何"。例如，在制订激励方案时，管理者充分考虑可实现度与时间问题，同时尽量在布置工作任务时具体化，包括任务步骤、考核指标、时间节点、进程安排与实际进度对比等。此外，管理者也可通过职业发展规划，借助专业或管理发展路线的等级划分与考核测评，让员工明确自己的努力方向。

除农村电商企业需要关注目标激励外,地方政府也不能忽视目标的重要性。由于地方政府的公信力较强,资源整合能力也较企业具有明显优势,因此,在发展农村电商的过程中,地方政府可通过搭建统一平台整合各方资源,最终实现农村电商的整体打造。例如,通榆县由政府注册了品牌"三千禾",所有当地农产品的包装、销售和服务都必须统一,由政府协调专业电商运营机构成立"通榆县电子商务发展中心",全力配合通榆县电商企业的运作。农产品产销标准统一、加工与生产环节规范、统一平台制作商品数据包、统一平台提供网上分销商选货与网销、统一仓储与订单处理、统一售后服务……这些统一的举措无疑对当地农产品规范化运营、品牌塑造及降低小规模农村电商企业的运营压力等起到明显的推动作用。

(3)授权激励。给予团队成员基本的信任感和责任感是激发团队积极性的有效手段。例如,给予成员一些"重要项目",让其负责,并给予对方相应的权限,管理者对项目结果负责,而不对执行过程进行过多干涉。在目标激励中提到的通榆县,统一品牌与质量标准,加强监管也是授权激励的表现,区域内农村电商企业在标准框架内,其业务环节有足够的自主权,专业优势能够得到有效发挥,专业化分工对提升区域整体电商效率与水平有显著促进作用。

(4)尊重激励。给予团队成员必要的尊重是一种非常有效的激励手段。例如,邀请成员参与项目决策,定期征求团队成员的意见与建议,发现问题后不是责难,而是开导和共同寻求解决问题,尽量多用平级的口吻交流,尊重员工的个人爱好与兴趣。

(5)沟通激励。有效沟通是高效管理的前提。管理者经常性深入团队参与讨论、参与活动,甚至创造机会一起活动,都能找到适宜的沟通切入点,在沟通中及时发现并解决问题,实现信息的充分沟通与共享。例如,管理者可以多主动走入员工当中,或利用吃饭等非工作场景机会,和员工多聊自己的生活、工作经历、旅行见闻、对一些事物的看法等,让上下级之间更加了解,提高信任感。此外,增加机会,让下属参与到方案的研讨中,征询其意见,也是一个比较好的沟通激励方式。

(6)宽容激励。对于团队成员的管理,宽容是一种有效手段,宽容能够使员工感到亲切和友好,也能使其获得安全感。宽容是打开沟通的一扇门,也是员工自省、自律、自强的前提。给予员工犯错误的机会,容许试错,甚至主动帮助员工降低损失,鼓励员工在失败中总结经验教训,是团队管理的必修课。例如,在电商实际运营过程中,运营工作压力很大,很容易出现订单错误,作为上级可帮助运营人员承担一部分费用,虽然钱不多,但是对于运营人员来说意义非凡。此外,不轻易否定员工的想法,对于不是特别紧要的项目,可以适当延长时间,给予员工足够长的时间去寻求解决方案,培养员工的能力。

(7)赞美激励。每一个人都有社交与尊重需求,在一个团队中,赞美或肯定能够有效赋予一个人积极向上的动力,能够激发其对事情的热情。用欣赏的眼光看待员工的工作,在小事中找到机会去赞美,及时对员工的行为做出正面积极的评价,是一个管理者管理艺术的体现。

(8)情感激励。主动深入员工中,了解员工在工作或生活中遇到的问题,关心问候并寻求解决问题的方法,能够有效改善上下级之间的关系,拉近彼此的距离。以"情"来感人比用"制度"束缚人,效果要好很多。例如,一周或两周组织一次下午茶活动,让团队成员通过这项活动放松心情；也可考虑一个月或一个季度举行一次团建活动，既可以提高团队凝聚力，也可以在团建中穿插工作话题，寻求解决问题的方法。

（9）竞争激励。管理者通过量化考核、职位晋升、绩效奖励、奖励旅游等方法在企业内部建立竞争机制，用一种积极健康、奋斗拼搏的文化调动员工的积极性。以量化考核为例，管理者通过量化指标，每天或每月对员工业绩公开对比或组织团队竞争，可借助信息反馈表或公示表等进行结果反馈。用优胜劣汰和外部危机等手段达到激发员工工作积极性的目的。例如，客服岗位的量化指标可参考转化率、客单价、客户投诉、响应时间等进行设置；营销推广岗位的量化指标可参考销售增量、跳失率、页面浏览比率、指标完成率等进行设置。

（10）文化激励。文化是企业发展的驱动力，优秀的文化往往能够在企业发展目标制定与员工行为导向方面发挥作用。管理者通过文化同化员工价值观，通过文化培养员工对企业的归属感，通过文化明确激励指向。此外，作为地方政府，可通过举办电子商务与网络创业方面的大赛，达到吸引农村电商人才的目的。例如，揭阳市举办"中国电商好讲师大赛"和"中国电商人才擂台赛"成功实现了全国电商人才的"孔雀东南飞"，"中国电商好讲师大赛"的40余位讲师全部受聘担任军埔客座讲师，金牌获得者出任电子商务创业学院讲师，铜牌获得者甚至举家迁往揭阳，投身揭阳电商发展。

（11）惩戒激励。激励的最后一种方式是惩戒激励。惩戒的目的不在于处罚员工，而在于引导教育员工，通过适度的外在压力促使其产生趋避意识。惩戒在使用中应注意时间、场合及涉及面等问题，尽量将惩罚与正面奖励结合起来。

### 2. 农村电商团队考核

考核的目的在于服务团队整体战略，确保既定目标的实现，实现企业的价值观导向，及时调整和优化操作方法与程序，激发人才的潜力。

1）团队基本收入结构

不同岗位的工作性质差异决定了收入结构的差异，归结起来可以分为两种类型。

（1）运营团队收入结构：基本工资+绩效+提成+奖金。

（2）运营辅助团队收入结构：基本工资+绩效+奖金。

其中，基本工资标准与团队成员实际工作经验、工作能力的定级有关；绩效要依据团队目标进行优化，确定不同绩效要求和评分标准；奖金可按照企业上一个月度净利润的一定百分比进行月度奖金确认，也可按照企业一个年度净利润的一定百分比进行年度奖金确认；提成比例可依据运营总监、主管、店长、运营人员（含客服岗）来设置，运营岗位应适当倾斜，增加奖金池比例。

2）团队考核

团队考核涉及关键指标设置，具体而言可从以下几个方面开展。

（1）明确岗位与指标要求。不同岗位在考核指标设置方面应有所不同。农村电商团队可以从运营、客服、内容、行政四大岗位入手，通过"关键指标"与"过程指标"搭建考核体系。

① 运营岗关键指标：项目（全店）销售额。运营岗过程指标：运营报告、客户流

量、客户转化率、客户客单价、销售毛利率、损耗率、库存占比等。

②客服岗关键指标：会员数、销售额、市场份额、综合售后评分等。客服岗过程指标：询单转化率、客单价、满意度评分、退款纠纷率、处理时长、售后成本等。

③内容岗关键指标：图片、文字与视频等内容的出品速度与出品质量。内容岗过程指标：浏览量、转发量、点赞量、评论数等。

④行政岗关键指标：投资报酬率、员工满意率。行政岗过程指标：成本与费用、员工流动率、信息系统有效性等。

（2）指标分解。指标分解得越详细，对于运营人员的影响越大，指导性越强。其具体可以从以下几方面着手。

①按时间分解，可分为年、季度、月、周、日、时。

②按渠道分解，可分为网站（微店、微商城）、线上渠道、线下渠道、部门、个人。

③按职位分解，可分为总裁、总经理、总监、店长、部门经理、主管、员工。

④按产品分解，可分为大分类、中分类、小分类、单品。

（3）考评主体确认。借助360°考核完成考评主体建立，即分为上级评估、平级评估、下属评估，并赋予不同层级以权重，最终完成对考评主体的360°全方位反馈。

（4）打分排名，确认等级。汇总各方评分数据后，最终完成排名，确认等级，如A、B、C、D、E或1、2、3、4、5等级。A级或1级，代表该员工一贯能超越其岗位认知所要求的工作，并胜任有余；B级或2级，代表该员工一贯良好，能达到或经常超越其岗位认知所要求的胜任程度；C级或3级，代表该员工一贯能达到企业岗位工作要求；D级或4级，代表其工作达到基本要求，但经常未能完全达到企业满意程度，工作有待改进；E级或5级，代表其表现拙劣，距离企业要求有很大差异。

（5）填写并完成考核报告，可参考表2-6设计报告并填写。

表2-6 绩效考核表

| 姓名 | | 部门 | | 职务 | | 填表时间 | |
|---|---|---|---|---|---|---|---|
| KPI指标 | | 权重 | | 得分 | | 对KPI得分进行简要评价 | |
| 销售额 | | 40% | | | | | |
| 毛利额 | | 20% | | | | | |
| 库存周转期 | | 10% | | | | | |
| 浏览量 | | 10% | | | | | |
| 会员数 | | 10% | | | | | |
| 损耗率 | | 5% | | | | | |
| 费用指标 | | 5% | | | | | |
| KPI得分 | | | | | | | |

领导意见：

签名：
日期：

（6）根据考核结果划分等级。在团队绩效考核结果的基础上，对团队成员进行等级划分，用于其职位晋升、培训需求规划、绩效提成发放及岗位工资调整等方面。等级划分中必须配合具体细节的说明，下面以某企业职务晋升、绩效奖励为例进行说明。

① 连续2个岗位晋升考核期关键绩效指标低于150分，实行末位淘汰。

② 连续3个月考核排名第一，给予一次性奖励500元。

③ 职位晋升将直接影响个人底薪和提成点数，考核周期为3个月，由部门主管、总监、总经理综合考评。新员工入职默认为5级（普通等级）。

### 知识扩展 ▶ 农村电商名人系列李华靓——写好水稻飘香大文章

李华靓现任长春市双阳区奢岭街道马场村党支部书记，先后获"一线优秀农民工""吉林省劳动模范""全国农村青年致富带头人""吉林省优秀共产党员"、2019年"全国十佳农民"荣誉称号。由一名农民、打工仔、"村大"大学生成长为农村新经济组织带头人，他饱尝了创业的艰辛，又感受到了党组织的关怀；既经受过失败的沉重打击，又收获到成功的喜悦，酸甜苦辣，品味尤深。但值得欣慰的是他心中那份梦想正在一一变为现实。

2008年，李华靓带领村民创办了全街道第一家合作社，购置大型水田作业机械20余台套，带领村民发展机械化生产，平均每垧地降低成本约5000元。2013年，李华靓被推选为马场村党支部书记，积极协调区水利局，争取到"人畜饮水工程"项目，共投入150万元，解决了250户村民饮水安全的问题；筹集资金420万元，修建水泥路8.5千米，解决了村民出行难的问题；2014年4月，成立吉林双盛农业开发有限公司，注册绿色大米品牌，引进先进磨米设备，实现一二三产结合，带动农民每垧地增收5000余元；为加快发展农村电商，创办了双阳区第一家以服务"三农"为主导的农村电子商务创业园，并注册了吉林省农商网，孵化企业20多家，每家企业年增收3万～5万元。

### 课堂实训

| 活动题目 | 了解当前电子商务岗位的现状及需求，结合自己的兴趣，设计自身的职业规划 |
| --- | --- |
| 活动步骤 | 登录前程无忧、智联招聘等网站查询电子商务热门岗位，并填写表2-7 |
| | 查询热门岗位的知识、技能、素质要求 |
| | 从表格中选择一个你最喜欢的电子商务岗位并查询其晋升岗位的知识、技能、素质要求，设计自己的职业规划 |
| | 撰写一份电子商务岗位调研报告和自身职业规划书，内容包括电子商务热门岗位、岗位要求、自身职业规划等内容 |

表 2-7　农村电商热门岗位数量分析

| 职 位 名 称 | 北京 | 上海 | 深圳 | 广州 | 杭州 | 成都 | 西安 |
|---|---|---|---|---|---|---|---|
| 项目负责人 | | | | | | | |
| 平台建设与维护岗位 | | | | | | | |
| 商品管理岗位 | | | | | | | |
| 客户管理岗位 | | | | | | | |
| 活动与内容策划岗位 | | | | | | | |
| 市场与销售岗位 | | | | | | | |

## ▶▶ 自学自测

1. 名词解释

（1）引流款

（2）客户场景

（3）锚产品

（4）农产品宣传类文案策划

2. 简答题

（1）农产品卖点挖掘可从哪几个方面入手？

（2）如何策划农产品宣传类文案？

（3）农村电商人才培养具体可以从哪几个方面开展？

（4）请说明农村电商团队激励的原则。

# 第三章
# 农村电商营销推广

 **教学目标**

- ☑ 了解网络营销的概念、特点、任务及层次。
- ☑ 掌握网络消费者的购买动机及购买行为。
- ☑ 熟悉农村电商营销的产品、价格、渠道和促销四大策略。
- ☑ 掌握农村电商营销的主要推广方法。

 **学习重点和难点**

学习重点：
- ☑ 能够掌握农村电商营销的产品、价格、渠道和促销四大策略。
- ☑ 能够掌握农村电商营销的主要推广方法。

# 第三章 农村电商营销推广

**学习难点：**
- ☑ 能够掌握网络消费者的购买动机及购买行为。
- ☑ 能够运用农村电商营销的主要推广方法。

 **思政小课堂**

通过本章的学习，熟悉并运用农村电商网络营销的相关内容。农村电商是乡村振兴战略的重要手段，在电子商务领域，"家国情怀"体现了将个人成就与国家发展、民族命运融为一体，具有重要的时代价值。通过学习，培养学生的爱国情怀，将个人命运与国家、民族和社会命运融合在一起。

**思维导图**

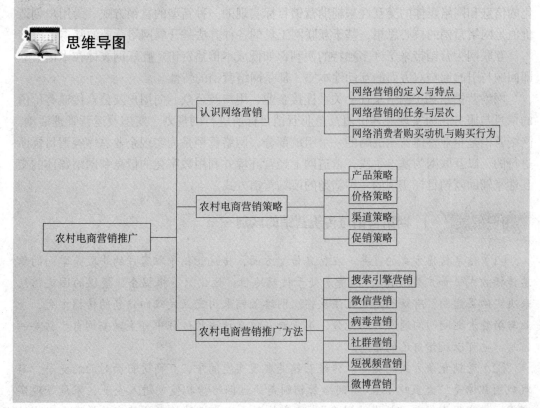

在"互联网+"时代，网络营销已成为传统产业开拓市场、走出营销瓶颈的重要途径和工具。网络营销不仅可以推动农产品销售，解决农产品滞销与供应不足并存的矛盾，还可以促进食品安全建设的发展。在当今时代，企业在竞争中求生存、求发展，如果忽略网络这一重要营销渠道，那么失去的不仅是客户群体，还可能在新一轮经济整合中错失抢先一步的绝佳机会。

# 第一节　认识网络营销

网络营销是随着互联网发展而出现的营销领域，它以现代电子技术和通信技术的应用与发展为基础，带来了市场的变革、市场竞争，以及营销观念和策略的转变。

## 一、网络营销的定义与特点

### 1. 网络营销的定义

网络营销（on-line marketing 或 e-marketing）是以国际互联网络为基础，利用数字化的信息和网络媒体的交互性来辅助营销目标实现的一种新型的营销方式。为用户创造价值是网络营销的核心思想，基于互联网工具的各种方法是开展网络营销的基本手段。

互联网为营销带来了许多独特的便利，如低成本传播资讯。互联网媒体在术语上立即回响与引起回响双方面的互动性本质，都是网络营销的特性。

网络营销是基于网络及社会关系连接企业、用户及公众，向用户及公众传递有价值的信息与服务，为实现顾客价值及企业营销目标所进行的规划、实施及运营管理活动。网络营销是企业整体营销战略的一个组成部分，网络营销是为实现企业总体经营目标所进行的，以互联网为基本手段，营造网上经营环境并利用数字化的信息和网络媒体的交互性来辅助营销目标实现的一种新型的市场营销方式。

> **知识扩展** ➔ **网络营销与传统营销的区别**
>
> （1）信息传播方式的差异。在信息传播方面，传统营销争取客户的手段是单向的信息传播方式（如广告宣传），消费者处于被动地位，他们只能根据企业提供的固定信息来决定购买意向，有疑问之处无法反馈。网络营销采用交互式双向信息的传播方式，企业与消费者之间的沟通及时而充分，消费者在信息传递的过程中可主动查询自己需要的信息，也可以反馈自己的信息。
>
> （2）营销竞争方式的差异。传统营销是在现实空间中，厂商进行面对面的竞争，游戏规则就像是"大鱼吃小鱼"。网络营销则是通过网络虚拟空间进入企业、家庭等现实空间，游戏规则像是"快鱼吃慢鱼"。从实物到虚拟市场的转变使具有雄厚资金实力的大规模企业不再是唯一的优胜者，也不再是唯一的威胁者。在网络营销条件下，所有的企业都站在同一条起跑线上，这就使小公司实现全球营销成为可能。
>
> （3）营销策略的不同。在传统营销策略中，利润最大化是企业追求的目标，产品（product）、价格（price）、渠道（place）和促销（promotion）成为企业经营的关键性内容，以上的组合被称为4P组合营销策略。在网络营销中，营销环境发生了变化，地域概念没有了，宣传和销售渠道统一到网上，价格策略的运用也受到很大的限制，这就促使传统的4P组合策略向消费者（consumer）、成本（cost）、便利（conuenience）、沟通

（communication）4C组合策略转化。

2. 网络营销的特点

因为互联网具有营销所要求的信息传播特性，使网络营销呈现出以下特点。

（1）跨时空。营销的最终目的是占有市场，由于互联网具有超越时间约束和空间限制进行信息交换的特点，因此使脱离时空限制达成交易成为可能，企业能有更多的时间和更大的空间进行营销，可24小时随时随地提供全球性营销服务。

（2）多媒体。互联网可以传输多种媒体的信息，如文字、声音、图像、视频等信息，使为达成交易进行的信息交换以多种形式存在和交换，可以充分发挥营销人员的创造性和能动性。

（3）交互式。互联网可以展示商品目录、连接数据库并提供有关商品信息的查询，可以与顾客进行双向沟通，可以收集市场情报，可以进行产品测试与消费者满意调查等。

（4）人性化。网络促销是一对一的、理性的、消费者主导的、循序渐进式的，是一种低成本与人性化的促销，避免推销员强势推销的干扰，并通过信息提供和交互式交谈与消费者建立长期良好的关系。

（5）整合性。整合性网络营销是一种新型网络营销模式，指企业同时可以借助互联网将不同的传播营销活动进行统一设计规划和协调实施，以统一的传播口径向消费者传达信息，避免不同传播的不一致性而产生的消极影响。

（6）高效性。云存储可储存大量的信息供消费者查询，可传送的信息数量与精确度远超过其他媒体，并能适应市场需求，及时更新产品或调整价格，因此能及时有效地了解并满足顾客的需求。

（7）经济性。利用互联网进行信息交换，代替以前的实物交换，一方面可以减少印刷与邮递成本，可以实现无店面销售，免交租金，节约水电与人工成本；另一方面可以减少由于迂回多次交换带来的损耗。

## 二、网络营销的任务与层次

1. 网络营销的任务

网络营销的主要任务包括网络品牌、网络推广、信息发布、销售促进、销售渠道、客户服务、维护客户关系和网络调研。围绕网络营销的这八项基本任务，可以有效地制定合理的网络营销策略。

1）网络品牌

网络营销的重要任务之一是在互联网上建立并推广企业的品牌。知名企业的线下品牌可以在线上得以延伸，一般企业则可以通过互联网快速树立品牌形象，提升企业整体形象。网络品牌的构成包括以下几个方面。

（1）网络名片，包括名称、Logo、网站域名、第三方平台形象、网络关键品牌词等。

（2）企业官方平台，包括PC端网站、移动端网站、官方APP、小程序等，具体内容包括网站名称、风格、主色调、内容等。

（3）网站的网页等级/重要性（pagerank，PR）。

（4）企业搜索引擎表现，如付费广告、搜索结果排名等。

（5）网络上关于公司的软文、舆情和评价等。

（6）官方自媒体平台，包括企业的官方微博、官方微信公众号、自媒体平台、直播平台、短视频平台等在网络中的表现及与网民互动的情况。

从网络品牌的组成可以看出，无论是新建立的网络品牌还是传统品牌的网络拓展，都要经历从无到有，从默默无闻到具有网络知名、网络美名和网络可信度的过程。因此，通过网络曝光和网络互动，企业可以提升品牌的知名度、美誉度和可信度。

2）网络推广

这是网络营销最基本的任务之一，其目的是让更多的客户对企业产生兴趣，并通过访问企业网站、APP、第三方平台内容，利用网站、APP、第三方平台的服务来达到提升品牌形象、促进销售、增进企业与客户的关系、降低客户服务成本等目的。相对于其他任务来说，网络推广显得更为迫切和重要，企业平台所有功能的发挥都要以一定的访问量为基础。所以，网络推广是网络营销的核心工作。获得必要的访问量是网络营销取得成效的基础，特别是中小型企业，由于经营资源的限制，发布新闻、投放广告、开展大规模促销活动等宣传机会比较少，因此通过互联网手段进行网络推广显得尤为重要，这也是中小型企业对网络营销更为热衷的主要原因。

3）信息发布

网站是一种信息载体，通过网站发布信息是网络营销的主要方法之一。同时，信息发布也是网络营销的基本任务，所以也可以这样理解：无论选择哪种网络营销方式，结果都是将一定的信息传递给目标人群，包括客户/潜在客户、媒体、合作伙伴、竞争者等。

互联网作为一个开放的信息平台，使网络营销具备强大的信息发布功能，形成地毯式、全球化的信息发布链，实现并加速信息的广覆盖。可见，网络营销下的信息发布效果是其他任何营销方式所无法比拟的。

4）销售促进

营销的基本目的是增加销售，网络营销也不例外，大部分网络营销方法都直接或间接地与销售促进有关，但销售促进并不限于促进网上的销售。事实上，网络营销在很多情况下对促进线下交易十分有价值。

5）销售渠道

互联网的出现使营销信息的传播冲破了传统经济时代的交通阻隔、人为屏障、资金限制、语言障碍及信息封闭等因素的限制。网上销售是企业销售渠道在网上的延伸。网上销售渠道建设并不限于企业网站本身，还包括建立在专业电子商务平台上的网上商店，以及与其他电子商务网站不同形式的合作等。因此，网上销售并不仅仅是大型企业才能开展的，不同规模的企业都有可能拥有适合自己需要的在线销售渠道，如图3-1所示。

图 3-1　商家搭建的网络销售渠道

6）客户服务

互联网提供了更加方便的在线客户服务手段，企业通过开展网络营销，可以为客户提供从形式最简单的常见问题解答，到电子邮件、邮件列表、在线论坛和各种即时信息等服务。在线客户服务具有成本低、效率高的优点。可以说，网络营销更强调"服务"观念，坚持"以客户为中心"的原则，极大地提高了客户的满意度。它在提高客户服务水平方面具有重要作用，也直接影响网络营销的效果，因此在线客户服务成为网络营销的基本组成内容。商家官网的客户服务界面如图 3-2 所示。

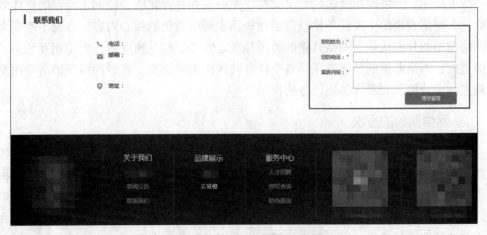

图 3-2　商家官网的客户服务界面

7）维护客户关系

良好的客户关系是网络营销取得成效的必要条件。利用网站的交互性、客户参与等方式在开展客户服务的同时也增进了客户关系。客户关系是与客户服务相伴而产生的一种结果，良好的客户服务才能带来稳固的客户关系。例如，商家通过微博与粉丝互动，一方面与客户之间建立良好的客户关系，另一方面通过与客户的互动开发满足客户需求的产品，如图3-3所示。

图3-3　商家通过微博与粉丝互动

8）网络调研

企业不仅可以采用在线调查表等网络调研方法，还可以使用大数据调研等调研方法。与传统市场调研相比，网络调研具有高效率、低成本的特点。网上调研不仅为制定网络营销策略提供支持，也是整个市场研究活动的辅助手段之一，合理利用网上市场调研手段对于市场营销策略具有重要的价值。

综上所述，开展网络营销的意义就在于充分发挥各种职能，使网上经营的整体效益最大化。网络营销的主要任务比较简洁地概括了网络营销的核心内容，有助于改变大众对网络营销的片面认识。网络营销的各项任务之间并非相互独立的，而是相互联系、相互促进的，网络营销的最终效果是各个任务共同作用的结果。开展网络营销需要用全面的观点，充分协调和发挥各项任务的作用。

2. 网络营销的层次

多层次网络营销活动是相对于传统的、单一的营销活动而言的，它摒弃传统营销活动死板的弊端，采用一种超过三层佣金支付方式的销售结构，最大限度地调动营销积极性。与传统营销活动相比，它实现了消费和投资的角色交换，每个营销者同时也是消费者。在获得消费权的同时也获得了销售权。这样就可避免销售人员只关注销售，而在无意中忽略消费者的想法。网络营销的层次主要有以下几个方面。

（1）企业网上宣传。这是网络营销最基本的应用方式。它是在把互联网作为一种新的信息传播媒体的认识基础上开展的营销活动。

建立企业网站是农产品上网宣传的前提。互联网让农产品拥有一个属于自己而又面向广大上网者受众的媒体，而且这一媒体的形成是高效率、低成本的，这是其超越传统媒体的一个特点；农产品网站信息有时间、版面等限制，也可伴随农产品的进步发展不断实时更新；农产品网站可应用虚拟现实等多媒体手段吸引受众并与访问者交流，及时有效地传递并获取有关信息。这些都是吸引农产品上网宣传、使其由内部或区域宣传转向外部和国际信息交流的重要因素。

（2）网上市场调研。调研市场信息，从中发现消费者的需求动向，从而为农产品细分市场提供依据，是农产品开展市场营销的重要内容。

网络首先是一个信息场，为农产品开展网上市场调研提供了便利场所。软件业对此已经进行了较为充分的利用，如各种软件测试版、共享版在网上发布，供上网者下载使用；通过留言簿、E-mail等手段收集软件使用信息，从而为确定软件性能、市场对象等提供有效依据。这一无形的调研过程是高效率、低成本的，还能起到扩大农产品和企业知名度的作用。

（3）网络分销联系。互联网络具有的高效及时的双向沟通功能为加强农产品企业与其分销商的联系提供了有力的平台。

农产品企业通过互联网络构筑虚拟专用网络，将分销渠道的内部网融入其中，可以及时了解分销过程的商品流程和最终销售状况，这将为农产品企业及时调整产品结构、补充脱销商品，以致分析市场特征、实时调整市场策略等提供帮助，从而为农产品企业降低库存创造条件。而对于农产品分销渠道而言，网络分销也开辟了及时获取畅销农产品信息、处理滞销农产品的巨大空间，从而加速销售周转。

从某种意义上看，通过互联网加强农产品企业与分销渠道的紧密联系，使分销成为农产品企业活动的自然延伸，是加强双方市场竞争力的一股重要力量，这种联系方式将成为农产品企业生存的必然选择。

（4）网上直接销售。数量众多的无形商场已经在互联网络上开张营业，如淘宝、拼多多等。互联网是农产品企业直接联系分散在广阔空间中数量众多的消费者的最短渠道。它排除了时间的耽搁和限制，取消了地理的距离与障碍，并提供了更大范围的消费选择机会和灵活的选择方式，因此，网上直接销售为上网者创造了实现消费需求的新机会。

网上直接销售不仅是面向上网者个体的消费方式，也包含农产品企业间的网上直接交易。它是一种高效率、低成本的市场交易方式，代表了一种新的经营模式。由于网上直接销售合并了全部中间销售环节，并提供更为详细的农产品信息，消费者能更快、更容易地比较农产品的特性及价格，从而在消费选择上居于主动地位，而且与众多销售商的联系更为便利。对于卖方而言，这种模式几乎不需销售成本，而且即时完成交易，这种好处也是显而易见的。

（5）网上营销集成。互联网络是一种新的市场环境，这一环境不只是对农产品企业的某一环节和过程，还将在农产品企业组织、运作及管理观念等方面产生重大影响。一些农产品企业已经迅速融入这一环境，依靠网络与原料商、制造商、消费者建立密切联系，并通过网络收集传递信息，从而根据消费需求充分利用网络合作伙伴的生产能力，实现产品设计、制造及销售服务的全过程，也称这种模式为网上营销集成。

## 三、网络消费者购买动机与购买行为

近年来，网络市场急剧膨胀，同时其复杂性不断加剧。企业要把握网络市场，必须正确分析消费者的购买动机与购买行为，明确影响消费者购买行为的主要因素。

**知识扩展** ➔ **网络消费与网络消费者**

网络消费包括网络旅游预订、网络炒股、网络银行和网络购物等。网络消费者不同于网民，主要是指以网络为工具，通过互联网在电子商务市场中进行消费和购物活动的消费者人群。

1. 网络消费者购买的特征动机

1）网络消费者的特征

网络消费者主要具备以下五个方面的特征。

（1）注重自我，追求个性。目前，网络用户以年轻人为主，他们拥有自己的喜好，有自己独立的见解和想法，对自己的判断能力也比较自信。他们的具体要求越来越独特，而且变化多端，个性化越来越明显。同时，网络的特点，如双向沟通、实时、超越时空、便捷等，也给网络消费者追求个性、张扬自我提供了基础。因此，企业应想办法满足其独特的需求，尊重用户的意见和建议，而不是用大众化的标准来寻找大批的消费者。

（2）头脑冷静，擅长理性分析。网络信息的丰富性为网络消费者充分了解产品和品牌信息提供了方便，消费者可以方便地利用网络进行理性的分析和判断。在网络购物过程中，消费者不会受到销售人员的影响和干扰，可以冷静地进行购买决策。另外，目前网络用户多为城市和具有一定学历的人群，对信息具有较强的甄别、分析和判断能力，不会轻易受产品宣传的影响。因此，企业应该加强信息的组织和管理，加强企业自身文化的建设，以诚信待人。

（3）喜好新鲜事物，有强烈的求知欲。网络信息的丰富性也为网络消费者提供了各种新奇、具有特色、广泛的信息，这些信息又进一步激发了消费者的好奇心和求知欲，网络消费者爱好广泛，无论是对新闻、股票市场还是网上娱乐、产品或品牌信息都具有浓厚的兴趣，对未知的领域报以永不疲倦的好奇心。因此，企业应主动给消费者提供具有知识性、趣味性或娱乐性的信息，吸引消费者的注意，引起他们的兴趣。

（4）好胜，但缺乏耐心。网络消费者以年轻人为主，比较缺乏耐心，当他们搜索信息时，比较注重搜索所花费的时间，如果连接、传输的速度比较慢，一般会马上离开这个站点。因此企业应仔细分析消费者这方面的特点，在网页、APP，或网店、微店等的设计中采取相应措施,同时策划针对消费者好胜心理的营销活动,以吸引和留住顾客。

(5)追求方便和享受。在网上购物,除能够满足实际的购物需求以外,消费者还追求能得到许多信息,并得到在各种传统商店没有的乐趣。消费者在网络消费中存在两种追求:一部分工作压力较大、紧张程度高的消费者以方便性购买为目标,他们追求的是时间和劳动成本的尽量节省;而另一部分消费者,由于劳动生产率的提高,自由支配时间增多,他们希望通过消费来寻找生活的乐趣。企业针对具有不同追求的消费者应采取不同的营销策略,投其所好才能吸引消费者。

2)网络消费者的购买动机

随着网络市场的发展,消费观念、消费需求发生重要的变化,个性化、多元化的需求给企业带来了挑战和机会。互联网的快速发展也促进了消费者主权地位的提高,消费者的购买动机更加理性化,消费行为更为成熟。

(1)消费动机的个性化。随着工业化和标准化生产方式的发展,消费者的个性需求被淹没于大量低成本、单一化、标准化的产品中。进入网络世界后,消费品市场变得丰富,消费者进行产品选择的范围全球化、产品设计生产多元化和便利的信息沟通渠道使消费者定制产品成为可能,市场营销转向个性化营销。个性化消费成为消费的主流,个性化营销也成为网络营销的特色和核心。

(2)消费动机的差异性。一方面,个性化使网络消费动机呈现出差异性;另一方面,不同的网络消费者因其所处的环境不同也会产生不同的动机,不同的网络消费者即使在同一动机层次上,他们的动机也会有所不同。网络消费者来自世界各地,有不同的国别、民族、信仰和生活习惯,会产生明显的动机差异性。农产品企业在整个生产和营销过程中,从产品的构思、设计、制造,到产品的包装、运输、销售,都应认真考虑这些差异性,针对不同消费者的特点,采取相应的措施和方法。

(3)消费目标的多元化。网络使人们的消费心理稳定性减小,转换速度加快,这直接表现为消费品更新换代的速度加快。这种情况反过来又使消费者求新、求变的需求欲望进一步加强,同时,由于在网上购物更加方便,因此人们在满足购物需要的同时,又希望能满足购物的种种乐趣。因此,消费者在网络购物时,对消费结果的关注和对消费过程的关注并存。网络消费者既有以购买产品、享受产品服务为目的的,又有以享受购物过程为目的的。对于不同消费目标的消费者,企业应提供不同的服务,采取不同的营销策略。

(4)需求弹性的显性化。网上购物需求之所以具有生命力,重要的原因之一是网上销售的很多农产品价格比较低廉,极大地刺激了消费需求的增长。尽管经营者都倾向于以各种差别化来减弱消费者对价格的敏感度,避免恶性竞争,但价格始终对消费者的心理产生重要的影响。消费者可以通过网络联合起来向厂商讨价还价,产品的定价逐步由农产品企业定价转变为消费者引导定价。

(5)消费决策的理性化。网络营销系统巨大的信息处理能力,尤其是专业购物代理的出现及电子商务平台购物代理功能的实现,为消费者挑选农产品提供了前所未有的选择空间,提供了产品和品牌的比较信息,消费者可以利用在网上得到的信息对农产品进行反复比较,决定是否购买,使消费决策建立在理性的分析和判断的基础上。消费者的理性决策主要表现在一方面理智地选择价格,另一方面大范围地选择比较,即通过货比多家,精心挑选自己所需要的农产品。

### 2. 网络消费者购买行为

网络消费者购买行为是指消费者为满足自身需要,借助网络平台发生的购买和使用商品或劳务的行为活动。深入分析研究各种类型的网络消费者购买行为的特点,对于满足网络消费者需要、做好网络营销工作具有十分重要的意义。

1)网络消费者的购买行为模式

在现代社会生活中,由于购买动机、消费观念、消费方式与购买习惯的不同,各个消费者的购买行为千差万别、不尽相同。尽管如此,在形形色色的消费者购买行为中,仍然存在某种共同的、带有规律性的特征。

(1)刺激—反应模式。消费者接受外部刺激后经过一定的心理过程,产生看得见的行为反应的过程,叫作消费者的刺激—反应模式,如图3-4所示。

图3-4 刺激—反应模式(1)

上述刺激—反应模式表明,所有网络消费者的购买行为都是由刺激引起的,这种刺激既来自外界环境,如社会的经济情况、政治情况、科技水平、文化因素、企业市场营销的刺激(产品、价格、渠道、促销)等,也来自网络消费者的生理和心理因素,如需要、动机、个性、态度、观念、习惯等。由于网络消费者的心理过程对企业而言是不易预测的,故借用"黑箱"这一概念。而对企业来讲,对网络消费者购买行为的分析和研究中最重要的恰恰是对网络消费者黑箱中发生的情况的分析和研究,以便安排适当的消费刺激,使网络消费者产生有利于企业市场营销的反应。经验表明,网络消费者黑箱中主要包括两个方面:一是购买者特性,它会影响购买者对外界刺激的反应;二是购买者决策过程,它会直接决定购买者的选择。

由此,可以将消费者刺激—反应模式扩展为较为详细的消费者刺激—反应模式,如图3-5所示。网络消费者在各种刺激因素的作用下,经过复杂的心理活动过程,产生购买动机,在动机的驱使下作出购买决策、采取购买行动,并进行购后评价,由此完成一次购买行为。由于这一过程是在网络消费者内部自我完成的,对他人而言是不易捉摸的,因此心理学家称为"黑箱"或"暗箱"。这一过程不断往复,构成了网络消费者购买行为的一般模式。

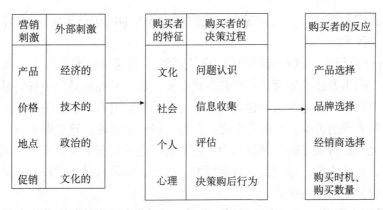

图 3-5　刺激—反应模式（2）

（2）信息加工模式。这种模式主要描述了在外界刺激等因素的综合作用下，网络消费者对某种商品产生知觉、注意和记忆，并形成一定信息储存起来，由此构成对商品初步认识的过程，如图 3-6 所示。在动机、个性及生活方式的参与下，网络消费者对问题的认识逐渐清晰，并根据自身知识的积累，寻找适合自己的商品。经过寻找商品、信念、态度等因素的相互作用，网络消费者逐步作出自己的购买决策。在获得商品或服务后，网络消费者将对商品满足自己需要的程度予以评价，并对现有刺激做出新的反应，开始下一个网络消费行为过程。

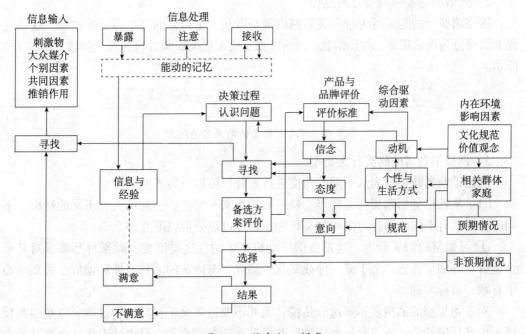

图 3-6　信息加工模式

比较而言，该模式更强调网络消费者进行购买决策的过程。这一过程始于问题的确定，终于问题的解决。在该模式中，网络消费者的心理成为"中央处理器"，外部刺激信息输入"中央处理器"，在"控制器"中输入内容与"插入变量"（态度、经验、个性等）相互作用，得出最终输出结果——购买决定，完成一次购买行为。

（3）解决问题模式。一般情况下，我们把消费者的购买行为视同解决问题的活动，可分为以下三种类型。

① 常规反应行为。这是最简单的购买行为，一般是只针对价值低、次数频的商品的购买行为。购买者已熟知商品特性和各种主要品牌，并在各品牌中有明显的偏好，因此购买决策很简单，如每天买一包香烟、每月卖一块肥皂等。由于缺货、商店的优惠条件或喜新尝鲜心理的影响，有时也会更换品牌。但一般来说，这类购买行为如同日常的例行活动，无须花费太多的时间和精力。营销者在这种情况下的对策是，质量和价格尽量保持稳定，避免脱销，以便保住现有顾客。同时，宣传自己品牌较其他品牌优越的方面，尽量吸引其他品牌的顾客。

② 有限解决问题。消费者熟悉某一类商品，但不熟悉所有的品牌，要想买一个不熟悉的品牌的商品时，购买行为就较为复杂。有人想买服装，也懂行，但对某些品牌尚不熟悉，这就需要进一步了解情况，然后才能做出决策。对此，营销者应通过各种促销手段，加强信息传递，增强消费者对该品牌的认识和信心。

③ 广泛解决问题。消费者面对一种从来不了解、不熟悉的商品时，购买行为最为复杂。例如，第一次购买汽车的消费者，对品牌、型号、性能等几乎一无所知，这就需要广泛解决有关该商品的一切问题。营销者必须了解潜在购买者如何收集信息和评估产品，想方设法介绍产品的各种属性，使消费者对产品增加了解，便于作出购买决策。

2）网络消费者的购买行为过程

网络消费者的购买行为过程表明网络消费者从产生需要到满足需要的过程，这一过程大致可分为确认需求、收集信息、评价方案、购买决策和购后行为五个阶段，如图3-7所示。

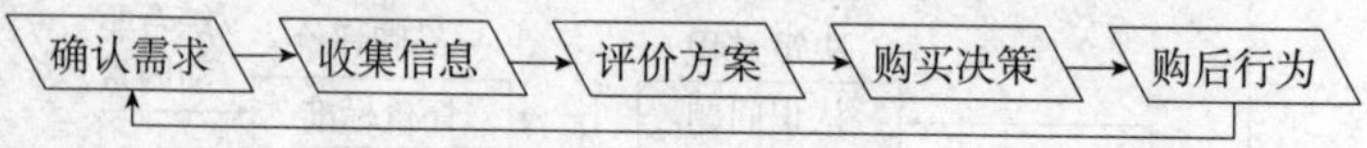

确认需求 → 收集信息 → 评价方案 → 购买决策 → 购后行为

图 3-7　网络消费者的购买行为过程

3）网络消费者的购买行为类型

网络消费者购买行为从不同的角度进行划分，可以分为不同的类型。

（1）从性格分析购买行为特点。从一般的意义来分析，不同的人有不同的性格，不同的性格就有不同的消费习惯和购买行为，具体可以分为以下几种。

① 习惯型的购买行为。这是由信任动机产生的。这类消费者对某种品牌或对某个企业有良好的信任感，忠于某一种或某几种品牌，有固定的消费习惯和偏好，购买时心中有数、目标明确。

对于习惯型的消费者不要过分热情，尤其不要过多地干预其购物过程，以免引起反感；生产厂家的营销重点是努力维护，并提升在这类消费者心目中的形象；生产其他竞争产品的厂家，营销的重点不能仅限于强调自己产品的特性，而应该首先从改变消费者观念和习惯上入手。

② 理智型的购买行为。这是性格偏于理性的消费者发生的购买行为。他们在作出购买决策之前一般经过仔细比较和考虑，不轻率做出决定，决定之后也不轻易反悔。

理智型消费者的购买行为往往经过周详的考虑，胸有成竹，不容易被打动。这就要求企业必须真诚地提供令顾客感到可信的决策信息。如果你提供的信息真实可靠，这类消费者就会对你产生信任而再度光临；如果企业提供了虚假的信息，他们则会因一次上当受骗而永远将企业和产品拒之门外。

③ 经济型的购买行为。这类消费者特别重视价格，一心寻求价格合算的商品，并由此得到心理上的满足。如果遇到经济型的消费者，在促销中要使消费者相信他所选中的商品是物美价廉的、最合算的，要称赞他很内行、是很善于选购的顾客。

④ 冲动型的购买行为。这类消费者往往容易由情绪引发购买行为，他们易受产品外观、广告宣传或相关人员的影响，决定轻率、易于动摇和反悔。冲动型的消费者是在促销过程中可以大力争取的对象。

⑤ 想象型的购买行为。这类消费者往往具有一定的艺术修养，善于想象和联想，对商品外观、包装、广告宣传、购物环境等产生丰富的联想，并且这种联想会直接影响其购买行为。

为吸引想象型的消费者，企业可以在产品造型、包装设计上下功夫，或在促销活动中加入特殊的内涵，让消费者产生美好的联想。比如，演员濮存昕在银幕上塑造了一个个成功男人的形象，商务通广告聘请濮存昕做代言，使拥有商务通的人士感觉离成功男人的目标又近了一步。

⑥ 随机型的购买行为。这常常发生于那些没有明确购买目标的消费者中，表现为漫无目的、随意浏览，问得多、看得多，选择和购买得少，缺乏主见，易受他人和环境的影响。这类消费者往往是一些年轻的、新近开始独立购物的消费者，易于接受新事物，消费习惯和消费心理正在形成中，尚不稳定，没有固定的偏好。

对于随机型的消费者，首先要满足他们问、选、看的要求，即便这次没有购买，也应热情相待。营销人员必须考虑到：今天的观望者可能就是明天的顾客，热情周到的服务可以给他们留下深刻的印象，以后需要时他们首先会想到你。

（2）从复杂程度分析购买行为特点。网络消费者在每次购买过程中所持的重视程度、关心程度是不同的，导致其产生了多种多样的购买行为，具体可将其分为以下四种类型。

① 复杂的购买行为。当网络消费者对某次购买的重视程度很高，并且知道品牌间存在显著差异时，他们就会产生复杂的购买行为，会经历从确认需求、信息收集、方案选择到购买决策，以及购后行为等每个阶段。网络消费者在购买价值较高的商品、大型耐用消费品、风险较大的商品，以及特别容易引起他人注目的商品时，常常会采取这种购买行为。一般来说，网络消费者对这类产品的情况了解得较少，需要大量地学习。

② 减少失调的购买行为。网络消费者购买某产品一段时间后，特别是使用一段时间后，也许会感觉到不协调或不满意，这也许是因为产品的某个特征不够称心，也许是因为听到别人称赞其他品牌，为证明自己购买决策的正确性，此时网络消费者一般会积极地、主动地去了解更多的有关情况，寻找种种理由来减轻、化解这种不协调。

③ 寻求变化的购买行为。当网络消费者对于某产品的购买重视程度较低，且品牌间的差异很大时，网络消费者就会经常改变品牌的选择。对于这类产品，网络消费者一般会先到几家商店看看有什么品牌，进行一番简单的比较，然后很快就实施实际的购买行为。网络消费者对这类产品的忠诚度很低，追求新品牌的意愿较强。

④ 习惯性的购买行为。这是网络消费者重视程度很低,且品牌间的差异也不大时一般采取的购买行为。这类产品一般是价格较低,且大多是经常购买的日用消费品。在这种情况下,网络消费者购买某类产品并非出于品牌忠诚,而是出于习惯,或者说只是因为熟悉的缘故。以购买食盐为例,消费者对这种产品的重视程度很低,可能会在超市长期购买某一品牌的食盐,但这并非是出于对这一品牌的忠诚,而仅仅是一种习惯。网络消费者在购买这类产品时,常以一种不假思索的方式直接采取购买行动,而不会经过信息收集、产品评价等过程,在购买之后也不会对其进行购后评价。

### 课堂实训

| 活动题目 | 收集并比较网络营销与传统营销的方式 |
| --- | --- |
| 活动步骤 | 对学生进行教学分组,每3~5人为一个小组,以小组为单位进行讨论 |
| | 讨论并收集生活中常见的营销方式,并将结果填入表3-1中 |
| | 总结对网络营销的认知 |
| | 每个小组将小组讨论结果形成PPT,派出一名代表进行演示 |
| | 教师给予评价 |

表3-1 收集结果

| 序号 | 营销形式 | 所属类型(直接在方框中打"√") | |
| --- | --- | --- | --- |
| 1 | | □传统营销 | □网络营销 |
| 2 | | □传统营销 | □网络营销 |
| 3 | | □传统营销 | □网络营销 |
| 4 | | □传统营销 | □网络营销 |
| 5 | | □传统营销 | □网络营销 |
| 6 | | □传统营销 | □网络营销 |
| 7 | | □传统营销 | □网络营销 |
| 8 | | □传统营销 | □网络营销 |

## 第二节 农村电商营销策略

### 一、产品策略

#### 1. 网络营销产品的概念

产品是市场营销组合中最重要的因素。任何企业的营销活动总是首先从确定向目标市场提供什么产品开始的，然后才会涉及定价、促销、分销等方面的决策。所以产品策略是营销组合策略的基础。

在网络营销中，产品的整体概念可分为以下五个层次。

（1）核心利益层次。核心利益层次是指产品能够提供给消费者的基本效用或益处，是消费者真正想要购买的基本效用或益处。

（2）有形产品层次。有形产品层次是指产品在市场上出现时的具体物质形态，主要表现在品质、特征、式样、包装等方面，是核心利益或服务的物质载体。

（3）期望产品层次。期望产品层次是指在网络营销中，顾客处于主导地位，消费呈现出个性化的特征，不同的消费者可能对产品的要求不一样，因此产品的设计和开发必须满足顾客这种个性化的消费需求。这种顾客在购买产品前对所购产品的质量、使用方便程度、特点等方面的期望值就是期望产品。为满足这种需求，对于物资类产品、生产和供应等环节必须实行柔性化的生产和管理。

（4）延伸产品层次。延伸产品层次是指由产品的生产者或经营者提供的满足购买者延伸需求的产品层次，主要是帮助用户更好地使用核心利益的服务。在网络营销中，延伸产品层次要注意提供满意的售后服务、送货上门、质量保证等，这是因为网络营销产品市场的全球性特征，如果不能很好地解决这些问题，势必会影响网络营销的市场广度。

（5）潜在产品层次。潜在产品层次是指延伸产品层次之外，由企业提供的能满足顾客潜在需求的产品层次。潜在产品层次主要是产品的一种增值服务，它与延伸产品层次的主要区别是顾客没有潜在产品层次仍然可以很好地使用顾客需要的产品的核心利益或服务。

2. 网络营销产品的特点

一般而言，网络营销产品具有以下几个特点。

（1）产品形式大多是数字化。由于网上用户在初期对技术有一定要求，用户上网大多数与网络等技术相关，因此网上销售的产品最好与高技术或与计算机、网络有关，这些产品容易引起网上用户的认同和关注。

网络营销产品的特点

（2）产品质量好，传播范围广。网络的虚拟性使顾客可以突破时间和空间的限制，实现远程购物和在网上直接订购，这使网络购买者在购买前无法尝试或只能通过网络来尝试产品。由于网络购买者无法获得传统环境下亲临现场的购物体验，因此顾客对产品的质量尤为重视。

（3）产品样式齐全。网上市场的全球性使产品在网上销售面对的是全球性市场，因此，通过互联网对全世界国家和地区进行营销的产品要符合该国家或地区的风俗习惯、宗教信仰和教育水平。网上销售产品在注意全球性的同时也要注意产品的本地化。同时，由于网上消费者的个性化需求，网络营销产品的式样还必须满足购买者的个性化需求。

（4）产品品牌有影响力。在网络营销中，生产商与经营商的品牌同样重要，要在网络上浩如烟海的信息中获得浏览者的注意，必须拥有明确、醒目的品牌。

（5）产品包装美观得当。作为通过互联网经营的针对全球市场的产品，其包装必须适合网络营销的要求。

（6）目标市场精准，覆盖范围广，容易配送。网络市场是以网络用户为主要目标的市场，销售的产品能覆盖广大的地理范围。

（7）产品价格有较低的优势。一方面，互联网作为信息传递工具，在发展初步是采用共享和免费策略发展而来的，网上用户比较认同网上产品低廉的特性；另一方面，由于通过互联网进行销售的成本低于其他渠道销售的产品，因此在网上销售产品一般采用低价定位。

3. 网络营销产品策略的概念

产品策略是指企业以向目标市场提供各种适合消费需求的有形和无形产品的方式来实现其营销目标的策略。其中包括对同产品有关的品种、规格、式样、质量、包装、特色、商标、品牌及各种服务措施等可控因素的组合和运用。

4. 网络营销产品的具体策略

1）产品选择策略

网络营销可以选择任何形式的实物产品与服务。但在目前我国电子商务的发展状况下，企业在进行网络营销时可首先选择下列产品。

（1）具有高技术性能或与计算机技术相关的产品。

（2）市场需要覆盖较大地理范围的产品。

（3）不太容易设实体店的特殊产品。

（4）网络营销费用远低于其他销售渠道费用的产品。

（5）消费者可从网上了解较多商品信息，从而做出购买决定的产品。

（6）网络群体目标市场容量较大的产品。

（7）便于配送的产品。

（8）名牌产品。

根据信息经济学对产品的划分，产品从大的方面可划分为两类：一类是消费者在购买时就能确定或评价其质量的产品，称为可鉴别性产品，如书籍、计算机等；另一类是消费者只有在使用后才能确定或评价其质量的产品，称为经验性产品，如化妆品等。一般来讲，可鉴别性产品或标准化较高的产品易于在网络营销中获得成功，而经验性产品或个性化产品则难以实现大规模的网络营销。从该方面来考虑，企业在进行网络营销时，可适当地将可鉴别性高的产品或标准化高的产品作为首选的对象和应用的起点。

对于实物产品而言，需要考虑营销区域的问题。这是因为虽然网络消除了地域的概念与束缚，但是在实际的网络营销中，企业还必须考虑自身产品在营销上的覆盖范围，以取得更好的营销效果。谨防利用网络营销全球性的特点，忽视企业自身营销的区域范围，而使远距离的消费者购买时出现无法配送的情况，使企业的声誉受到影响，或者在进行配送时物流费用过高，这些都可能对企业和消费者的利益造成损害。

2）销售服务策略

在网络营销中，服务是构成产品营销的一个重要组成部分。企业在网上提供的服务，按其营销过程来划分，与传统的营销一样，也是分成售前、售中和售后服务。

网络营销的售前服务是指企业在进行产品销售前，通过网络向消费者提供如产品性能、外观介绍等信息，使消费者在购买产品前能迅速得到产品的相关信息，并及时得到营销者对消费者咨询的答复。

网络营销的售中服务是指向顾客及时提供在购买过程中所需要的各种咨询，帮助消费者购买到最称心如意的商品，并帮助消费者学会使用所购买的商品。

网络营销的售后服务主要是指及时回答并解决用户购买产品后在使用过程中所遇到的问题。

为提高用户满意度和树立良好的企业形象，企业在实施网络营销时，可采取以下几个方面的服务策略。

（1）建立完善的数据库系统。以消费者为中心，充分考虑消费者所需要的服务及可能要求的服务，将有关消费者的数据输入数据库，经常与消费者保持联系，提供个性化服务，才可能挖掘消费者新的购买力，吸引到新的消费者。

（2）提供网上的自动服务系统。依据客户的需要，自动、适时地通过网络提供服务。例如，在消费者购买产品的一段时间内，提醒消费者应注意的问题。同时，也可根据不同消费者的不同特点提供相关服务，如提醒客户有关家人的生日时间等。

（3）建立网上消费者论坛。通过网络论坛对消费者的意见、建议进行调查，借此收集、了解和掌握消费者对新产品特性、品质、包装及式样的意见和想法，据此对现有产品进行改造，同时研究开发新一代产品。在条件许可的情况下，也可根据一部分消费者对产品的特殊需求提供相应的产品和服务，实现产品与服务的个性化。

3）信息服务策略

为用户提供完善的信息服务是进行网络营销中产品策略的一个重要组成部分。为用户提供完善的信息服务，可以确保网络营销中产品策略获得成功。

（1）建立虚拟产品展示厅。用立体逼真的图像，辅之以方案、声音等展示自己的产品，使消费者如身临其境一般，感受到产品的存在，对产品的各个方面有一个较为全面的了解，从而激发消费者的购买欲望。为了更好地满足消费者的需求，企业应在展示厅中设立不同新产品的显示器，并建立相应的导航系统，使消费者能迅速、快捷地寻找到自己所需要的产品信息。

### 知识扩展　虚拟展厅

虚拟展厅是富媒体的网络互动平台，向会议参加者提供一个高度互动的3D虚拟现实环境，足不出户便如同亲临展会现场的全新体验。虚拟展厅服务完全基于互联网，参加者不需要安装任何软件甚至插件，仅需要单击网页链接便可通过IE加入，畅游虚拟环境，观看实时直播的在线研讨会，参观会展展台，观看产品演示和介绍，并和会议方、演讲嘉宾、参展商在线交谈。

（2）设立虚拟组装厅。在虚拟组装厅中，对于一些需要消费者购买后进行组装的产品，可专门开辟一些空间，使消费者能根据自己的需求对同一产品或不同产品进行组合，更好地满足消费者的个性化需求。随着网络技术的发展与消费者自身素质的提高，消费者将有更多的机会参与产品的设计与生产。

（3）建立自动信息传递系统。企业通过建立快捷、及时的信息发布系统，使企业的各种信息能及时地传递给消费者，同时通过快捷的实时沟通系统，加强与消费者在文化、情感上的沟通，并随时收集、整理、分析消费者的意见和建议，改进产品开发、生产及营销，对于企业有帮助及建议的信息提供者，应给予相应的回报。

## 二、价格策略

### 1. 网络营销价格策略的概念

价格策略是指企业以按照市场规律制定价格和变动价格等方式来实现其营销目标。价格的合理与否会直接影响产品或服务的销售，是竞争的主要手段，关系到企业营销目标的实现。网络营销价格的形成是极其复杂的，其受到成本、供求关系、竞争等多种因素的影响和制约。企业在进行网络营销决策时必须对各种因素进行综合考虑，从而采用相应的定价策略。很多传统营销的定价策略在网络营销中得到应用，同时也得到了创新。

### 2. 影响网络营销定价的因素

（1）产品成本。成本是企业定价的下限，一般来说，商品价格必须能够补偿产品生产及市场营销的所有支出，并补偿商品的经营者为其所承担的风险支出，其形式主要有生产成本、销售费用、储运费用、促销费用等。如果价格低于这些成本费用，企业就会亏损。在市场中，产品成本低的企业在价格方面有很大的主动性，所以企业总是力图降低成本。农产品生产交易量的加大会为降低产品的成本创造条件，从而增加企业的获利空间。

（2）市场需求。成本决定了价格的底线，需求则是制定价格的"天花板"。消费者通过将企业所收取的价格和购买产品所带来的可感知价值或利益进行比较，从而得出该产品是否优劣、自己是否购买的结论。企业定价不仅要考虑弥补成本，更重要的是要捕捉消费者心目中的可感知的价值。如果企业能让消费者充分认识到产品能带来的价值，当消费者关心这种价值胜过计较价格时，企业就可以把价格定得高一些。

（3）竞争状况。农产品企业在做价格决策时，需要考虑竞争者的成本、价格及其对自身价格变动可能做出的反应。例如，一个消费者想要购买一箱伊利软包装牛奶时，往往会将伊利的这种牛奶与光明、蒙牛等相似品牌的牛奶的价格进行对比，最后做出是否购买伊利牛奶的决定。如果市场处于高度竞争的状态，产品的供应种类相似，经营者想制定一个高于市场的价格将不会吸引太多的购买者。因为如果价格太高，购买者就会转向其他企业的产品。如果市场存在适度竞争，产品有较大的差异，则对产品定高价也可以获得成功，因为消费者会认为其所供应的产品与众不同，有独特性。

### 3. 网络营销定价策略

农产品的定价策略是在定价目标的指导下，根据农产品特征和市场条件，综合考虑影响价格的各种相关因素，运用具体的定价方法，对农产品价格进行决策。常用的农产品的定价策略有以下几种。

1）渗透定价策略

渗透定价策略的适用范围是产品市场规模大、市场竞争性较强、产品需求弹性较大、消费者对产品价格反应敏感的市场。

农产品的同一个品种具有较大的同质性，因此经营者往往采取低价来吸引众多消费者。其理论根据是市场上存在一大群普通消费者，他们的购买行为相当理智，希望支付较低的价格来获得较高的满足。所谓低价，是相对于产品品种和服务水平而言的。这种策略的优势在于低价低利，能够有效地阻止竞争者加入，产品能较长时间地占领市场。这种策略主要包括以下三种。

（1）高质中价定位。家庭农场的经营者提供优质的产品和服务，但价格却定在中等水平上，把农产品价格保持在同行业平均价格水平上，以价格的优势吸引众多的消费者，使消费者用中等的价格获得高品质的消费。

（2）中质低价定位。中质低价定位是指以较低的价格向消费者提供符合一般标准的产品和服务，使消费者以较低的价格获得信得过的产品。这一目标市场的消费者对价格敏感，但又不希望质量过于低劣。

（3）低质低价定位。产品没有质量优势，唯一有的是价格优势。这一策略主要迎合一些低收入人群。在这种策略下，经营者以不断降低产品成本作为获取利益的手段。

渗透定价策略的可行性在于，通过降价刺激需求，通过需求扩大生产规模，通过扩大生产规模降低生产成本，形成良性循环。从单位盈利来看，虽然价格低于市场基本水平，但由于需求量的扩张，使总产品利润总额大于未降价前的利润总额，以此达到扩大农产品生产规模与销售数量的目的。

2）撇脂定价策略

产品撇脂定价策略是指将高质量、优品牌形象的农产品投放于市场，为层层撇脂收益及获得溢价而采取的定价策略。定价较高的农产品，如绿色农产品（绿色水稻、绿色蔬菜、绿色畜禽肉及绿色水果等）比较受高收入消费者的青睐。绿色农产品作为特殊的农产品，在生产程序上比较复杂，耗费的时间与生产成本比普通农产品高，因此售价也相应较高。

相关调查数据显示，虽然绿色农产品的售价较高，但倾向于购买绿色农产品的消费者在各国都占较高比例。例如，84%的美国消费者更加倾向于购买绿色农产品，英国有66%的消费者愿意支付比普通农产品更高的价格用于购买绿色农产品。

3）尾数定价策略

农产品的消费者往往认为尾数价格是经过精密计算的，因而产生一种真实感、信任感、便宜感。如1kg鸡蛋标价5.90元，比标价6.00元更易销售。

4）整数定价策略

根据消费者自尊心理、追求品质心理的需要，可采取整数定价策略。农产品价格太低，消费者会认为质量不好；价格太高，消费者会认为不值得。例如，一盒人参礼品如果定价为59元，就不如定价60元。因为消费者心理感觉59元只是50多元，没有超过

60元，心理上得不到满足，不易引起购买动机。

5）分档定价策略

农产品分档定价就是根据消费者购买能力的层级和差异，在经营不同细节差别的同类产品时，根据细节差别将农产品分为几个档次，不同档次的产品，价格有所差异。将农产品的层级差异作为分档定价的依据，一方面在购买能力上可以使消费者对号入座，满足消费心理；另一方面可以在购买用途上细致分类，为消费者提供方便。若分档的档次过多，将造成价格差异较小，失去价格分档的意义；若分档的档次过少，将造成价格落差太大，使消费者选择的空间变小。因此，合理的分档定价要注意农产品的市场需求，在细分农产品市场时需关注不同细分市场的需求，并按照需求决定产品投放规模。

6）折扣定价策略

折扣定价策略是指经营者在消费者购买商品达到一定数量或金额时予以价格折扣，刺激消费者的购买欲望的策略。通常情况下，由于没有店面租金的高成本和繁多的中间环节，电商会采用比一般实体店更大的折扣作为促销手段以吸引消费者，让消费者充分体验到网上购物的优越性。

（1）数量（金额）折扣。商家为鼓励消费者多购买，当购买达到一定数量（或金额）时给予消费者某种程度的折扣。其形式有累进折扣和非累进折扣两种。累进折扣是指消费者在一定时期内累计购买达到一定数量或金额时，给予一定折扣，购买越多，折扣比例越高。非累进折扣是指当一次购货达到商家要求的数量或金额时就会给予折扣优待，如图3-8所示。

图3-8 阿里巴巴网页展示数量折扣定价策略

（2）现金折扣。现金折扣是指消费者在赊销购物时，如果以现金付款或者提前付款，可以得到原定价格一定折扣的优惠。现金折扣主要是销售商为及时回收货款而采取的一种价格促销方式。

（3）交易折扣。根据各类中间商在市场营销中功能的不同给予不同的折扣。交易折扣表现在农产品销售中为产地价、批发价、零售价的差价。一般来说，批发商折扣较大，零售商折扣较小。

7）地区定价策略

地区定价策略就是在把产品卖给不同地区的消费者时，决定是否实行地区差价。地区定价策略的关键是如何灵活对待运输、保险等费用，是否将这些费用包含在价格中。因为在农产品定价中，运费和保险费是一项很重要的因素，特别是运费和保险费占成本比例较大时更应该重视。

8）形象定价策略

把农产品包装好作为礼品赠送越来越成为一种时尚，绿壳鸡蛋、散养柴鸡、彩色甘薯、有机蔬菜配上乡土气息浓郁的包装正走俏礼品市场。正如一枝枝鲜花，单独销售的价位可能不太高，但是，把它装进透明好看的花瓶里，视觉上会给人带来愉悦的享受，因此，鲜花搭配花瓶一起出售，价位就会稍微偏高，消费者的购买欲望也更加强烈。把特色鲜明、老少皆宜的农产品（食品）作为礼品销售，制定的价格可以与时尚礼品相提并论。

9）组合定价策略

组合定价策略是通过不同档次或层次的产品组合扩大农产品覆盖层面，并促进消费者购买的一种策略。根据同一农产品的不同档次，通过市场细分，分析目标消费群体对不同档次农产品的偏好，以不同的生产细节、包装形式、重量、尺寸等作为区分农产品档次的指标，分别进行定价。

组合定价策略的意义在于拓宽农产品产销渠道，延展农产品覆盖的广度及深度，增加农产品销量及品牌知名度。

4. 网络营销定价的技巧

电商市场具有经营场所虚拟、买卖双方身份不确定等特点。根据电商市场的特点，农产品定价时有一定的技巧。目前，农村电商的市场上，农产品定价主要应用的技巧有以下几个。

（1）利用消费者心理定价。对于大众化、没有经过加工的一般农产品，消费者一般存在实惠心理，500g 蔬菜定价 0.9 元，远比定价 1 元要吸引人，所以这类农产品定价最好不要超过整数。对于粗加工农产品，消费者存在"一分价钱一分货"的心理，他们认为单价为 2.1 元的商品比单价为 2 元的商品质量要好，不过，企业对这类商品一定要把好质量关，让消费者认为多付 0.1 元是值得的。如市场上乌江榨菜的价位比其他厂家榨菜的价位要高，但仍然卖得好，是因为消费者认为它确实比其他厂家的榨菜好吃。

（2）农产品分档定价。一般来讲，同档次的农产品价格要与竞争对手的价格保持一致，定价时以竞争对手的价格为主要依据。同时根据本产品的竞争能力，推出另外一种规格的产品，质量稍微好一些，价位稍高一点，这样消费者选择低价位时，你的农产品可能被选中；当消费者选择高价位时，你的农产品也可能被选中。

（3）随行就市定价。一般农产品差别不是很大，价格太高，消费者会嫌贵；价格太低，消费者会产生怀疑心理。因此，经营者可以把农产品价格保持在同行业平均价格水平上，这种定价方法比较保险。

（4）先低后高定价。刚刚进入市场的新产品，为在竞争中获得一定的市场份额，前期可以低价位进入，但这种产品的需求弹性必须较大，消费者对产品的价格反应敏感，低价能够刺激需求量的增多。当低价赢得消费者、产品已经深入人心时，经营者可适当找机会提价，如物价普遍上涨时。

（5）让消费者自己定价。给予对方信任，对方将给予你更大的信任。在可以讨价还价的场所，尊重消费者，让消费者给出产品的价格，这时消费者一般会客观报价，基本与市场价格持平，有时为报以信任，给出的价格要高于你自己的定价。

（6）分部位定价。分部位定价是指将农产品分拆为几部分分别定价。比如，整鸡价钱较便宜，可将整鸡分部位分别定价，如分成鸡腿、鸡爪、鸡心来分别定价；把猪肉分等级深加工上市，把猪皮、猪毛、肥膘、猪骨等卖给不同厂家单独加工，如此便能大幅增加收入。

（7）提供特色化服务。电商的特色化服务为差别定价策略提供了条件，具体包括优化退换货流程、提高物流速度、改善客服、包邮等。好的服务可以减少消费者对风险的担忧，提升其对电商平台的信赖度。尤其是在农产品价格优势不明的情况下，特色化服务可以提高消费者的支付意愿。

## 三、渠道策略

### 1. 网络营销渠道策略的概念

渠道策略是指企业以合理地选择分销渠道和组织商品实体流通的方式来实现其营销目标的策略。其中包括对和分销有关的渠道覆盖面、商品流转环节、中间商、网点设置及储存运输等可控因素的组合和运用。在网络营销活动中，也有一个怎样实现商品由推销方向购买方转移的问题，企业必须通过一定的分销策略来实现网络营销目标。

### 2. 网络营销渠道模式

在互联网时代，针对不同的农产品形成了以下五种农产品网络营销渠道模式，它们各有优劣势，但无绝对的优劣之分，如图3-9所示。

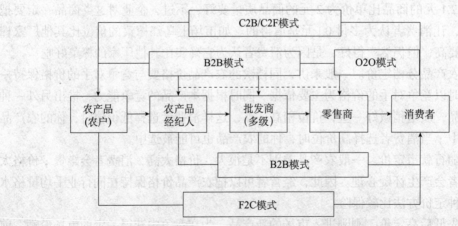

图3-9 互联网时代的农产品网络营销渠道模式

（1）消费者定制模式。消费者定制模式包括以下两种：①消费者对农场（customer to factory，C2F）模式，即订单农业，消费者通过网络向农场定制个性化产品。②消费者对商家（customer to business，C2B）模式，是消费者先通过网络下单，商家根据需求生产的模式。

（2）商家到消费者（business to customer，B2C）模式。商家到消费者模式是经纪人、批发商、零售商通过网上平台将农产品卖给消费者的模式。

该模式是当前的主流模式，又可以细分为两种经营形式：一种是平台型的B2C模式，如天猫、京东、淘宝；另一种是垂直型的B2C模式（即专注于售卖农产品的电商平台模式），如我买网、顺丰优选、本来生活等。

（3）商家到商家（business to business，B2B）模式。商家到商家模式是经营者集中采购农产品或生产、加工农产品，然后分发配送给中小农产品经销商的模式。

该模式主要是为中小农产品批发或零售商提供便利，节省其采购和运输成本。

（4）农场直供社区（factory to customer，F2C）模式。农场直供社区模式，即农产品从农场直接到消费者个人的电子商务模式。

农业领域的F2C模式是线上多渠道模式，即将多品牌农业基地的产品借助电商平台实现农场与家庭的对接，采用预售和订购的模式来销售农产品。

（5）农业社区模式。农业社区采取线上线下相融合（online to offline，O2O）的模式，也就是消费者线上买单，线下通过社区的便利店、大型超市或者自建实体店等自提的模式。农产品的O2O模式需要选取线上、线下两个渠道进行全方位、立体营销，既要在官网上做广告，又要在微博上做宣传；既要在微信公众号上推活动，又要在网上商城中做展示，还需要利用其他的主流媒体、主流平台来做整合营销。

3. 完善网络营销渠道

新型的网上电子商务贸易为传统农业的发展带来了机遇。完善农产品网络渠道对农村电商经营者而言十分重要。

（1）构建品牌网络推广体系。经营者可以通过现有的互联网媒体平台和农业类网站，从不同角度展示企业或者合作社的发展情况、生产情况，以及其他有利于企业的新闻信息等，现代网媒的便捷性使这种展示更为快速有效。

（2）实现产品市场销售全网覆盖。产品信息通过众多的农业网站和农产品交易平台，可以更直接地为消费者所了解，包括农产品的出产时间、产量、品质等信息，实现产品展示、销售对接等，全面提高农产品的交易机会，促进农产品买卖畅通。

（3）构筑稳定网络销售体系。网络平台直接实现农产品卖家和买家的对接，省去诸多中间环节，使供需双方信息交换更加通畅；同时，使卖家获得信息的有效反馈，与买家进行产品销售互动，把握市场动态。

因此，用电子商务进行农产品营销，能有效避免传统农产品营销渠道的诸多缺陷，有效解决时空上的矛盾，充分发挥营销渠道的地点和时间效用，克服农产品易腐、储藏周期短、损耗大等自身特点所引起的流通问题。同时，由于信息获取成本较低，也有利于降低交易风险。

## 四、促销策略

### 1. 促销策略的概念

促销策略是一种促进商品销售的谋略与方法。其中包括对促销有关的广告、公共关系等可控因素的组合和运用。企业在虚拟的网络市场上从事营销活动时,需要刺激消费者的购买欲望,促进产品的销售,实现网络营销的目标。

### 2. 促销的功能

(1)告知功能。网络经济属于注意力经济,公众的注意力能够带来相应的经济回报。网络促销就是把企业的产品、服务、价格等信息传递给目标公众,引起他们的注意,从而引起购买或使用的欲望。

(2)说服功能。网络促销的目的在于通过各种有效的方式,解除目标公众对产品或者服务的疑虑,说服目标公众坚定购买决心。

(3)反馈功能。网上促销能够通过电子邮件及时地收集和汇总顾客的需求和意见,迅速反馈给企业管理层,对企业的经营决策具有较大的参考价值。

(4)创造需求功能。良好的网上促销活动不仅可以诱导需求,而且可以创造需求,发掘潜在的顾客,扩大销售量。

(5)稳定销售功能。企业通过恰当的网上促销活动,可以树立良好的产品形象和企业形象,使更多用户形成对本企业产品的偏爱,达到稳定销售的目的。

### 3. 常见的促销策略

(1)推策略。这是一种通过销售渠道推出产品,生产企业采取积极措施把产品信息通过网上促销的方法传递给消费者,消费者产生购买需求,进行购买的策略。如新产品上市、价格信息的传递等。

(2)拉策略。这是一种生产企业通过各种促销手段直接引发消费者的需求欲望,使消费者产生购买欲求,进行购买的策略。如打折促销、赠品促销、抽奖促销、积分促销、优惠券促销等。

(3)品牌策略。品牌是一种信誉,由产品品质、商标、企业标志、广告口号、公共关系等混合交织形成。品牌策略是一系列能够产生品牌积累效应的企业管理与市场营销方法。网络品牌作为品牌在互联网上存在的形式,目前已经普遍被消费者接受,网络品牌成为企业的网上促销的"金字招牌"。

### 4. 网络促销的形式

农产品的网络促销方式多种多样,没有固定的模式。

(1)口碑推广。农产品消费是一种重在品质的消费,而品质只有经过体验才能被感知。感知的效果因人而异。只有满意的消费者才会积极地去为满意的产品做宣传,才能为品牌的推广做贡献。所以,口碑传播便成为农产品的品牌推广最有效的手段之一。借助于意见领袖（key opinion leader，KOL）的影响力带动销量。

> **知识扩展** ➡ **关于意见领袖的解读**
>
> 意见领袖是团队中构成信息和影响的重要来源，并能左右多数人态度倾向的少数人。

（2）广告推广。经营者通过互联网平台对农产品进行展示及广告推广，让更多人了解、知晓，如果能营造出参与感和体验感就更好，并方便用户在线下单及购买。

（3）利用产品或农产品运营项目本身进行品牌推广。互联网时代的营销本质就是与目标客户建立联系，建立联系的基点是信任。而建立信任的方式之一就是让目标客户参与到农产品运营项目中，让目标客户成为农产品的顾问团，如农产品采用线上预订线下采摘，或线上浇水施肥线下收获等，或通过直播让消费者走进农场，让其了解生鲜产品的生产流程、培育过程，让消费者体验种植过程，建立消费者对产品的信任，以此挖掘潜在消费者，提高产品销量。

经营者还可以定期通过微信平台、官方网站等途径发布活动信息，组织消费者参加新品鉴赏会、厨艺学习班、健康养生讲座等活动。另外，农产品可以打造成礼品，如将葱、蒜打造成盆栽销售都很有市场。

> **知识扩展** ➡ **若羌红枣的推广**
>
> 随着到新疆旅游和投资人数的不断增加，若羌县塔里木红枣专业合作社建立了这一个红枣体验馆，把若羌红枣从种植管理到最后采摘的过程用图片、实物和视频等方式展现出来。来到体验馆的客人不仅可以了解若羌红枣的生产全过程，还可以获得免费品尝若羌红枣的机会。

（4）公关推广。适合农产品品牌推广的公关方式主要有：相关会议的展示和演讲，如参加农产品博览会、交流会、相关专题的研讨会等，展示产品形象，宣传产品特点，传播品牌概念；利用与消费者密切相关的活动或者节日等进行品牌推广；公益服务，如向特定公众进行赞助等，这是公关常用的方式，以树立企业的美誉度和知名度；书面材料，在对主管部门汇报时或者在媒体刊发时采用此方式。总体而言，只要是符合法律法规的，能对企业的形象起促进工作的方式都是可以采取的公关方式，可以在具体情况下灵活运用。

公共关系营销虽然见效慢，但对品牌形象的塑造和传播却极为有效。如果运用得巧妙，往往能收到事半功倍的效果。

总之，企业在选择农产品品牌推广方式时，应根据产品的特点、目标定位、自身实力、渠道模式、发展战略等，结合各种推广方式的特点来确定，切不可机械模仿，盲目照搬别人的做法。

## 课堂实训

| 活动题目 | 分析某一品牌农产品的网络营销策略 |
|---|---|
| 活动步骤 | 对学生进行教学分组,每3~5人为一个小组,以小组为单位实施活动 |
| | 小组成员登录淘宝网、京东商城,以某一品牌为调查分析对象,分析该品牌的网络营销策略,并填写表3-2 |
| | 针对表3-2中所列情景进行讨论,各小组将自己的答案写在表3-3中 |
| | 每个小组将结果提交给教师,教师予以评价 |

表3-2 某一品牌的网络营销策略

| 品牌名称 | | | |
|---|---|---|---|
| 该品牌包含的产品类型 | | | |
| 列举三款该品牌同一产品在淘宝网和京东商城价格对比 | 产品名称 | 淘宝网价格 | 京东商城价格 |
| | | | |
| | | | |
| | | | |
| 列举两款该品牌产品在淘宝网和京东商城采取的促销策略 | 产品名称 | 淘宝网策略 | 京东商城策略 |
| | | | |
| | | | |

表3-3 针对情景写出自己的答案

| 情景描述 | 某服装公司历史悠久,是一家北京老字号企业,在过去相当长的时期销售业绩非常好,形成了广大的客户群。但由于服装市场竞争越来越大,目前的销售业绩有明显下滑的趋势。为扭转这种被动局面,公司决定在传统服装的基础上加入时尚元素,同时切实做好网络营销工作。为此,营销部经理把该项任务交给了新员工小其,要求他制订出网络营销计划 |
|---|---|
| 问题 | 假如你是小其,你应该如何策划网络营销方案 |
| 答案 | |

# 第三节 农村电商营销推广方法

## 一、搜索引擎营销

1. 搜索引擎和搜索引擎营销的概念

搜索引擎是指根据一定的策略，运用特定的计算机程序收集互联网上的信息，在对信息进行组织和处理后，将信息显示给用户，是为用户提供检索服务的系统。从使用者的角度看，搜索引擎提供一个包含搜索框的页面，在搜索框中输入词语，通过浏览器提交给搜索引擎后，搜索引擎就会返回跟用户输入的内容相关的信息列表。

搜索引擎营销（search engine marketing，SEM）就是根据用户使用搜索引擎的方式，利用用户检索信息的机会尽可能地将营销信息传递给目标用户。搜索引擎营销的方法包括搜索引擎优化、登录分类目录及关键词竞价排名等。

2. 搜索引擎营销的特点

与其他网络营销方法相比，搜索引擎营销具有自身的一些特点，充分了解这些特点是有效地应用搜索引擎开展网络营销的基础。总的来说，搜索引擎营销有以下几个特点。

（1）搜索引擎营销方法与企业网站密不可分。

（2）搜索引擎传递的信息只发挥向导作用。

（3）搜索引擎营销是用户主导的网络营销方式。相较于报纸、广播、电视等大众媒体广告及户外、直邮、POP等小众媒体广告，搜索引擎广告的接受没有强迫性，消费者有更多的自主选择权力，可以根据个人的兴趣和喜好选择是否接受及接受哪些广告信息。

（4）搜索引擎营销可以实现较高程度的定位。与传统媒体高的单向线性传播方式不同，由于搜索引擎营销交互性高、反馈及时的特点，搜索引擎营销可以实现信息在受众与媒体间的双向传播，消费者在主动选择接受广告信息后，还可以根据自身的需要及时对广告信息作出回应。

（5）搜索引擎营销的效果表现为网站访问量的增加，而不是直接销售。

（6）搜索引擎营销需要依托网络服务环境的发展变化。

3. 搜索引擎营销的常见方式

搜索引擎营销的常见方式有以下几种。

（1）免费登录分类目录。这是最传统的一种网站推广手段，现在传统分类目录网站的影响力已越来越小，逐步退出网络营销舞台。

（2）付费登录分类目录。类似于免费登录，向网站缴纳费用之后才可以获得被收录的资格。目前这种方式也越来越少。

（3）搜索引擎优化。通过对网站栏目结构和网站内容等基本要素的优化设计，提高网站对搜索引擎的友好性,从而通过搜索引擎的自然检索获得尽可能多的潜在用户。

(4)搜索引擎关键词广告。通过为搜索引擎服务商付费的方式,当用户用某个关键词检索时,在搜索结果页面专门设计的广告链接区域显示企业的方向信息。

## 二、微信营销

### 1. 微信和微信营销的概念

微信(WeChat)是腾讯公司推出的一个为智能终端提供即时通信服务的免费应用程序,微信支持跨通信运营商、跨操作系统平台、通过网络快速发送免费(需消耗少量网络流量)语音短信、视频、图片和文字,同时,也可以使用通过共享流媒体内容的资料和基于位置的社交插件"视频号""朋友圈""公众号"等服务。

微信营销是网络经济时代企业或个人营销模式的一种,也是随着微信的盛行而兴起的一种网络营销方式。微信不存在距离的限制,用户注册微信后,可与周围同样注册的"朋友"形成一种联系,订阅自己所需的信息。商家通过提供用户需要的信息来推广自己的产品,从而实现点对点的营销。目前,微信营销主要通过个人微信、微信公众号、小程序来开展。

### 2. 微信营销的特点

(1)信息投放更精准。不同于其他媒体爆炸式的信息传递,微信软件由于其通信的属性,投放到用户微信的信息一般能百分之百到达并准确传递。此外,借助微信提供的位置服务,还可以做到信息的分区域投放,特别适合开展基于地理位置服务(LBS)的营销。

(2)病毒式营销。病毒式营销也称口碑营销,是一种建立在用户关系上的利用口口相传来实现品牌传播目的的一种营销模式。微信用户数量的急剧增加,使其形成了规模庞大的交友圈。利用这一特点,营销人员可以在自己的公众平台上给关注用户提供足够有价值的资讯和服务,在关注者中形成良好的口碑,塑造良好的品牌形象。关注者会成为所关注品牌忠实的粉丝,并在自己的朋友圈子里向其好友推荐品牌,帮助品牌营销人员实现品牌营销。

(3)较强的用户黏性。微信主要是点对点的交流方式,这种形式的交流使商家可以和关注自己的用户建立更强、更有黏性的关系,可以通过一对一的聊天等形式为用户提供单独的电话式的服务。

(4)营销方式灵活多变。微信营销方式众多主要是得益于微信软件丰富的功能,漂流瓶、摇一摇、附近的人、二维码、公众平台和开放平台都可以成为微信营销的途径。

对于微信营销来说,需要企业一步一步地构建稳固的粉丝群体。微信的价值是稳步实现的,投机取巧只会失去未来的市场。只有经过用心构建的微信营销,才能为企业带巨大的商业空间。可以假设,企业微信的粉丝都是企业最忠实的拥护者,他们对企业的关注就是希望企业能够为其提供最具价值的产品,而这些完全经过选择的粉丝,在传统营销中是很难做到的,这就是微信营销的价值所在。

## 3. 微信营销的分类

（1）集赞有奖。集赞有奖是指"让用户分享海报、文章至朋友圈，集齐指定赞数就能获取奖品"的活动。这是微信公众号最常用、最简单的一种玩法，一张海报一篇推文就能操作，如图3-10所示。

（2）邀请关注。邀请关注是指"通过奖品吸引用户参与活动，用户邀请指定人数好友关注后可获得奖品"的活动。目前是公众号涨粉用得最多的一种方法，可借助第三方工具或者自主开发功能。因为任务规定必须要拉够固定人数，所以活动成本可控，如图3-11所示。

图3-10 集赞有奖

图3-11 邀请关注

（3）分销活动。分销活动是指"支持用户生成专属的链接，好友通过自己的链接购买产品，用户可获得佣金"的活动，这个在知识付费类产品中最为常见，如图3-12所示。

（4）打卡活动。打卡活动是指"用户每天完成指定任务，生成海报或链接，然后分享到朋友圈完成打卡"的活动，如图3-13所示。

图3-12 知识付费的分销活动

图3-13 打卡活动

（5）集卡活动。集卡活动是指"用户完成某项任务即可获得一张卡片，集齐所有卡片即可参与抽奖"的活动，如图3-14所示。

（6）投票活动。投票活动是指"让用户参与活动，拉好友为自己投票，赢取奖品"的活动，如图3-15所示。

图3-14　集卡活动

图3-15　投票活动

（7）砍价活动。砍价活动是指"让用户拉用户给自己砍价，最终免费获取商品"的活动，这是拼多多崛起的爆款玩法，如图3-16所示。

（8）拼团活动。拼团活动是指"让用户邀请好友与自己拼团，最终以低价购买商品"的活动，如图3-17所示。

图3-16　砍价活动

图3-17　拼团活动

### 4. 微信营销的技巧

微信营销带来了移动互联网时代的营销革命，它凭借广阔的发展空间、强互动性的信息交流及方便实用的顾客体验让营销者尝到了甜头。有了微信的助力，很多企业的业绩都会在短时间内快速翻番。微信营销的传播率很高，影响很大，传播面广，传播时间快。它所传送的信息和发送的短信一样，可以直接到达用户的手机上，让用户百分之百地看到这些信息。因此，企业在进行微信营销时切记不可盲目，要遵循技巧，为用户提供价值，而非简单地吸引人的眼球。

1）内容为王，结合企业特点做好内容定位，提高用户的黏性

任何竞争，如果要赢，就一定要避免与强大的对手在同一领域做同一样的事。在没有绝对优势的情况下，特点就是最大的筹码。

企业在开始微营销之前首先应做好企业定位，一个有特点的企业才具有吸引精准客户群体的特质，进而针对这个客户群体所进行的营销才有可能成为有效营销。

内容的定位应该既能够从企业的特点出发，又能够从用户的角度去考虑——因为微信不是为企业服务的，而是为用户服务的，这一点很重要。用户只有从你的微信中获得想要的东西，才会更加忠实于你，使你的营销在潜移默化中实现。

因此，向用户推荐有价值的内容，让每一次推送都能够被欣然接受，这就是我们所说的"内容为王"。

2）内容推送，避免狂轰滥炸

无论微信与微博，用户订阅的优势在于自由取舍。目前很多微信推送都采取每日一次的频次，而大多数用户都不可能实现对一个订阅号的每日一读，因此还需要重视推送频率等。

（1）推送的时间要固定。时间固定了，粉丝会形成阅读习惯。目前，许多公众号都会从下午开始到晚上八点之前发送信息，而且目前微信已经取消了发送信息时的提示音，用户闲暇时间就可以看，而不是只要被提示就要去看，这样就不会让其有逆反心理。

（2）推送频率建议一周最多不要超过四次。每日一推首先很难保证内容的精确策划，而低质量的内容高频次地出现在用户那里，很有可能使用户取消对你的关注；当然，内容太少，用户会觉得无趣，因此，把握好度很重要。

（3）建议推送形式多样化。微信内容不一定都是图文专题式才好看，也可以选择一些短小精彩的纯文本形式与图文专题进行穿插，关键在于短文的内容能够引发读者的思考或者共鸣，形成良好的互动效果。这样既能实现与用户的互动，也能使我们更了解用户，实现更好的内容策划。

3）沟通是灵魂

微信是一个沟通的平台，互动是必不可少的。微信公众号要适时地进行人工互动，而不是简单地自动回复。很多人都会主动去找其关注的公众号进行互动，如果几次下来都收不到回复，一般就会取消关注。因此，沟通是微信营销的灵魂。

4）建立丰富易查的关键词回复系统

微信消息太多，有些内容就会被覆盖掉，因此有一个丰富易查的关键词回复系统是

非常重要的。这一功能可以方便用户查找到他所需要的信息,增强互动性。

5)线上线下相结合

线上线下相结合可以培养粉丝的忠诚度,同时也可以让这些公众平台更接地气,真实而富有亲和力。

## 三、病毒营销

### 1. 病毒营销的概念

> **知识扩展** → **病毒的解读**
>
> 从生物学角度讲,病毒(biological virus)是一种个体微小,结构简单,只含一种核酸(DNA 或 RNA),必须在活细胞内寄生并以复制方式增殖的非细胞型生物。而从计算机代码的角度,则认为病毒(computer virus)是编制者在计算机程序中插入的破坏计算机功能或者数据的代码,能影响计算机使用,能自我复制的一组计算机指令或者程序代码。不论哪一种角度的病毒都具备很强的自我复制功能。

病毒营销(viral marketing)是指通过类似病理方面和计算机方面的病毒传播方式,即自我复制的病毒式的传播过程,利用已有的社交网络去提升品牌知名度或者达到其他目的的市场营销。病毒式营销由信息源开始,再依靠用户自发的口碑宣传,达到一种快速滚雪球式的传播效果。它描述的是一种信息传递战略,经济学上称为病毒式营销,因为这种战略像病毒一样,利用快速复制的方式将信息传向数以百计、数以千计的受众。

### 2. 病毒营销的特点

病毒营销是通过利用公众的积极性和人际网络,让营销信息像病毒一样传播和扩散,营销信息被快速复制传向数以万计、数以百万计的受众。其主要特点如下。

(1)有吸引力的病原体。之所以说病毒式营销是无成本的,主要指它利用了目标消费者的参与热情,但渠道使用的推广成本是依然存在的,只不过目标消费者受商家的信息刺激自愿参与到后续的传播过程中,原本应由商家承担的广告成本转嫁到了目标消费者身上,因此对于商家而言,病毒式营销是无成本的。

(2)几何倍数的传播速度。大众媒体发布广告的营销方式是"一点对多点"的辐射状传播,实际上无法确定广告信息是否真正到达了目标受众。病毒式营销是自发的、扩张性的信息推广,它并非均衡地、同时地、无分别地传给社会上每一个人,而是通过类似于人际传播和群体传播的渠道,产品和品牌信息被消费者传递给那些与他们有着某种联系的个体。例如,目标受众读到一则有趣的 Flash,他的第一反应或许就是将这则 Flash 转发给好友、同事,这样一传十、十传百,无数个参与的"转发大军"就构成了成几何倍数传播的主力。

(3)高效率的接收。大众媒体投放广告有一些难以克服的缺陷,如信息干扰强烈、接收环境复杂、受众戒备抵触心理严重。以电视广告为例,同一时段的电视有各种各样的广告同时投放，其中不乏同类产品"撞车"现象，大大减少了受众的接收效率。而对于那些"病毒"，是受众从熟悉的人那里获得或是主动搜索而来的，在接收过程中自然会有积极的心态；接收渠道也比较私人化，如手机短信、电子邮件、封闭论坛等（存在几个人同时阅读的情况，这样反而扩大了传播效果）。以上方面的优势，使病毒式营销尽可能地克服了信息传播中的噪声影响，增强了传播的效果。

（4）更新速度快。网络产品有自己独特的生命周期，一般都是来得快去得也快，病毒式营销的传播过程通常是呈S形曲线的，即在开始时很慢，当其扩大至受众的一半时速度加快，而接近最大饱和点时又慢下来。针对病毒式营销传播力的衰减，一定要在受众对信息产生免疫力之前将传播力转化为购买力，方可达到最佳的销售效果。

3. 病毒营销的技巧

（1）有内涵的病毒。病毒本身是引发传播的母体和根本，如何设计信息内容才能让它具备病毒特性？网络整合营销4I原则中的Interests利益原则与Interesting趣味原则可以作为生产病毒的指导标准。例如，互联网中有一个强大的定律——免费模式。要是你能提供优秀的内容，免费的电子书，免费的试用装，免费的网络服务等，那么用户就会帮你传播，转发给朋友，而网络整合营销4I原则中的Interests利益原则：给予用户利益，没人会抗拒。

> **知识扩展** → **网络整合营销4I原则**

关于网络整合营销4I原则的内容具体如下。

（1）Interesting趣味原则。八卦是火爆的通行证，趣味性的广告更能吸引年轻人的眼球，年轻消费群体一般是企业的主要营销对象，所以吸引年轻消费者是企业做网络整合营销的重要工作。

（2）Interests利益原则。现代的市场营销是以服务营销为主的，因此消费者和客户的意见、对企业的印象和对产品服务的质量评价是很重要的，企业要做好营销，需要给消费者和客户想要的利益，满足他们的需求才能让他们乐于接受企业的网络整合营销。

（3）Interaction互动原则。网络媒体区别于传统媒体的另一个重要的特征是其互动性，如果不能充分与企业的客户和营销目标实现互动，就很难实现网络整合营销。

（4）Individuality个性原则。现在大多消费者都追求个性，在各类产品和服务上对于个性化的需求都比较强烈，所以企业的营销工作也需要具有个性化，为目标营销对象实施一对一的个性化营销可以提高营销效果。

（2）病毒传播要容易。在开展病毒传播时同样需要考虑：让用户可以简单传播起来。简化营销信息，让用户容易复制、传递、转帖、下载、邮件发送等，需要充分考虑用户使用互联网的习惯和传播的成本。病毒传播的成本大于传播获得的乐趣，用户将不会去传播，反之，传播成本越低，获得病毒传播的机会就越大。

（3）寻找易感人群。H1N1流感为什么在儿童年龄层次容易暴发？这是因为儿童的免疫和抵抗力不如成年人。如果H1N1流感出现在南极、北极，因为人烟稀少也将不会暴发传播。进行病毒营销传播需要寻找容易感染的人及传播的平台。针对设计的病毒，寻找容易感染、反馈、参与病毒营销的潜在感染者。比如设计的病毒的目标载体是追求时尚的年轻人，那么需要事前进行病毒测试：感染性怎么样，是否容易感染上病毒。寻找开展病毒营销的平台也是很重要的，农产品购买者在互联网上聚集在哪个平台，就去这些平台上开展病毒营销。

（4）病毒变种。流感病毒一直在和人类做斗争，积极地变形以保证适应人体这个载体。因此在设计病毒营销时，也必须全程监控病毒传播的效果和反应，面对用户的反应，与时俱进地修改、调整病毒，创造一个生命力顽强的"病毒"。

## 四、社群营销

### 1. 社群和社群营销的概念

社群（community），广义而言是指在某些边界线、地区或领域内发生作用的一切社会关系。它可以指实际的地理区域或是在某区域内发生的社会关系，或指存在于较抽象的、思想上的关系。

社群营销是在网络社区营销及社会化媒体营销的基础上发展起来的用户连接及交流更为紧密的网络营销方式。网络社群营销主要通过连接、沟通等方式实现用户价值，营销方式人性化，不仅受用户欢迎，还可能成为继续传播者。

### 2. 社群营销的特点

（1）互动性强。社群营销主要是让用户与用户之间多沟通交流，群内如果有几个忠实的老客户，他们的每一句话都可以是产品的口碑，对于第一次购买产品的用户，或者进社群还没有产生交易的用户，将会产生良性的影响。对于商家与用户之间直接的沟通，也能为销售额带来直接的影响。

（2）情感营销。社群营销与其他营销模式不同，社群营销更看重情感，在这个营销过程中，需要与客户建立情感上的联系，需要与客户从陌生人的状态下通过沟通交流逐渐成为朋友，需要用心去维护好新老用户，通过用心的服务让他们买单。

（3）自行运转。在社群营销中，除基本的运营工作做到位以后，不需要太费劲就可以获得新订单，这是因为在服务用户的整个过程中不知不觉间建立了口碑，这时用户觉得产品质量好、服务也到位、与你感情良好，自然而然就会帮忙转发介绍，这也是社群的一大特点。

### 3. 社群营销的技巧

（1）有核心、有主题、有内容。做社群营销需要有具体的核心内容，有详细的主题活动，这样才会让社群有意义和目标，大家聚在一起才知道要聊些什么。

（2）定期开展活动。社群营销要定期更新内容，不管是介绍产品的，还是祝福问候的，这样既可以保持自己的产品被关注，也可以锁住自己的粉丝。

（3）注重营销内容的有效性和真实性。社群营销实战方法最关键的还是要抓住消费者的心理需求和想法，所以营销内容十分关键，是否真实、有效都很重要。

（4）明确社群的管理者及管理制度。社群营销要有具体的规矩，这样大家聚集在一起才会有集体感，会尊重每一个成员，让整个的社群氛围保持良好。

（5）能够及时、有效地解决问题，做好沟通。不管是做社群营销还是做其他营销，通用的技巧就是要合理沟通、有效沟通、及时沟通，为客户解决问题。

（6）培养自己的意见领袖。进行社群营销还要选择一个有号召力的人，这样既可以帮助自己宣传和推广，还可以依靠这个意见领袖来吸引更多的客户。

（7）有计划、有目标，且有时间观念。做社群营销时，时间观念很重要，特别是针对年轻群体的，社群营销的时间点很关键，要把握好。有计划、有目标地进行，会让整个社群营销更顺利，避免犯错误。

## 五、短视频营销

### 1. 短视频和短视频营销的概念

短视频即短片视频，是一种新兴的互联网内容传播方式，它是随着新媒体行业的不断发展应运而生的。短视频与传统的视频不同，它具备生产流程简单、制作门槛低和参与性强等特性，同时，又比直播更具有传播价值，因此深受视频爱好者及新媒体创业者的青睐。

所谓短视频营销，就是将品牌或产品融入视频中，并以情节和片段的形式演绎出来，类似于广告，而又不是广告。关键是可以不自觉地向用户推荐产品，让用户产生共鸣，主动下订单，共享信息，从而达到裂变和引流的目的。

### 2. 短视频营销的特点

（1）病毒式的传播速度和难以复制的原创优势。从当前热门的快手、抖音等短视频平台可以看出，与传统营销模式相比，短视频营销病毒式的传播速度将互联网的优势发挥得淋漓尽致。短视频"短"的特点，在快节奏的生活方式下，尤其受到用户青睐。不管是火山、美拍、梨视频、头条、快手还是抖音，只要你的内容足够精彩，就能引起大量用户的转发狂潮，达到大面积传播的效果。

不仅如此，各类短视频平台还积极地和新浪、头条这种具有超大用户基础的自媒体平台进行合作，强强联合，吸引更多的流量，进一步推动短视频的传播，达到高质量的营销效果。除此之外，区别于图片、文章等容易被复制粘贴的缺点，短视频可以添加水印、原创作者联系方式等，保护原创内容创作者的利益。

（2）低成本简单营销。与传统广告营销的大量人力、物力、精力的投入相比，短视频营销入驻门槛更低，成本也相对减少。这也是短视频营销的优势之一。

短视频的内容创作者可以是企业，也可以是个人。其内容制作、用户自发传播及粉丝维护的成本相对较低。但是，制作短视频一定要具备良好的内容创意、坚持输出原创的决心，才能打造出优质短视频，吸引用户关注。

（3）数据效果可视化。短视频营销与传统营销相比的一个明显特点就是可以对视频的传播范围及效果进行数据分析，包括有多少人关注、视频有多少人浏览、转载多少次、评论多少条、多少人互动等。不管是哪一类短视频，我们都能直观地看到播放量、评论量等数据。

我们可以通过数据分析及对标账号、行业竞争对手等数据观察，掌握行业风向，调整并及时优化短视频内容，从而达到更好的营销效果。

（4）"可持续发展"性的传播时限。经常玩短视频的朋友可能知道，我们当天看到的视频可能是很早之前发布的。这是因为，该视频持续受到用户关注和喜欢，系统会持续地将视频推送给更多的人。该短视频一直"存活"在用户的视线里。它不受外力投入（如电视广告持续展现需要的资金投入）多少的影响，只要用户喜欢，就有可能一直传播。

除此之外，有数据显示，大部分视频网站和应用的搜索权重比较高，发布的短视频会快速被搜索引擎收录。其排名相对来说比图文内容好且快。

（5）高互动性提升短视频传播速度和范围。网络营销的一个重大特点是高互动性，而短视频营销则很好地利用了这一点，几乎所有的短视频都可以进行单向、双向甚至多向的互动交流，这种优势在于可以迅速获得用户反馈并有针对性地进行调整。

（6）指向明确，用户精准。做短视频运营前，我们都有一个共同的动作——账号定位。根据账号的垂直定位制作相关视频，针对垂直领域的目标用户制作视频，指向性极其明确。

### 3. 短视频营销的类型

短视频营销所花费的成本和预算相对低廉，尤其适合资源有限的中小企业。作为视觉营销的一种形式，短视频营销更契合人类作为视觉动物的信息接受习惯。除此之外，短视频营销更有适用于移动端、有利于搜索引擎优化、分享便捷反馈即时等优势。常见的短视频营销有如下几种类型。

（1）拍摄产品短片，解答客户疑问。比如，你可以在一段 15 秒的视频里告诉客户你的产品是如何安装的。像这样拍摄一段安装教程并配上语音指导可以提供给粉丝很有用的信息和帮助。用短视频的方式解答客户疑问能够给你的受众带来更多的附加价值。

（2）将产品制作过程整合成视觉展示。如果说一张图片就可以道尽千言万语，那一段 15 秒的视频中可以表达的内容更是远超想象。

将产品的制作过程拍摄成一支短视频展现给潜在客户，是一种利用短视频功能的营销方式。咖啡馆可以借机展示咖啡制作工艺，时尚沙龙可以展示客户的变身过程等。

（3）创意众筹鼓励粉丝产生 UGC。目前的营销趋势是创意素材要既不脱离创意主轴，又要在不同社交媒体上发挥长短不一的效果。

> **知识扩展** ▶ **UGC**
>
> UGC 是互联网术语，全称为 user generated content，也就是用户生成内容，即用户原创内容。UGC 的概念最早起源于互联网领域，即用户将自己原创的内容通过互联网平台进行展示或者提供给其他用户。UGC 是随着以提倡个性化为主要特点的 Web 2.0 概念而兴起的，也可叫作 UCC（user-created content）。它并不是某一种具体的业务，而是一种用户使用互联网的新方式，即由原来的以下载为主变成下载和上传并重。

（4）假日视频。不管是国内的节日，还是国外的节日，都已经成了品牌商与消费者互动的关键节点，随着短视频的兴起，假日营销也进入了新的纪元，以假日为主题的短视频营销成为品牌商与消费者建立强关系的方式。

（5）增强与粉丝之间的互动，邀请粉丝通过标签上传内容。邀请你的粉丝和客户通过上传带有标签的视频参加有奖活动，或者宣传相关的品牌活动，是一个利用短视频功能拉近和客户距离的方法。

（6）展现品牌文化。我们经常听到有人说品牌应该更"人性化"，而社会化媒体用实时实地与客户的互动将界限变得越来越模糊。短视频营销提供了一个让你充分展示品牌文化和特点的机会，让你在竞争者中脱颖而出。

对于短视频营销来说，品牌需要在很短的时间内抓住它们想要表达的重点，将其表现给粉丝看，与此同时也向粉丝们传递其品牌文化。

（7）强调特殊优惠和活动。短视频是推广优惠活动的绝佳机会。将镜头转向你的产品，并加入个性化的元素，配合相应的促销信息，将比传统营销方式有更高的转化率。

## 六、微博营销

### 1. 微博和微博营销的概念

微博（Microblog）又称微博客，是一种基于用户之间关系的信息分享、传播和获取平台。它允许用户及时更新简短文本（通常少于140字），任何人可以阅读或者只能由用户选择的群组阅读。微博内容由简单的语言组成，对用户的技术要求很低，而且在语言编织上没有博客的要求高，不需要长篇大论，更新方便。目前主流平台为新浪微博。

微博营销是指通过微博平台为商家、个人等创造价值而执行的一种营销方式，也是指商家或个人通过微博平台发现并满足用户的各类需求的商业行为方式。微博营销以微博作为营销平台，每一个粉丝都是潜在的营销对象，企业利用更新自己的微博向网友传播企业信息、产品信息，树立良好的企业形象和产品形象。每天更新内容就可以跟大家交流互动，或者发布大家感兴趣的话题，以此达到营销的目的。该营销方式注重价值的传递、内容的互动、系统的布局、准确的定位，微博的火热发展也使其营销效果尤为显著。微博营销涉及的范围包括认证、有效粉丝、朋友、话题、名博、开放平台、整体运营等。

### 2. 微博营销的分类

微博营销一般可分成个人微博营销和企业微博营销，两者的难度和有效性区别较大。

（1）很多个人的微博营销是依靠个人本身的知名度来得到别人的关注和了解的，以明星、成功商人或者是社会中其他比较成功的人士为例，他们运用微博往往是通过这样一个媒介来让自己的粉丝更进一步地了解和喜欢自己，微博通常用于平时抒发感情，功利性并不是很明显，一般是由粉丝们跟踪转帖来达到营销效果的。

（2）企业一般是以营利为目的的，他们运用微博往往是想通过微博来增加自己的知名度，最后能够将自己的产品卖出去。往往企业微博营销难度较大，因为知名度有限，短短的微博不能给消费者直观地理解商品的途径，而且微博更新速度快、信息量大。企业进行微博营销时，应当建立起自己固定的消费群体，与粉丝多交流、多互动，多做企业宣传工作。

### 3. 微博营销的特点

1）微博营销的优点

（1）操作简单，信息发布便捷。一条微博最多140个字，只需要简单构思，就可以完成一条信息的发布。这比博客要方便得多。

（2）互动性强，能与粉丝即时沟通，及时获得用户反馈。

（3）成本低。做微博营销的成本比做博客营销或是论坛营销的成本低得多。

2）微博营销的缺点

（1）需要有足够的粉丝才能达到传播的效果，人气是微博营销的基础。可以说，在没有任何知名度和人气的情况下微博营销很难达到预期的效果。

（2）由于微博里新内容产生的速度太快，如果发布的信息粉丝没有及时关注到，就很可能被埋没在海量的信息中。

（3）传播力有限。由于一条微博文章只有几十个字，所以其信息仅限于在信息所在平台传播，很难像博客文章那样被大量转载。

**知识扩展** ××酱香酒的成功推广

××酱香酒隶属于××酒业（广州）有限公司，是一个新酱酒品牌，其消费群体定位是中年企业家。该品牌打造了"敦厚靠谱，尖物实价"的文化理念，提倡中年人的新生活方式。

在传播布局上，该品牌建成线下实体"××酒窖"近千家，线上运营微博、微信公众号、官网，玩转粉丝和社群，企业家粉丝注册超过3万，并且成功帮助一大批实业企业家实现了企业升级转型。该品牌的成功还源于独特的FFC商业理念，即工厂直接针对粉丝，工厂常年对粉丝开放，让每一位粉丝都可以亲自到该品牌酒酿造车间体验生产和酿造，让消费者通过在该品牌酒窖的封测深入了解白酒文化及鉴别办法，从喝酒者变为懂酒者。

**课堂实训**

| 活动题目 | 了解主要的网络营销方式 |
|---|---|
| 活动步骤 | 对学生进行教学分组，每3~5人为一个小组，以小组为单位实施活动 |
| | 小组成员对"认养一头牛""北海牧场""天山胡杨"三家企业的微博官方账号进行调研，并填写表3-4 |
| | 分别调研"周黑鸭"和"煌上煌"的微信公众号，并填写表3-5 |
| | 下载抖音APP，选出三个你认为做得比较好的短视频营销号，并填写表3-6 |
| | 每个小组将结果提交给教师，教师对结果予以评价 |

表 3-4　三家企业微博官方账号对比

| 对比项目 | 认养一头牛 | 北海牧场 | 天山胡杨 |
|---|---|---|---|
| 认证类型 | | | |
| 粉丝数 | | | |
| 微博数 | | | |
| 主要竞争对手 | | | |
| 首页装修风格 | | | |
| 认证账号描述 | | | |
| 最近3个活动 | | | |
| 主要微博内容类型 | | | |

表 3-5　"周黑鸭"和"煌上煌"微信公众号调研

| 调研指标 | 周黑鸭 | 煌上煌 |
|---|---|---|
| 公众号名称 | | |
| 从何处获知 | | |
| 主要关注领域 | | |
| 主要竞争对手 | | |
| 主要推送内容 | | |
| 主要公众号功能 | | |

表 3-6　短视频营销号分析

| 对比指标 | 对象1 | 对象2 | 对象3 |
|---|---|---|---|
| 抖音号 | | | |
| 侧重方向 | | | |
| 粉丝量 | | | |
| 营销效果评价 | | | |

## 自学自测

**1. 名词解释**

（1）网络营销

（2）搜索引擎

（3）病毒营销

（4）促销策略

**2. 简答题**

（1）请说明网络营销产品的整体层次。

（2）影响网络营销定价的因素是什么？

（3）常见的网络促销策略有哪些？

（4）请说明微博营销的优缺点。

# 第四章

# 农村电商支付

 教学目标

- ☑ 了解电子支付的定义。
- ☑ 掌握第三方支付的流程。
- ☑ 了解移动支付的分类。

 学习重点和难点

学习重点：
- ☑ 电子支付的类型。
- ☑ 移动支付的分类。
- ☑ 网上银行的优势。

**学习难点：**
- ☑ 移动支付的流程。
- ☑ 网上银行的支付流程。

### 思政小课堂

通过本章的学习，了解农村电商支付的相关知识，了解我国农村电商电子支付的行情，培养学生的专业技能，同时提高学生的道德意识，在各项专业知识的教育教学活动中，主动关注道德教育资源，把德育教育自然渗入课程的方方面面，实现润物无声的效果。

### 思维导图

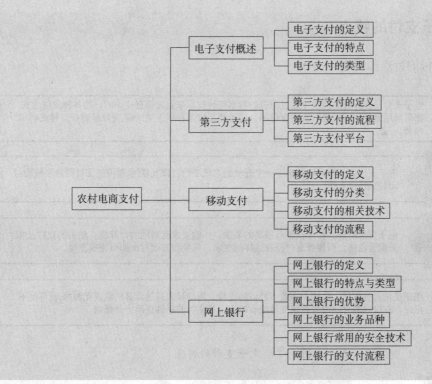

随着互联网技术的发展，以互联网技术为基础的电子支付成了人们日常生活中必不可少的一部分，第三方支付及移动支付的发展使电子支付变得更加便捷。农村电商支付是农村电商发展过程中不可或缺的一部分，特别是随着农村电商的不断发展，农村电商支付缩短了农村电商交易的时间，是农村电商闭环中重要的一环。

## 第一节　电子支付概述

随着电子商务的发展，支付问题成为亟待解决的重要问题。电子支付是电子商务的核心环节，如果没有电子支付，整个电子商务的过程将无法完成。只有安全、快捷地实现电子支付，才能保证电子商务涉及的物流、信息流、资金流的有机结合，才能确保电子商务的顺利进行。

### 一、电子支付的定义

电子支付是指从事电子商务交易的当事人，包括消费者（买家）、厂商（卖家）和金融机构，通过信息网络，使用安全的信息传输手段，采用数字化方式进行的货币支付或资金流转。

### 二、电子支付的特点

电子支付的特点如图 4-1 所示。

1. 电子支付是在开放的网络中通过先进的数字流转技术来完成信息传输的，其各种支付方式都是采用电子化方式进行款项支付的；而传统支付是在线下完成的，通常是现金支付或刷卡消费。

2. 电子支付的工作环境是基于一个开放的系统平台，即互联网；而传统支付则是在较为封闭的系统中运作。

3. 电子支付对软、硬件设施有很高的要求，一般要求有联网的计算机、相关的软件及相关配套设施；而传统支付没有这样的要求，只要双方面对面即可完成支付。

4. 电子支付具有方便、快捷、高效、经济的优势，用户只需通过计算机端或无线端，就可足不出户，在极短的时间内将款项支付给收款方，且支付的手续费用十分低廉。

图 4-1　电子支付的特点

图 4-2　电子支付的类型

### 三、电子支付的类型

电子支付的类型如图 4-2 所示。

#### 1. 网上支付

网上支付是电子支付的一种形式。从广

电子支付的类型

义上讲，网上支付是以互联网为基础，利用银行所支持的某种数字金融工具，发生在购买者和销售者之间的金融交换，从而实现从买者到金融机构、商家之间的在线货币支付、现金流转、资金清算、查询统计等过程，为电子商务服务和其他服务提供金融支持。

2. 电话支付

电话支付是电子支付的一种线下实现形式，是指消费者使用电话（固定电话、手机）或其他类似电话的终端设备，通过拨打银行的客服电话，实现通过银行账户直接完成付款的方式。

3. 移动支付

移动支付是使用移动设备通过无线方式完成支付行为的一种新型支付方式。移动支付所使用的移动终端可以是手机、PDA、移动 PC 等，如手机支付宝钱包、微信、手机 APP 客户端、第三方平台支付等。

### 课堂实训

| 活动题目 | 电子支付的类型与特点 |
|---|---|
| 活动步骤 | 对学生进行教学分组，每3～5人为一个小组，以小组为单位进行讨论 |
| | 讨论并收集电子支付的类型，并将结果填入表4-1中 |
| | 谈论并总结电子支付的特点，并将结果填入表4-2中 |
| | 每个小组将小组讨论结果形成PPT，派出一名代表进行演示 |
| | 教师给予评价 |

表 4-1　收集结果

| 序号 | 电子支付的类型 |
|---|---|
| 1 | |
| 2 | |
| 3 | |

表 4-2　电子支付的特点

| 电子支付 | 特　点 |
|---|---|
| | |
| | |
| | |
| | |

## 第二节　第三方支付

第三方支付产业依托全球电商行业的兴起得到了快速发展，且技术革新及消费升级持续推动产业增长，账户侧支付服务机构随之产生，进一步壮大了第三方支付行业。随着各大第三方支付平台对业务应用场景的不断扩展延伸，目前移动支付已经渗透至用户主要生活场景，移动支付交易频次和总体交易规模呈现高速增长态势。

### 一、第三方支付的定义

第三方支付指具备一定实力和信誉保障的独立机构，通过与银联或网联对接而促成交易双方进行交易的网络支付模式。第三方支付是电子支付产业链中重要的纽带：一方面连接银行，处理资金结算、客户服务、差错处理等一系列工作；另一方面连接商户和消费者，使客户的支付交易能顺利接入。由于拥有款项收付的便利性、功能的可拓展性、信用中介的信誉保证等优势，第三方支付较好地解决了长期困扰电子商务的诚信、现金流问题，在电子商务中发挥着重要作用。

简单地说，第三方支付平台是独立于买方和卖方的交易支付网点，它在买卖双方交易过程中起到资金中转、保管和监督作用。

### 二、第三方支付的流程

在第三方支付模式中，买方选购商品后，使用第三方平台提供的账户进行货款支付（支付给第三方），并由第三方通知卖家货款到账、要求发货；买方收到货物后检验货物，并且进行确认后，再通知第三方付款；第三方将款项转至卖家账户。

具体来说，第三方支付的流程如图 4-3 所示。

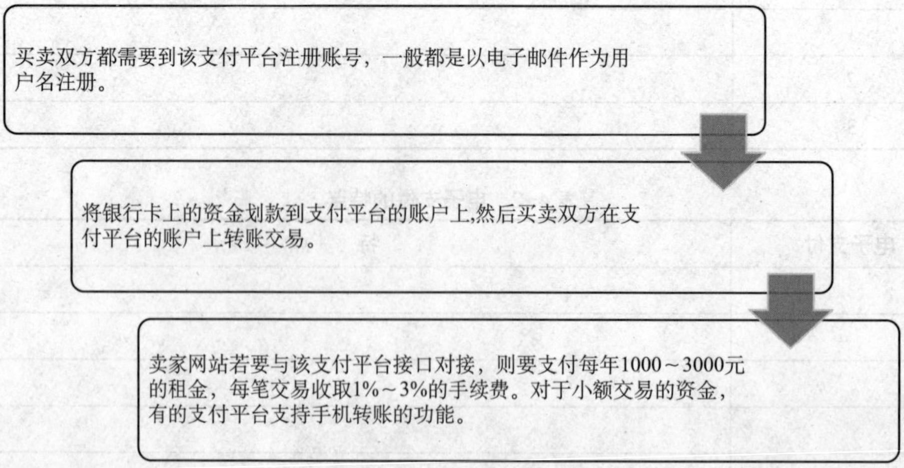

> 买卖双方都需要到该支付平台注册账号，一般都是以电子邮件作为用户名注册。

> 将银行卡上的资金划款到支付平台的账户上，然后买卖双方在支付平台的账户上转账交易。

> 卖家网站若要与该支付平台接口对接，则要支付每年1000~3000元的租金，每笔交易收取1%~3%的手续费。对于小额交易的资金，有的支付平台支持手机转账的功能。

图 4-3　第三方支付的流程

## 三、第三方支付平台

1. 第三方支付平台介绍

1）支付宝

（1）支付宝简介。支付宝是国内领先的第三方支付平台，由阿里巴巴集团在 2004 年 12 月创立，致力于提供"简单、安全、快速"的支付解决方案。目前，中国工商银行、中国农业银行、中国建设银行、招商银行、上海浦发银行等各大商业银行，以及中国邮政、VISA 国际组织等各大机构均与支付宝建立了战略合作关系。今天，支付宝已经成为线上及线下众多商家支付解决方案的重要选择。支付宝平台首页如图 4-4 所示。

图 4-4 支付宝平台首页

（2）支付宝的特点如下。

① 安全。支付宝作为网络支付平台，其最大的特点在于"收货满意后卖家才能拿钱"的支付规则，在流程上保证了交易过程的安全和可靠。同时，支付宝拥有的现金反欺诈和风险监控系统，可以有效地降低交易风险。为更好地保障交易双方的账户安全及交易安全，支付宝公司推出了免费短信提醒功能，一旦客户的账户内发生大额资金的变动，或者账户基本信息如密码等发生修改行为，客户会及时收到支付宝的短信提醒；同时，客户还可以自定义某些交易信息提醒功能，使客户能随时随地了解账户变动情况及安全情况。

② 方便。支付宝与国内各大银行建立了合作伙伴关系，支持国内外主要的银行卡，实现了与银行间的无缝对接，使交易双方的原有银行账户能顺利地利用支付宝完成交易。在交易过程中，支付宝用户可以实时跟踪资金和物流进展，方便、快捷地处理收付款业务和发货业务。

③ 快捷。对买家来说，付款成功后能即时到账，卖家可以立刻发货，快速高效。对卖家来说，可以通过支付宝的商家工具将商品信息发布至多个网站、论坛或即时沟通软件，找到更多的买家；还可以根据需要将"支付宝"按钮嵌入自己的网站、邮件中，以方便交易方更快捷地使用支付宝。

（3）余额宝。余额宝是由第三方支付平台支付宝打造的一项余额增值服务。用户使用支付宝余额，通过余额宝购买基金产品，资金可随时转入转出，收益每日结算。余额宝界面如图 4-5 所示。

图 4-5 余额宝界面

2）财付通

（1）财付通简介。财付通是腾讯公司于2005年4月正式推出的在线支付平台，与拍拍网、腾讯QQ有很好的融合，按交易额计算，财付通排名第二，仅次于支付宝。

经过多年的发展，财付通覆盖的行业包括游戏、航旅、电商、保险、电信、物流、钢铁、基金等，业务类型包括网络支付、银行卡收单及跨境支付，客户类型包括个人客户及商户，业务范围覆盖全国。财付通网络支付以微信支付钱包、手机QQ钱包为入口，具体业务类型包括网关支付、快捷支付、余额支付，应用产品包括微信转账、条码支付、理财通等；财付通银行卡收单业务以微信支付和手机QQ钱包条码支付为主，包括收款扫码与付款扫码等。财付通跨境支付及国际业务的主要应用场景为跨境电子商务外汇支付业务。

（2）财付通的特点。腾讯的典型用户群体是年轻且追求时尚的人们，他们有向别人展示自我及自我娱乐的需求。财付通的用户可分为个人用户和商务用户两类。个人用户主要使用财付通进行网上支付、充值、票务预订、网上缴费等；商务用户主要使用财付通来满足交易需要。

3）PayPal

PayPal是一家美国的线上支付公司，总部在加州的圣荷西市，成立于1998年，2002年被eBay收购，其账户集成的高级管理功能可以使使用者轻松了解每一笔交易详情。PayPal是使用电子邮件地址为跨国买卖实现在线收款和付款的一种即时清算支付方式，其服务建构在现有的银行账户和信用卡的金融结构上。eBay买家和卖家、在线零售商、在线商家及传统的线下商家都可使用PayPal进行交易。

在eBay跨国贸易中，PayPal提供安全高效的一站式支付方案，集国际流行的信用卡、借记卡、电子支票等支付方式于一身，帮助买卖双方解决各种交易过程中的支付难题。

2．第三方支付平台的盈利模式

（1）手续费。手续费主要包括两部分：一部分是商家获准使用支付工具的租金；另一部分是交易的手续费。第三方支付平台服务商的政策各不相同，如PayPal只对企业收费而不对个人收费，支付宝对商家收费、对买家免费。

（2）利息收入。第三方支付平台从收到资金到把钱转拨到商户账户上，这期间有时间间隔，因而形成了资金沉淀。第三方支付平台可以在这期间做一些资金方面的运作，于是产生利息等收入。

### 课堂实训

| 活动题目 | 第三方支付的平台与流程 |
| --- | --- |
| 活动步骤 | 对学生进行教学分组，每3~5人为一个小组，以小组为单位进行讨论 |
| | 讨论并收集第三方支付平台，并将结果填入表4-3中 |
| | 讨论并总结第三方支付的流程，并将结果填入表4-4中 |
| | 每个小组将小组讨论结果形成PPT，派出一名代表进行演示 |
| | 教师给予评价 |

表 4-3　收集结果

| 序号 | 第三方支付平台 |
| --- | --- |
| 1 |  |
| 2 |  |
| 3 |  |

表 4-4　第三方支付的流程

| 步骤序号 | 内　容 |
| --- | --- |
| 1 |  |
| 2 |  |
| 3 |  |

# 第三节　移动支付

随着数字化转型的加速和移动支付技术的发展创新，移动支付逐渐成为社会主流支付模式。艾媒咨询数据显示，中国移动支付平台用户最常使用移动支付平台的三个场景分别为餐饮消费、小型实体店/便利店消费和电商平台网购，移动支付场景呈现细分多元化发展。在选择移动支付平台时，62.4%的用户优先考虑支付便捷性，用户偏好使用二维码支付的方式，以无感支付、NFC支付、刷脸支付为代表的新型支付方式正在兴起。

## 一、移动支付的定义

移动支付也被称为手机支付，是指双方当事人通过移动终端对某些商品或服务进行的交易性行为。通过移动支付，用户的消费行为不再受到地域、时间的限制，用户随时随地都可自由地享受移动支付带来的乐趣，如乘坐地铁、购买电影票、超市结账等。作为移动互联网重要组成部分的移动支付，其优势就是快捷方便，用户只需要一部移动终端，就可完成过去需要到实体店排队等候多时才能完成的业务。

## 二、移动支付的分类

移动支付主要分为近场支付和远程支付两种。

（1）近场支付。近场支付是指消费者在购买商品或服务时，即时通过手机向商家进行支付，支付的处理在现场进行，使用手机射频（NFC）、红外、蓝牙等通道，实现与自动售货机及POS机的本地通信。

> **知识扩展** ➔ 你对刷脸支付了解多少

2019年上半年，移动支付交易规模达166.1万亿元，在移动支付市场规模逐渐扩大及人脸识别技术发展渐趋成熟的背景下，刷脸支付开始崭露头角。艾媒咨询数据显示，预计2022年中国刷脸支付用户规模将超7.6亿人。刷脸支付的发展及普及，对用户、商家及社会有着重要的价值。对用户来说，刷脸支付省时、便捷、体验好，能实现信息与交易的安全保障。艾媒咨询数据显示，受访用户对在流程耗时、便利程度、支付体验、交易安全和信息安全五个方面对刷脸支付的满意度分别为8.1、7.3、7.3、7.1和7.0，高于其他非现金支付方式的满意度。对商家来说，刷脸支付赋能商家的经营发展，帮助它们改善排队效率、提高顾客好评率、提高竞争力和增加客流。九成的受访商家认可接入刷脸支付后顾客排队效率和顾客好评的提升。刷脸支付的发展同时也带动上、下游产业的发展，促进硬件制造商、传感器制造商等新产业、新职业就业的发展，为社会带来巨大的价值。

资料来源：艾媒咨询。

（2）远程支付。远程支付是指通过发送支付指令（如网银、电话银行、手机支付等）或借助支付工具（如通过邮寄、汇款）进行的支付方式。

## 三、移动支付的相关技术

### 1. SMS 技术

SMS（短信息服务）是最广泛地应用于移动通信的服务。这主要是因为所有的移动设备终端都支持短信息的收发，其不仅操作简便，而且在手机等移动终端的日常使用中，用户已经习惯了使用各类文本信息，该信息在移动支付领域可以说具有良好的用户习惯和与生俱来的用户群。由于短信息具有很高的易用性和高人气，因此，它注定会成为移动支付业务中的主流媒介之一。目前，手机短信作为移动支付的通道，可满足用户日常的多种需求，如话费充值、手机铃声下载、生活账单支付、报纸订阅等。这也是在我国比较成熟，采用较多的移动支付技术。

### 2. WAP 技术

"无线应用协议"是 WAP 的全称，它为用户建立了一条通过手机访问互联网的通道。WAP 网站，即在手机上的网站。在以前，WAP 1.X 已经逐渐被用户所接受，其业务的使用量每年都在大幅提高，然后 WAP 2.0 顺利成为移动运营商的新宠，被作为一个新的业务卖点进行大力度推广。WAP 2.0 的研发成功加上大屏智能手机的普及，将手机转变成了可随身携带的多媒体娱乐中心，使手机在人们生活中的地位又提高到一个前所未有的高度，大量的低头族因此产生。而在支付领域，它更是提高了通信渠道的安全性与及时互动性，使界面友好，为移动支付业务的发展营造了良好的环境。

### 3. J2ME 技术

J2ME 是 Java 2 的一个组件，它并驾于 J2EE 和 J2SE。J2ME 也被称为 K-Java，即

千字节虚拟机。SUN 公司称，K-Java 是以原 Java 语言为基础，将其高度完善的一种运行环境，因其系统稳定、安全可靠，多服务于精密电子产品，如移动手机、GPS 导航、平板电脑等。

J2ME 的出现为移动互联的发展增添了新的动力，实现了手机与移动互联网的交互功能，用户可以通过无线网络下载各类应用程序，也可以上传自己通过 J2ME 编写的程序供人们使用。J2ME 在提供运行环境及编程语言的同时，也对程序编写的环节进行了详细的标准化管理。J2ME 因其高安全性能的特点，故十分适用于宏支付体系的搭建，可以预见，基于 J2ME 的移动支付系统将成为移动支付发展的主流。

### 4. NFC 技术

NFC（近场通信）技术是以近距离无线射频识别技术为基础，融合互联互通概念而演进出的一种全新的非接触式技术。有别于原 RFID 技术，它在硬件实现了突破，将感应式卡片与感应式读卡器融合在单一芯片上，与指定设备在 20cm 的距离内、13.56MHz 频率上实现认证，并点对点互通信息。

虽然 NFC 在近端通信技术上有了革命性的进展，但出于对新技术的不了解，以及成本的不可控，能够接受它的企业及个人相对较少。另外，NFC 技术完全由飞利浦公司独家垄断，市场定价将完全由其掌握，参与企业处于弱势地位，这进一步增加了技术的推广难度。在安全方面，NFC 在硬件中融合了加密逻辑电路，远比传统蓝牙等技术安全可靠，但无线标准不是绝对安全的，尤其是 NFC 技术涉及移动支付功能，当它取代用户的钱包时，就更需要谨慎。如果不能保证技术的安全可靠，那么 NFC 市场将变得更加狭窄。

**知识扩展** ▶ **NFC 的应用场景**

（1）支付应用。NFC 支付主要是指带有 NFC 功能的手机虚拟成银行卡、一卡通等的应用。NFC 虚拟成银行卡的应用称为开环应用。理想状态下，带有 NFC 功能的手机可以作为一张银行卡在超市、商场的 POS 机上进行刷手机消费。NFC 虚拟成一卡通卡的应用称为闭环应用。目前，小米和华为都在一些城市试点开通手机的 NFC 公交卡功能。

（2）安防应用。NFC 安防的应用主要是将手机虚拟成门禁卡、电子门票等。NFC 虚拟门禁卡就是将现有的门禁卡数据写入手机的 NFC，这样无须使用智能卡，使用手机就可以实现门禁功能。不仅是门禁的配置、监控和修改等十分方便，而且可以实现远程修改和配置。例如，在需要时临时分发凭证卡等。NFC 虚拟电子门票的应用就是在用户购票后，售票系统将门票信息发送给手机，带有 NFC 功能的手机可以把门票信息虚拟成电子门票，在检票时直接刷手机即可。

（3）标签应用。NFC 标签的应用就是把一些信息写入一个 NFC 标签内，用户只需用 NFC 手机在 NFC 标签上挥一挥就可以立即获得相关的信息。例如，商家可以把含有海报、促销信息、广告的 NFC 标签放在店门口，用户可以根据自己的需求用 NFC 手机获取相关的信息，并可以登录社交网络，和朋友分享细节或好东西。

### 5. STK技术

SIM（用户识别模块）卡是一种基于大规模集成电路的安全可靠的智能芯片，用于储存用户的全球唯一识别码，通过这些识别码，手机才能联通移动网络，并在服务区范围内及未关机的情况下与网络互联互通。1998年，ETSI（欧洲电信标准协会）制定了STK卡（SIM card tool kit，即SIM卡开发工具包）的技术规范，ETSI的协议GSM03.19是STK Java卡的技术标准，规定了STK Java卡的体系结构。

SIM卡封装开发应用程序接口（STK API）建立了一个SIM卡和移动台MS间的相互作用规则，主动命令和下载是这种规则的两种通信模式。STK技术的出现使原先无法向手机传达命令的SIM成了可与手机进行准双向信息交互的智能卡，即建立了由手机发起的主从通信关系。拥有STK技术的SIM卡，即STK能够携带应用程序，使企业可以提前将服务菜单写入卡内并交予用户，而用户则能通过STK卡携带的内容方便、快捷地通过短信实施与服务器进行交流，从而实现业务往来。

## 四、移动支付的流程

移动支付的实施方式与信息传播方式有关。当前，国外移动支付服务可通过短信、红外线、RFID、K-Java、WAP、蓝牙、USSD等渠道实现付款流程。在中国，用户主要是通过WAP、SMS来完成一个简单的交易。近年来，由于RFID和NFC技术的成熟，中国开始利用红外技术来完成支付过程。无论是用什么技术来完成交易，交易额主要是通过两种方式获得。第一种方式是从手机话费中获得，这种方式主要由移动运营商执行金融结算操作，用户可以通过预先充值的话费承担，也可以通过手机话单一次性交付，由于这种流程有悖于经济法规，故被限制在小额支付业务中；第二种方式是用户首先将自身的银行账户与手机号码关联，然后通过这种关联性，消费额直接从用户银行账户支取，此时的手机仅作为信息传递的工具使用。

在移动支付的过程中，银行体系和电信运营商体系是流程中的绝对主导者，二者不仅是资金管理机构，也是相关技术的推动者。由于银行控制资金流、电信运营商控制手机信息流，二者相辅相成。移动支付的流程如图4-6所示。

图4-6 移动支付的流程

网络在支付流程中贯穿全过程。从交易请求到交易完成都需要通过网络进行。而支付平台在支付过程中起着重要的桥梁作用，因为交易流程中最重要的资金流转及清算均要通过平台来实现，目前，支付平台的主导权主要掌握在移动运营商和金融机构手中。

## 课堂实训

| 活动题目 | 移动支付的分类与相关流程 |
|---|---|
| 活动步骤 | 对学生进行教学分组，每3~5人为一个小组，以小组为单位进行讨论 |
|  | 讨论并收集移动支付的类型，并将结果填入表4-5中 |
|  | 讨论并总结电子支付的流程，并将结果填入表4-6中 |
|  | 每个小组将小组讨论结果形成PPT，派出一名代表进行演示 |
|  | 教师给予评价 |

表 4-5　收集结果

| 序号 | 移动支付的类型 |
|---|---|
| 1 |  |
| 2 |  |
| 3 |  |

表 4-6　移动支付的流程

| 步骤序号 | 内　容 |
|---|---|
| 1 |  |
| 2 |  |
| 3 |  |

# 第四节　网上银行

无论是传统的交易，还是农村电子商务，资金的支付都是完成交易的重要环节，而农村电子商务强调支付过程和支付手段的电子化。能否有效地实现支付手段的电子化和网络化是网上交易成败的关键，直接关系到电子商务的发展前景。网上银行创造的电子货币及独具优势的网上支付功能，为农村电子商务中电子支付的实现提供了强有力的支持。作为农村电子支付和结算的最终执行者，网上银行起着连接买卖双方的纽带作用，网上银行所提供的电子支付服务是电子商务中的最关键要素和最高层次。

## 一、网上银行的定义

网上银行又称网络银行或在线银行，是指银行通过 Internet 向客户提供开户、查询、对账、行内转账、跨行转账、信贷、网上证券、投资理财等传统服务项目，使客户可以足不出户就能够安全便捷地管理活期和定期存款、支票、信用卡及个人投资等。可以说，网上银行是 Internet 上的虚拟银行柜台。

## 二、网上银行的特点与类型

### 1. 网上银行的特点

利用计算机和通信技术实现资金划拨的电子银行业务已经有几十年的历史了。传统的电子银行业务主要包括资金清算业务，以及利用 POS 网络和 ATM 网络提供服务的银行卡业务。网上银行是随着 Internet 的普及和电子商务的发展，在近几年逐步成熟起来的新一代电子银行。网上银行依托于传统银行业务，并为其带来根本性的变革，同时也拓展了传统电子银行的业务。与传统银行和传统电子银行相比，网上银行在运行机制和服务功能方面都具有不同的特点。

（1）便利性。网上银行是一种虚拟的金融服务机构，从物理网络转向虚拟数字网络。在数字网络环境的支持下，客户只需在家中或办公室里登录银行主页，单击自己所需的服务项目即可完成开户、存取款和转账等业务办理。相比之下，传统银行提供的服务受到时空的严格限制。

（2）服务个性化。网上银行可以突破地域和时间的限制，提供个性化的金融服务产品。传统银行的营销目标一般只能细分到某一类客户群，难以进行一对一的客户服务。网上银行可从金融服务价值链中获取价值，在对银行的内部管理体制进行改造后，建立和完善一个将市场信息和管理决策迅速而准确地在市场人员和管理部门之间互相传递的机制，将"客户中心主义"融入银行经营的全过程，在低成本条件下实现高质量的个性化服务。

（3）运行成本低。传统银行的销售渠道是其下属的分行和广泛分布的营业网点，网上银行的主要销售渠道是计算机网络系统及基于计算机网络系统的代理商制度。这种直接的营销方式与传统银行模式有着本质的区别，传统银行模式中的大量分支机构和营业网点将逐渐被计算机网络及基于计算机网络的前端代理人和作为网络终端的个人计算机所取代，可以节省巨额的场地租金、室内装修、照明及水电费用等。网上银行只需雇用少量工作人员，人工成本也随之迅速下降。

（4）业务空间广阔。传统银行业务的范围较为清晰，网上银行的业务范围正处于高速扩张中。可以认为，网上银行的业务范围不仅将会得到拓展，而且将会有大量的非金融机构介入网上银行业务。这些非金融机构的介入将会不断推出新的网上银行业务。

（5）盈利结构多元化。传统银行发展的动力来自获取资金利差的盈利，这种单一结构的盈利模式随着网上银行的出现而发生了根本改变。网上银行为商业银行通过信息服务拓展盈利机会提供了一条重要的营业渠道。在网上银行时代，商业银行的信息既是为客户带来利益的重要保障，同时也是商业银行自身盈利的重要资源。

（6）货币存在形式发生本质变化。传统的货币形式以现金和支票为主，而网上银行流通的货币将以电子货币为主。电子货币不仅能给商业银行节约使用现金的业务成本，而且可以减少资金的滞留和沉淀，加速社会资金的周转，提高资本运营的效益。同时，基于网络运行的电子货币还可以给政府税收部门和统计部门提供准确的金融信息。

2. 网上银行的类型

（1）虚拟银行。这种完全基于 Internet 的全新电子银行是一种虚拟银行，它没有传统银行那样的营业网点、职员和大厅，而只有一个网址。当用户进入银行主页后，可以在选单的提示或向导的指引下完成全部服务过程，如美国的安全网络第一银行就属于这一种。

（2）传统银行的网上服务。现有传统银行利用 Internet 在网上建立其银行网站提供各种服务，使传统银行既具有传统银行的业务功能，又具有新拓展的业务功能，满足了不同细分市场的需要，可同时在两个市场获得效益。目前，世界上大多数国家和地区的银行都以这种模式为主来发展网上银行业务。

## 三、网上银行的优势

1. 大幅降低银行经营成本，有效提高银行的盈利能力

开办网上银行业务主要利用公共网络资源，无须设置物理的分支机构或营业网点，减少了银行的人员费用，提高了银行后台系统的效率。

2. 无时空限制，有利于扩大客户群体

网上银行业务打破了传统银行业务的地域、时间限制，能在任何时候、任何地方以任何方式为客户提供金融服务，这既有利于吸引和保留优质客户，又能主动扩大客户群，开辟新的利润来源。

3. 有利于服务创新，向客户提供多种类、个性化服务

通过银行营业网点销售保险、证券和基金等金融产品，往往受到很大限制，主要是由于一般的营业网点难以为客户提供详细的低成本的信息咨询服务。利用互联网和银行支付系统，容易满足客户咨询、购买和交易多种金融产品的需求，客户除办理银行业务外，还可以很方便地在网上进行买卖股票债券等操作，网上银行能够为客户提供更加合适的个性化金融服务。

## 四、网上银行的业务品种

网上银行的业务品种主要包括基本业务、网上投资、网上购物、网上个人理财、企业银行及其他金融服务。

1. 基本业务

商业银行提供的基本网上银行服务包括在线查询账户余额、交易记录、下载数据、转账和网上支付等。

2. 网上投资

由于金融服务市场发达，可以投资的金融产品种类众多、国外的网上银行一般提供

包括股票、期权、共同基金投资和信用违约掉期合约买卖等多种金融产品服务。

#### 3. 网上购物

商业银行网上银行设立的网上购物平台极大地方便了客户的网上购物，为客户在相同的服务品种上提供优质的金融服务或相关的信息服务，加强商业银行在传统竞争领域的竞争优势。

#### 4. 网上个人理财

网上个人理财是国外网上银行重点发展的一个服务品种。各大银行将传统银行业务中的理财助理转移到网上进行，通过网络为客户提供理财的各种解决方案，提供咨询建议，或者提供金融服务技术的援助，从而极大地扩大了商业银行的服务范围，并降低了相关的服务成本。

#### 5. 企业银行

企业银行服务是网上银行服务中最重要的部分之一。网上银行的企业银行服务品种比个人客户的服务品种更多，也更为复杂，对相关技术的要求也更高，所以能够为企业提供网上银行服务是商业银行实力的象征之一，一般中小网上银行或纯网上银行只能提供部分服务，甚至完全不提供这方面的服务。

企业银行服务一般提供账户余额查询、交易记录查询、总账户与分账户管理、转账、在线支付各种费用、透支保护、储蓄账户与支票账户资金自动划拨、商业信用卡等服务。此外，有的网上银行还提供投资服务等，部分网上银行还为企业提供网上贷款业务。

#### 6. 其他金融服务

除银行服务外，大型商业银行的网上银行均通过自身或与其他金融服务网站联合的方式为客户提供多种金融服务产品，如保险、抵押和按揭等，以扩大网上银行的服务范围。

### 五、网上银行常用的安全技术

#### 1. 文件数字证书

最初，只要用户的计算机上安装了数字证书，就可以证明自己是银行账户的拥有者，就可以操作账户中的钱款。但仅有数字证书就可以转账，明显存在极大的安全隐患，因为黑客也可能会窃取用户的数字证书，假冒用户的身份。

#### 2. 动态口令卡

由于文件数字证书存在的安全隐患，银行推出了动态口令卡，用户在计算机上安装文件数字证书的同时，还必须去银行柜台申领一张动态口令卡，每次转账时回答网银系统询问的动态口令，回答正确，即可证明自己是银行账户的拥有者，可以操作银行账户中的钱款。由于黑客无法获得动态口令卡，从而确保账户资金的安全。

### 3. 动态手机口令

当用户登录网上银行时，系统会自动发送一条手机短信，告知用户验证码，验证码10分钟内有效，输入正确的验证码，即可证明自己是银行账户的拥有者，可以操作银行账户中的钱款。同样，由于黑客没有用户的手机，无法获知验证码，从而确保账户资金的安全。

### 4. 移动口令牌

当用户登录网上银行时，操作界面会提示输入一串移动口令，此时可以打开移动口令牌，输入口令牌上显示的一串数字，移动口令回答正确，即可证明自己是银行账户的拥有者，可以操作银行账户中的钱款。同样，由于黑客没有用户的移动口令牌，无法获知移动口令，从而确保账户资金的安全。

### 5. 移动数字证书

当用户登录网上银行进行转账、支付操作时，操作界面会提示用户插入U盾，移动数字证书内置于U盾中，不可导出，即插即用；同时，U盾是用户随身携带的，一旦插入U盾即可显示用户的数字证书，从而证明用户的合法身份，可以操作银行账户中的钱款。一旦拔出U盾，在计算机中不会遗留数字证书，从而确保黑客无法窃取用户的数字证书。同样，由于黑客没有用户的U盾，就无法使用U盾内置的数字证书仿冒用户身份，从而确保账户资金的安全。

## 六、网上银行的支付流程

电子商务网站要开通网上支付功能一般有两种途径：一种是通过第三方支付平台，如支付宝、财付通等，这种操作比较容易实现；另一种是与银行协商获得一个支付接口，实现网上银行的直接支付。

要实现网上银行的直接支付，商户需要与开通网上支付功能的银行签署协议，办理相关手续，之后银行会提供给商户一个编号，而商户通过其网站把商户编号和支付信息等内容提交给银行的处理系统就可以了。

下面以中国工商银行为例，介绍客户使用网上银行支付的基本流程。

（1）客户在商户网站浏览商品信息，签订订单。

（2）客户向中国工商银行提交订单数据。

（3）客户确认使用中国工商银行支付后，将此表单提交给中国工商银行。

（4）中国工商银行网银系统接收此笔订单，对订单信息和商户信息进行检查，检查通过后显示中国工商银行的支付页面。

（5）客户在此页面可以查询客户在银行的预留信息，也可以输入支付卡号、支付密码和验证码等进行在线支付。

（6）中国工商银行检查客户信息，检查通过后显示确认页面；客户确认提交后，中国工商银行进行支付指令处理。

（7）中国工商银行完成支付指令处理后，将交易结果显示给客户。

### 课堂实训

| 活动题目 | 网上银行的类型与业务品种 |
|---|---|
| 活动步骤 | 对学生进行教学分组，每3~5人为一个小组，以小组为单位进行讨论 |
| | 讨论并收集网上银行的类型，并将结果填入表4-7中 |
| | 讨论并总结网上银行的业务品种，并将结果填入表4-8中 |
| | 每个小组将小组讨论结果形成PPT，派出一名代表进行演示 |
| | 教师给予评价 |

表4-7　收集结果

| 序号 | 网上银行的类型 |
|---|---|
| 1 | |
| 2 | |
| 3 | |

表4-8　网上银行的业务品种汇总

| 序号 | 网上银行的业务品种 |
|---|---|
| 1 | |
| 2 | |
| 3 | |

### 自学自测

1. 名词解释

（1）电子支付

（2）第三方支付

（3）移动支付

（4）网上银行

2. 简答题

（1）电子支付的特点是什么？

（2）移动支付的类型有哪些？

（3）第三方支付的流程是什么？

（4）网上银行的支付流程是什么？

# 第五章
# 农村电商物流

 **教学目标**

- ☑ 了解物流的概念。
- ☑ 了解物流的分类。
- ☑ 掌握生鲜电商物流的定义。

 **学习重点和难点**

学习重点：
- ☑ 生鲜电商物流的特点。
- ☑ 农产品电商物流的特点。
- ☑ 农村电商物流的特点。

**学习难点：**
- ☑ 农村电商物流配送模式。
- ☑ 农产品电商物流配送模式。
- ☑ 生鲜电商物流配送模式。

 **思政小课堂**

通过本章的学习，了解农村电商物流的相关知识，同时让学生意识到绿色物流的重要性，积极践行绿色环保理念，树立人与自然和谐相处、保护环境的价值观。

 **思维导图**

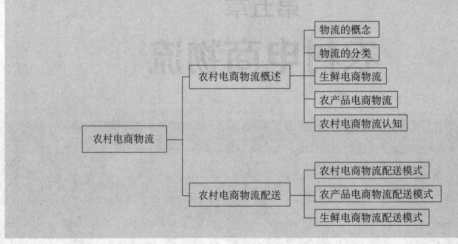

农村电商物流的发展是农村电商发展的重要一环，大力发展农村电商物流对农村电商的发展及推进优化产业结构有着重大意义。农村电商物流是农村电商体系得以顺利运转的重要基础设施，因此农村电商物流与农村电商发展相辅相成，未来随着线下消费向线上转移，网络零售的渗透率将进一步提升，农村电商物流将会成为电商平台竞争的关键。

## 第一节 农村电商物流概述

随着农村电商的快速发展，在国家鼓励建设便捷高效的"工业品下乡"和"农产品进城"双向渠道的利好政策推动下，农村电商物流也将迎来发展良机。

## 一、物流的概念

《中华人民共和国国家标准物流术语》（GB/T 18534—2021）对物流进行了解释：物流是根据需要，将运输、储存、装卸、搬运、包装、流通加工、配送、信息处理等基本功能实施有机结合，使物品从供应地向接收地进行实体流动的过程。

## 二、物流的分类

根据不同的标准，物流的分类存在区别，在此主要从以下几个方面对物流进行分类。

### 1. 按照作用分类

按照作用分类，物流的类型如图5-1所示。

图 5-1 按照作用分类的物流类型

（1）供应物流。生产企业、流通企业或消费者购入原材料、零部件或商品的物流过程称为供应物流，也就是物资生产者、持有者至使用者之间的物流。

（2）销售物流。生产企业、流通企业售出产品或商品的物流过程称为销售物流，是指物资的生产者或持有者到用户或消费者之间的物流。

（3）生产物流。从工厂的原材料购进入库起，直到工厂成品库的成品发出为止，这一过程的物流活动称为生产物流。

（4）回收物流。在生产及流通活动中有一些资材是可以回收并加以利用的，如旧报纸、书籍等，其回收过程的物流活动称为回收物流。

（5）废弃物物流。生产和流通系统中所产生的无用废弃物的流通过程称为废弃物物流。例如，开采矿山时产生的土石、钢渣、工业废水等一些无用的垃圾的流通就属于废弃物物流。

### 2. 按照物流活动的空间范围分类

按照物流活动的空间范围分类，物流的类型如图5-2所示。

（1）地区物流。地区物流是指在一定疆域内，根据行政区域或地理位置划分的一定区域内的物流。相对于国内物流、国际物流而言，地区物流范围较小。地区物流有不同的划分原则。首先，按行政区域划分，如西南地区、河北地区等；其次，按经济圈划分，如苏锡常（苏州、无锡常州）经济区、黑龙江边境贸易区等。地区物流也可泛指某个特定城市范围内的物流配送方式，如同城配送或当地的落地配送服务。

（2）国内物流。国内物流是指为国家的整体利益服务在国家自己领域范围内开展的物流活动。物流作为国民经济的一个重要方面，应该纳入国家总体规划的内容。我国的

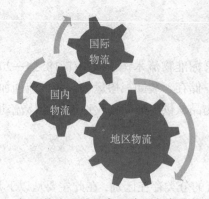

图 5-2　按照物流活动的空间范围分类的物流类型

物流事业是社会主义现代化事业的重要组成部分。国内物流涉及的商品和货物基本上在某个国家领土范围内进行传递和运输。

（3）国际物流。国际物流又称全球物流，是指生产和消费分别在两个或两个以上的国家独立进行时，为克服生产和消费之间的空间距离和时间距离，对物资进行物理性移动的一项国际商品交易或交流活动。工业生产走向社会化和国际化，出现了许多跨国公司，一个企业的经济活动范围可以遍布各大洲。国际贸易的形式使商品货物必须通过国际物流的方式进行传递。国际物流的研究已成为物流研究的一个重要分支。尤其是近几年跨境电子商务的快速发展，为国际物流带来模式上的新变化。

### 3. 按照物流系统性质分类

按照物流系统性质分类，物流的类型如图 5-3 所示。

图 5-3　按照物流系统性质分类的物流类型

（1）社会物流。社会物流一般指流通领域所发生的物流，是全社会物流的整体，所以被称为大物流或者宏观物流。社会物流的一个标志是伴随商业活动（贸易）发生，也就是说物流过程和所有权的更迭是相关的。

（2）行业物流。行业物流是行业内部经济活动所发生的物流活动。同一行业中的企业是市场上的竞争对手，但是在物流领域中常常互助协作，共同促进行业物流系统的合理化。例如，建设共同的零部件仓库、实行共同集中配送，建立技术中心、共同培训操作人员和维修人员，采用统一传票、统一商品规格等。

（3）企业物流。在企业经济活动范围内，由生产或服务活动所形成的物流称为企业物流。

> **知识扩展** 京东物流

京东物流隶属于京东集团,以打造客户体验最优的物流履约平台为使命,通过开放、智能的战略举措促进消费方式的转变和社会供应链效率的提升,将物流、商流、资金流和信息流有机结合,实现与客户的互信共赢。京东物流通过布局全国的自建仓配物流网络,为商家提供一体化的物流解决方案,实现库存共享及订单集成处理,可提供仓配一体、快递、冷链、大件、物流云等多种服务。

### 4. 按照物流主体方的目的分类

按照物流主体方的目的分类,物流的类型如图5-4所示。

图5-4 按照物流主体方的目的分类的物流类型

(1)第一方物流。第一方物流是指需求方需要采购某种商品而进行的物流,如赴产地采购,自行运回商品等。

(2)第二方物流。第二方物流实际上是需求方物流,或者说是购进物流,是用户企业从供应商市场购进各种物资而形成的物流。

(3)第三方物流。第三方物流是指由物流劳务的供方、需方之外的第三方完成物流服务的物流运作方式。第三方物流专业企业在整合各种资源后,为客户提供包括设计规划、解决方案及具体物流业务运作等全部物流服务的物流活动。

(4)第四方物流。第四方物流是指集成商利用分包商来控制与管理客户公司的点到点式供应链运作的物流。第四方物流不仅控制和管理特定的物流服务,而且对整个物流过程提出策划方案,并通过电子商务将这个过程集成起来。因此,第四方物流成功的关键在于为客户提供最佳的增值服务,即迅速、高效、低成本和人性化服务等。

### 5. 按照流动方向分类

按照流动方向分类,物流的类型如图5-5所示。

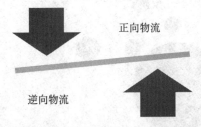

图5-5 按照流动方向分类的物流类型

(1)正向物流。正向物流是指原材料在生产企业库存中,由生产企业组织生产变成产品，再由经销商把产品销售给消费者所提供的物流服务。

（2）逆向物流。逆向物流是指对原材料、生产过程中的库存和成品，以及相关信息从消费者终点返回初始起点的高效率、低成本流程的计划、实施和控制管理过程，其目的是重新找到开发产品的价值或找到适当的处置方法。

### 三、生鲜电商物流

1. 生鲜电商物流的定义

生鲜农产品是农产品中的一个重要分支，一般指水果、蔬菜、肉蛋禽等产品，因为都未经加工或只经过简单的初加工，在储存条件上有很多局限性，如需要冷冻存储等；一些通过简单加工后的生鲜农产品，如水果、蔬菜类，可以直接使用或出售，但这一切操作活动都是基于良好的存储环境进行的。

生鲜电商物流就是利用电子商务技术，为实现生鲜产品保值增值及满足消费需求而进行的对生鲜产品产后加工、包装、储存、运输、配送等物流作业过程。

2. 生鲜电商物流的特点

生鲜电商物流的特点如图 5-6 所示。

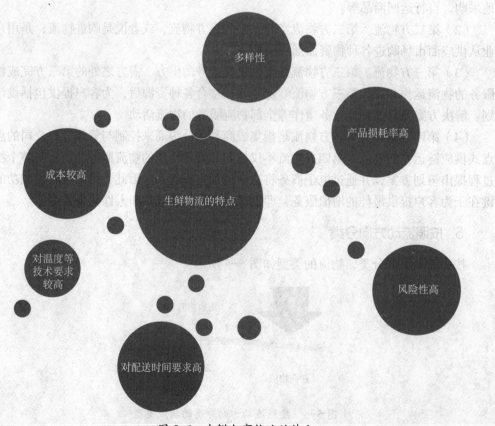

图 5-6 生鲜电商物流的特点

（1）对温度等技术要求较高。生鲜农产品具有季节性、易损性、地域性和鲜活性的特征。为保证生鲜农产品的质量，物流配送的温度必须控制在一定的范围内。为保证生鲜农产品品质和新鲜度，在生鲜农产品流通的开端到末端的过程中，可能要使其一直处在低温状态下，这就需要物流企业具有一定的冷链设施、冷链技术等。

（2）成本较高。生鲜农产品因其自身的特性，要维持其品质不受损，就要其在从田地采摘下到送到消费者手中的整个过程都要全程保鲜，最好的解决办法就是全程采用冷链物流和配送。但全程冷链物流和配送的成本非常高，无论是冷链运输车辆的采购成本和运输成本，还是冷冻库等冷藏点的建设、运营成本，或是冷链物流的人力管理成本都非常高。同时，如果消费者把收到的生鲜农产品进行退货处理，由于时间原因，农产品的新鲜度大幅下降，无法进行二次销售，而且会产生高额的逆流成本。

我国生鲜电商除顺丰优选外，其他大部分电商都没有自建冷链物流，就是因为自建冷链物流的投资巨大，成本太高。在电商销售时，消费者的分散性更加剧了成本的增加。

（3）产品损耗率高。因冷链物流的建设成本和运营成本都太高，电商企业大部分都通过委托第三方物流企业进行物流配送。从目前整个物流企业的冷链物流流通率来看，其发展较慢，流通率严重不足。

研究表明，我国目前的综合冷链流通率仅为19%，其中果蔬的冷链流通率为5%，肉类的冷链流通率为15%，水产品的冷链流通率为23%。大部分第三方物流企业为降低成本，在配送时采取全程冷链的非常少，甚至不少还存在常温配送，这样就导致了大部分生鲜农产品是通过非冷链物流或半冷链物流来进行配送的，产品损耗率非常高。

（4）风险性高。生鲜农产品在物流配送过程中易受到磕碰从而对产品质量产生安全影响，降低生鲜农产品的价值。

从消费者角度来讲，相对于其他商品消费者更加重视生鲜农产品的安全性；对于物流配送而言，配送过程对生鲜农产品产生的安全质量影响也要比其他商品大。在电子商务背景下，为保证生鲜农产品的安全性，必须严格把控生鲜农产品的来源，优化物流配送网络，最大限度地减小物流配送过程中造成的生鲜农产品的损伤。

（5）对配送时间要求高。一方面，因为生鲜农产品有易腐的特征，为保证生鲜农产品的新鲜度，要求物流配送必须快速及时地送到消费者手中，配送时间越短，生鲜农产品的新鲜度就越高。

另一方面，当获取生鲜农产品的渠道变得成本低且易获取时，如果消费者能够及时得到想要的生鲜农产品，他们愿意反复尝试这种购买途径；而如果本来想通过电商途径获取某种想吃的水果，但由于物流配送时间过长，消费者可能转而去超市、水果店或者集市购买，这就对生鲜农产品物流配送的及时性提出了要求。

（6）多样性。生鲜农产品的自身性质也影响电商企业对其运输方式的选择。针对不同种类的生鲜农产品，企业需要灵活运用物流运输模式来提高服务效率，满足消费者多元化的需求。

## 四、农产品电商物流

### 1. 农产品电商物流的相关概念

农产品物流是指为满足消费者需求而进行的农产品从供给方到需求方之间的物理性流动,包括农产品的运输、存储、装卸、搬运、包装、流通加工、配送、信息处理等物流阶段。其中,供给方包括农产品的生产者企业或个人、农业行业协会及农业合作组织等,需求方指购买农产品的组织及个人。

农产品电子商务是指在农产品流通过程中全面导入电子商务系统,运用现代电子信息技术将农民、农产品相关企业、消费者及物流配送中心等有效连接,实现农产品信息资源共享,提高产前、产中的市场预测能力、缓解农产品供求矛盾,产后提供从农产品在线订购与支付至线下运输配送的全程物流追踪服务等。农产品电子商务增强了各生产经营主体对市场信息的捕捉能力,有效拓宽农产品流通渠道,对农民增收及社会经济稳定都起到了积极的作用。

农产品电子商务物流是指在电子商务环境下的农产品物流,即基于电子化、网络化后的信息流、商流、资金流下的物资或服务的配送活动,包括软件商品(或服务)的网络传送和实体商品(或服务)的物理传送。

### 2. 农产品电商物流的特点

农产品电商物流的特点

由于电子商务的特殊性及生鲜农产品易腐烂的自然属性,决定了电子商务环境下的农产品电商物流有不同于一般物流的特点,主要体现在以下7个方面,如图5-7所示。

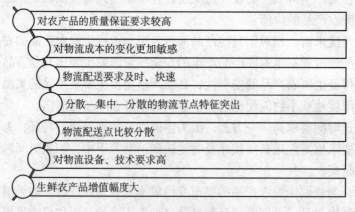

图 5-7 农产品电商物流的特点

(1)对农产品的质量保证要求较高。在网上买农产品,改变了人们过往去菜市场亲自挑选购买的消费习惯,这就需要消费者信任网上销售的产品。所以,农产品电商最重要的就是保证产品的质量。尤其是生鲜农产品,因其自身特点,在采摘、储藏运输、包装、配送等过程的非标化造成生鲜产品的巨大损耗,而生鲜产品对储藏和运输要求极高,而消费者单笔订单小,区域分布发散,这对生鲜农产品的储藏和品质的保障都提出较高的要求。从农产品种植到最终送到消费者手中,在整个供应链环节中,除采用全面的农产品质量管理体系，保证农产品质量的可监控状态并予以记录外，还需要另外采用一定的技术，保证农产品的可回溯性，从而做到让消费者放心地购买网上的生鲜农产品。

（2）对物流成本的变化更加敏感。商家通常会在网站日常的运行和维护上花销不菲，为保持盈利，就会在其他成本尤其是物流成本上严格控制。如何既保证物流服务的质量，又使物流成本最低就成为商家需要考虑的很重要的问题。虽然农村电商可以缩短农副产品流通的链条，减少中间环节，但物流过程仍存在很多复杂的问题，仍然需要商家不断进行创新，优化物流流程，降低物流成本，提高运营效益。

（3）物流配送要求及时、快速。由于农产品电子商务的消费者平时上班或忙于农务，收货时间有很大的限制性，这对生鲜农产品的物流配送提出了很高的要求，也是令商家头疼的地方。因此，对于生鲜农产品的物流配送要考虑时间差的问题，做到及时配送。由于生鲜农产品易腐烂的特性，还要做到快速配送，在保鲜期内送到消费者手中，提高消费者的满意度。

同时，农产品生产的季节性特点使农产品在收获季节的物流运送需求量巨大，而在其他非收获季节的运送量相对较小。而农业生产地相对较为分散，农产品消费地遍布全国，一般需要经过多次的运输、存储、装卸及配送后，农产品才能到达消费者手中，这也对农产品物流的合理规划提出了较高的要求。

现在的农产品电商物流在同城配送中已经能做到当天收到订单，次日把货送到消费者手中。

（4）分散—集中—分散的物流节点特征突出。由于参加农业生产的主体众多，离散性强，缺少联合，组织化程度低，导致生产存在盲目性，而农产品的消费者却遍布全国城乡，容易造成农产品买难和卖难的交替出现。这种农产品的"小生产"和"大市场"的矛盾决定了农产品流通过程呈现出由分散到集中再由集中到分散的基本特点。

（5）物流配送点比较分散。由于电子商务的客户多为个体家庭，在城市中比较分散，造成配送点多、面广，大幅增加了配送难度。这不像传统的农产品配送模式，由一家大型的食品商贸公司负责向大型的超市和农贸市场进行配送，这些物流节点比较集中，配送自然可以集中完成。农产品电商则需要在配送中对配送路线进行科学规划，以满足客户需求。

（6）对物流设备、技术要求高。农产品物流对设施的要求特别高，其中包括用于保鲜、冷藏和防疫等的物流设备。"新鲜"是生鲜农产品的生命和价值所在，大量生鲜农产品（如水果、蔬菜和动物性产品）含水量高、保鲜期短、极易腐烂变质，这大幅提高了对仓储包装、运输等环节的技术要求，增加了物流难度。

（7）生鲜农产品增值幅度大。将生鲜农产品从生产基地运到配送中心后，企业一般都要对生鲜农产品进行加工处理，包括清洗、切割、包装及保鲜处理等，这就会增加生鲜农产品的附加值。

## 五、农村电商物流认知

### 1. 农村电商物流的相关概念

农村物流是指为农村居民的生产、生活及其他经济活动而发生的一系列为物质资料提供运输、搬运、装卸、包装、加工、仓储和信息管理及其相关的一切活动的总称。

农村电商物流是在农村区域范围内发生的，买卖双方通过网络电商平台推广和下单，经由信息流、快递、物流、公交车捎货等运送方式实物运输配送活动，最终到达客户手中，完成交易的过程。

需要注意的是：首先，农村电商物流是在农村地区开展的电子商务相关应用服务；其次，物品包括农产品、农副产品、农资农具及日用消费品在内的各类商品；最后，农村电商物流是以农村为发货地或接收地的实体流动过程。

2. 农村电商物流的特点

随着农村电商销售数据的不断增长，农村电商的物流需求也不断扩大。

（1）农村电商规模不断扩大，物流需求呈现多样性。农村居民通过电商平台完成商品的销售或购买，从而直接产生物流需求。这些特征势必会造成物流需求量的增长及物流需求的多样性，需要农村电商物流企业提供更加灵活与专业的服务。

（2）农村电商网站平台日益多样化，电商企业的物流布局发展迅速。看到农村电商发展这一广阔市场，各电商巨头争相布局农村市场，发展农村电商物流。目前，阿里巴巴布局农村市场，已形成"淘+天猫小店+汇通达"的组合产品；京东则形成了"京东帮+家电专卖店+京东便利店"的农村服务形态；苏宁也形成了"苏宁易购服务站+零售云门店"的组合产品。

（3）农村物流基础设施与物流技术相对落后。我国农村地区物流基础设施建设与快速的农村经济发展速度相脱节，道路桥梁建设、现代化运输工具、仓储等建设仍停留在较落后的水平。

与我国城市地区电商物流发展相比，我国农村电商物流发展在物流基础设施及物流技术方面均存在很大的差距。

首先，在物流基础设施方面，城市电商物流网络顺畅，仓储基础设施完善，运输工具先进、安全、便利、快捷；而农村地区电商物流网络未实现全面普及，缺乏完善的仓储基础设施和便利的交通保障，运输工具单一。农产品在网上销售对加工、保鲜、储存及运输都有比较严格的要求，这也增加了物流基础配送设施建设的难度。

其次，在物流技术方面，农村电商物流技术跟不上城市电商物流技术，尚未建成现代化的信息管理系统和冷链物流系统，因此，在运输过程中不能保证水果等生鲜农产品的质量，严重影响了农村电商物流的服务效率。

最后，在物流下乡的成本方面，我国农村地区的面积十分庞大，农村居住十分分散，这给物流配送形成了一定的难题，增加了物流下乡的成本。当前农村电商物流及仓储配送中心的建设落后、配送网点延伸不足等不利因素制约农产品运输的成本和时效，成为农村电商发展的一大阻碍。

（4）物流信息化水平不达标，难以对目标货物实现全程跟踪。农村电商物流的可持续发展离不开现代信息技术的支撑。因此，构建一套功能健全的、能够对货物配送的整个过程的物流信息进行实时管理的现代化物流管理信息系统势在必行。

但我国大部分农村地区网络信号差，不具备构建信息系统的基础，阻碍了物流信息化水平的进一步提升,进而导致货物在移交第三方物流配送后,商家和客户都无法实时掌握目标货物的物流信息,更谈不上对目标货物的实时监控,导致货物不能及时、完整地送到。这种情况下,商家没有办法确认商品是否被客户准确签收,客户也不能准确地查询货物的配送信息,严重影响了客户的购物满意度。

### 3. 农村电商物流的发展趋势

(1)整合配送资源。为完成跨时间、跨地域的物流配送,应建立县级公共物流配送中心,对各乡镇和村级物流配送进行整合,建立农村电商物流生态体系,让所有的参与企业根据自身优势进行定位和分工。例如,由一家电商物流企业承担县域所有的物流配送,并向其他所有电商企业开放。这样的资源配置模式就会导致范围经济的出现,从而实现规模经济,最终使进入该地区的电商企业实现盈利。

(2)采取差异化的物流模式。鉴于城乡电商企业面临的环境不同,首先,要针对不同县域的电商物流环境找到适合的电商物流模式。其次,改善电商物流环境。例如,选择具有一定相关知识的电商物流人员作为代理人,或者根据相关人员所从事的岗位进行培训,提升他们对电子商务和物流的认知水平,并根据当地的实际情况创新性地采取不同于其他县域的物流模式。最后,从各县域的实际出发,在充分调查研究的基础上,在城乡之间、不同县域之间采取差异化的物流模式,使农村居民真正享受到"互联网+"的红利。

(3)塑造双向物流信息化。整合农村电商物流资源,通过跨部门协作实现物流部门业务的有效对接,有序打通交通、邮政、物流、质检等行业生产及物流包装标准,以"互联网+农业"为技术支撑,推动农村电商物流管理统一化。

同时,建立县乡村三级电商物流信息服务平台,以信息流带动资金流、货物流、技术流、人才流等要素流动,破解农村物流信息的不对称问题,发挥"互联网+物流"的信息收集优势,建立农村电商物流数据服务信息库,及时将农产品供应、需求及物流交易信息推向市场,及时跟踪物流信息,提升物流服务管理水平及物流运输效率,以最快的速度将货物配送到消费者手中,最终实现"工业品下行、农产品上行"的双向信息化物流。

(4)构建第四方物流。由第四方公司专门做"最后一千米"物流配送,实行专业化分工,控制并管理特定的农村物流服务,对一个县域的整个物流过程提出策划方案,实现规模经济,降低物流成本,为农户或电商企业提供最佳增值服务。

### 课堂实训

| 活动题目 | 农村电商物流的分类及其特点 |
| --- | --- |
| 活动步骤 | 对学生进行教学分组,每3~5人为一个小组,以小组为单位进行讨论 |
| | 讨论并收集农村电商物流的类型,并将结果填入表5-1中 |
| | 讨论并总结不同类型农村电商物流的特点,并将结果填入表5-2中 |
| | 每个小组将小组讨论结果形成PPT,派出一名代表进行演示 |
| | 教师给予评价 |

表 5-1 收集结果

| 序号 | 农村电商物流的类型 |
|---|---|
| 1 | |
| 2 | |
| 3 | |

表 5-2 农村电商物流的特点

| 农村电商物流 | 特　点 |
|---|---|
| 1 | |
| 2 | |
| 3 | |

# 第二节　农村电商物流配送

中国快递物流行业的业务量及收入都在稳定增长，行业发展良好，态势持续延伸，但行业格局演变加速，领先企业优势继续扩大，二三线企业加快出清，新主体新模式不断涌现，快递行业竞争越发激烈。农村电商物流模式的不断更新迭代，促进了农村电子商务的快速发展，为农村电子商务的发展提供了源源不断的助力。

## 一、农村电商物流配送模式

### 1. 自建的农村物流模式

自建的农村物流模式是农村电商企业为在农村抢占更多商机或利用自有物流配送，坚持用自有的物流配送工具或在县级、村级建立自己的储存仓库，实现物流配送。如京东县级服务中心（设有配送站长、物流配送员和乡村主管），苏宁易购（自建渠道，把大量的优质商品带出农村，启动农产品直采、众筹项目等"城到村"或"村到城"）自建物流模式。

### 2. 依托第三方物流模式

农村电商企业仅承担到县城的物流配送，县城到农户的物流配送由第三方来完成。

### 3. 物流一体化模式

电商企业构建县乡村以商品整合、物流配送为一体的媒渠商一体化平台，平台建立后，除帮助农民代买商品、代卖农产品等能降低农民的经营成本外，还提供便民充值服务、设计金融产品、免费提供工作信息扶贫救助等一系列的便民服务。

4. 供应链物流模式

近年来，供应链物流管理的思想日益受到人们的关注。它主张以某个核心企业为中心，将供应商、生产商、分销商、零售商和客户等供应链的各个环节整合在统一的平台上，建立高效的物流和信息系统，使产品在有效的供应链内迅速移动，实现整体协调运作。农村电商供应链物流模式主要有以下几种。

（1）以批发连锁为核心的电子供应链物流模式。这种模式一般是以商业流通企业为主的一体化物流系统。物流中心可由原来的批发市场发展而来，通过对批发市场的改造，采用先进的电子信息技术辅助，使物流中心成为联结生产、加工、零售的核心环节。另一种是连锁企业（如大型超市）的配送中心向上游延伸，形成生鲜农产品加工配送中心。

（2）以生产加工企业为核心的供应链物流模式。在农产品供应链系统中，生产者是最薄弱的一环，由于农户经营分散，组织化程度低，在供应链中处于弱势地位，因此可以建立以加工企业为中心的一体化供应链系统。

在该模式下，一方面，加工企业具有较强的市场力量，以加工企业为中心能够保证生产活动的稳定性，在资金技术和生产资料等方面由公司为农户提供支持；另一方面，企业在加工原料的供应上获得了保证，通过对农户的组织，利用规模经济提高生产效率，降低生产成本。

（3）供应链整合的管理平台模式。供应链整合的过程是通过加工企业内部整合和信息化水平的提高，带动上下游环节进行相应的协调与整合，最终形成统一的供应链管理平台。

供应链管理平台包括电子信息系统、网络等硬件，也包括企业间的利益联结机制与统一的战略目标管理机制及供应链绩效评估机制。

在该模式下，加工企业的素质是供应链管理的主要任务，是供应链成功的关键。但供应链整合交给了加工企业，有可能使加工企业的管理成本提高，风险增加，如果不能有效地进行科学管理，很容易造成"规模不经济"。由此可见，信息技术和管理思想的引入是供应链整合的关键因素之一，加工企业必须根据供应链管理理论进行业务流程重组，通过信息化建设逐步提高管理效率、降低管理成本。

（4）物流企业＋乡镇集散点＋村集散点（小卖店）＋农民合作运营模式。农业合作社主要指农户与政府企业之间建立合作关系，以此降低生产物流成本，使资源得到有效配置，提高生产效率和收益，其主要类型包括销售型、供应型、加工型、服务型、共同经营型。

该模式通过加强与普及率高且体系完整的邮政及电商企业之间的合作，在互联网、大数据、物联网等信息技术作为支持的背景下，创设数据分析库，随时进行信息交流、数据传递、数据存储等。通过在一些乡镇商店和村内小卖店设立物流运输节点，作为农产品及日用品的集散中心，该模式能促进农村农产品销售以及农村生活用品需求的双向合理流通，在提高农村物流服务水平。

（5）各物流公司合作形成共同配送模式。在农村物流配送成本过高的情况下，各物流公司之间可以通过合作对资源进行整合，形成共同配送模式。在乡镇建立统一的配送点，对农村的物流订单进行处理配送，如通过与中国邮政合作，各物流公司在乡镇集散中心揽货配送，中国邮政则通统一在乡集散点揽货或统一配送，突破"最后一千米"的难题，并通过创建数据库进行各公司的信息交流数据传递。

## 二、农产品电商物流配送模式

### 1. 批发市场物流模式

批发市场物流模式是较常见的农产品电商物流模式。它依托一定规模的批发市场，由生产者或中间收购商将分散的产品集中到批发市场被批发商收购，然后通过零售商销售，最终到达消费者手中。

### 2. 流通企业物流模式

流通企业物流模式一般是连锁超市与物流企业结盟运转的农产品电商物流模式，通过大型卖场、连锁超市、物流企业等来组织物流的运作，从而把农产品通过配送中心送到消费者手中。流通企业物流模式的配送中心有两条配送途径：一条途径是"配送中心—批发商零售商—消费者"；另一条途径是通过连锁店或者直接送达消费者手中。

随着农产品电商的快速发展，流通企业物流模式演化出垂直类 B2C 模式，如天天果园；门店辐射+线上服务，如盒马生鲜；O2O 社区服务平台，如叮咚到家；社交属性的团购模式，如拼多多。

> **知识扩展** ➡ **盒马鲜生**
>
> 盒马鲜生是阿里巴巴对线下超市完全重构的新零售业态。盒马鲜生是超市，是餐饮店，也是菜市场，但这样的描述似乎又都不准确。消费者可到店购买，也可以在盒马APP下单。而盒马鲜生最大的特点之一就是快速配送：门店附近3km范围内，30分钟送货上门。

### 3. 加工企业物流模式

加工企业物流模式以农产品加工企业为核心，它直接或者通过合作社、生产基地和农户签订合作协议，自己来组织物流的运作，从而把农产品通过批发商、零售商或者直销网点送到消费者手上。

### 4. 农产品物流园区模式

农产品物流园区模式通过依托物流园区的物流基础设施，把农产品从供应方送达需求方。该模式通过发布、查询农产品物流运输信息，可以提升农产品物流的效率。

目前，我国有很多农产品物流园区，物流园区具有运输集散、仓储、配送、流通加工、报关、检验检疫等多种功能。该模式可以为入驻园区的企业提供农产品展示和展销服务。

### 5. 农产品企业自营物流模式

农产品企业自营物流模式是指涉农企业通过投资建设或租借农产品的仓储设备、运输工具等物流基础设施的方式,亲自从事本企业的农产品物流活动。

(1)农产品企业自营物流的特点。自营物流是物流业的基础,与传统的自营物流不同,电子商务下的农产品企业凭借电子商务的先进经验和优势,广泛采用网络平台、电子数据交换、准时化生产、快速反应等信息化和智能化的物流管理系统自营物流。

(2)农产品企业自营物流的优势。农产品企业自营物流的优势在于企业对物流运作过程可以进行有效的控制,对市场变化能够做出灵活、快速的反应。

(3)农产品企业自营物流的劣势。农产品企业自营物流的劣势则是农产品自营物流对物流系统的一次性投资较大,占用资金较多,同时,对企业的物流管理能力要求较高。目前,采取这种模式的电子商务企业主要由实力雄厚的传统农产品公司发展而来。

由于这些企业在长期的传统商务中已经建立起初具规模的物流配送网络,开展电子商务只需在原有基础上进行信息平台和物流系统的增建及整合,即可基本满足电子商务下的农产品物流要求。

6. 农产品企业物流联盟模式

农产品企业物流联盟模式是指两个或多个涉农企业之间,为实现自己的物流战略目标,通过各种协议、契约而结成的优势互补、风险共担、利益共享的松散型网络组织。

由于单个企业自营物流对企业的资金和物流管理水平要求很高,实力较弱的企业一般无法承受,对它们来说,整合物流资源、建立物流联盟不失为更好的物流运作方式。

企业物流联盟的特点如下:一是相互依赖。企业物流联盟的效益是建立在成员企业物流资源互补的基础上的,成员企业之间具有很强的依赖性,缺少任何一方的参与都难以获得预期的利益。二是分工明确。为获得良好的效果,物流联盟成员企业应明确自身在整个物流联盟中的优势所在以及所担当的角色。这种明确的分工使物流供应方能集中精力提供用户需要的物流服务,减少联盟内部的对抗和冲突。三是强调合作。物流联盟强调成员企业之间的密切合作。高度成功的物流联盟战略是建立一个信息化的合作平台。"不管要什么,随处可得"正是物流联盟的合作宗旨。对于开展电子商务的企业而言,物流联盟能够较好地满足它们跨地区配送及对时效性要求高的特点,帮助它们减少物资投资、降低物流成本、提高客户服务水平,取得竞争优势。

7. 冷链物流

1)冷链物流的概念

冷链物流是指为保持药品、食品等产品的品质,从生产到消费的过程中,始终使其处于恒定低温状态的一系列整体冷藏解决方案、专门的物流网络和供应链体系。

2)农产品冷链物流的特性

(1)配送对象的易腐性。冷链物流通常配送的货物是具有生鲜和易腐特征的食品,它们在运输过程中可能会由于处理不当而导致产品质量下降或腐败变质。对于这类生鲜食品,在运输过程中能够保持的温度环境越低,原品质就能维持得越长久。在生鲜类食品的产品质量随时间变动而变化的过程中,"温度"是最主要的影响因素。储藏环境下的温度越低,则越延长生鲜食品的品质不变的时间。

（2）物流过程的时效性。生鲜、易腐产品的保质期往往较短，这类产品在运输过程中的时间长短会影响产品品质的稳定性。但由于因运输时间过长而造成的产品品质下降，消费者在购买时往往无法从表面识别。另外，保存期较短的生鲜、易腐产品如果在运输过程中因时间过长而造成了品质下降，虽不至于腐败变质、无法食用，但可能会在一定程度上影响产品外观，降低其被销售出去的概率，使销售量减少，这属于销售商的损失，但究其原因是由于物流过程中的时间延误造成的，理应由负责运输配送的运营商来承担。在现实状况中，为防止这类损失的发生，生鲜食品销售商往往会在食品被运达销售端时设定一个"时间窗"（time windows）的限制。

（3）配送装备的特殊性。生鲜类产品在配送过程中需要将其维持在某一特定的低温环境下，以免发生运输过程中的品质下降、腐败变质等情况。这就要求承运方采用特定的低温运输或是食品保鲜等冷链物流设备，如大型冷藏库等。

（4）各环节的高度组织协调性。冷链物流系统是一个完整、统一的有机体。如果在系统运作过程中，由于某些原因造成各物流环节之间的信息不能正常流通，运输、储存、装卸等环节因无法正常沟通而失去协调性，就可能会导致冷链产品在运送过程中发生延迟，无形中加大了流通风险和成本。所以，相对于普通物流而言，冷链物流在组织管理的统一性和协调性方面的要求更高，这也是冷链物流系统高效运作的关键，即完善物流信息系统功能，有效预测市场需求，以准确、快速、及时的信息为导向，确保冷链食品及时、有序地流通。

3）农产品冷链物流的构成

在农产品冷链物流体系中所包含的主要环节如下。

（1）冷冻加工。冷冻加工主要是指肉、禽、鱼、蛋类产品经冷却与冷冻后，在特定低温环境下进行加工的过程，由于某些农产品的特殊属性，导致其对保存温度的要求特别严格，全程的加工过程都必须在非常低的温度下进行。冷冻加工也涉及蔬果类产品的预冷，以及速冻类食品和奶制品在低温状态下的加工过程。冷冻加工环节所需的设备主要包括各种冷却、冻结及速冻装置。

（2）冷冻储藏。冷冻储藏主要是指食品的冷却储藏和冻结储藏过程。由于某些农产品的特殊属性，导致其对保存温度的要求特别严格，全程的储藏过程都必须在非常低的温度下进行。此环节的关键在于确保冷链食品的储存与加工过程中所必需的低温环境控制。

（3）冷藏运输。冷藏运输主要是指在运输全过程中，无论是装卸搬运、变更运输方式、更换包装设备等环节，都使所运输货物始终保持一定温度的运输。由于某些农产品的特殊属性，导致其对保存温度的要求特别严格，全程的运输过程都必须在非常低的温度下进行。在运用各类低温运输工具进行运送的过程中，低温控制是确保食品品质的关键所在，因此要求冷藏运输（尤其是长途运输）的运输工具要具备优良和稳定的性能。

（4）冷冻销售。冷冻销售主要是指冷链食品经生产者、批发商和零售商最终到达批发零售环节进行冷冻、冷藏和销售的过程。作为零售终端的一种需要，连锁超市中普遍配备用于冷藏和冷冻的陈列柜或储藏库，成为农产品冷链物流系统中一个必不可少的组成部分。

## 三、生鲜电商物流配送模式

根据生鲜产品的特性，生鲜电商物流配送模式可以大致归类为自营物流配送、一站式物流、第三方物流、社区物流、众包物流和O2O模式下的物流宅配六种类型。

1. 自营物流配送

自营物流配送是企业根据自身生鲜配送需求，组建产品生产、仓储、运输、配送一体化管理团队进行的配送。该模式适用于配送产品种类多、数量大的企业，便于自身生产经营与配送时间的控制。消费者从网上下单，企业通过系统传送信息至自由配送中心，仓库根据接收到的信息进行分拣配送，企业实时监管整个运输过程。

自营物流配送模式可监控整个生鲜产品配送的过程，及时响应消费者的投诉与建议，在客户维护与业务扩展上优于其他配送模式。其劣势在于前期需要投入大量资金建设物流体系，配送范围小，具有很大的局限性。

2. 一站式物流

一站式物流是消费者网上下单直接到企业，企业整合信息通过自营物流配送到消费者所在区域代收点，然后代收点将货直接送到消费者手中。该模式节约时间、人力、物力，提高了配送效率。

一站式物流配送降低了自营物流体系中的仓储、分拣、配送中心成本，但代收点分布不均，盲区较多，导致部分资源的浪费和派送时效的不稳定。

3. 第三方物流

第三方物流（third-party-logistics，3PL）是通过承包合同制代替企业自营物流配送的模式。由于业务量的增加，服务范围扩展使自营物流配送无法满足现有的经营条件，需要第三方物流来协助完成整个过程。第三方物流配送的介入在一定程度上减少了企业的压力。

第三方物流配送可减少电商企业的前期投资，且具有针对生鲜农产品的冷链运输，较自营配送模式更加专业化，派送范围更广。但由于整个配送业务被承包，企业无法对产品实时监控，且运输过程中无法保证生鲜产品不发生破损、变质、污染等现象，这会影响消费者的体验感，导致消费者对电商企业的评价降低。

4. 社区物流

社区物流是指消费者网上下单，企业以社区为单位集中进行物流配送的一种新物流模式，它将分散的物流网络集中化，节省人力和时间。

5. 众包物流

众包物流与第三方物流的形式相似，但是其利用的是社会闲散资源，因此配送的质量难以保证，配送人员的素质及安全性难以把控，往往导致消费者满意度不高。

### 6. O2O 模式下的物流宅配

线上线下结合（online to offline，O2O）使企业结合电子商务合作完成线上与线下贸易交易的往来。近年来，大型电商企业和线下商超巨头已开始在北上广等一线城市试水生鲜 O2O，如阿里巴巴的盒马鲜生、京东的 7FRESH7、永辉超市的超级物种等，通过"餐饮+超市"、线上线下融合的服务模式都取得了可喜的成绩。

O2O 模式下的物流宅配是消费者下单后，企业利用网络平台与线下自提柜、便利店、代收点等合作，通过自建物流配送或者第三方物流中心将产品配送到指定代收点或者便利店，让消费者通过手机验证码或二维码等有效信息提取物品，让消费者独立完成配送中的最后一环节。

#### 课堂实训

| 活动题目 | 比较农村电商物流常见的配送模式 |
| --- | --- |
| 活动步骤 | 对学生进行教学分组，每3～5人为一个小组，以小组为单位进行讨论 |
| | 讨论并收集农村电商各类型物流的配送模式，并将结果填入表5-3中 |
| | 每个小组将小组讨论结果形成PPT，派出一名代表进行演示 |
| | 教师给予评价 |

表 5-3 收集结果

| 序号 | 农村电商物流配送模式 |
| --- | --- |
| 1 | |
| 2 | |
| 3 | |

#### 自学自测

**1. 名词解释**

（1）物流

（2）生鲜物流

（3）农产品物流

（4）农村电商物流

**2. 简答题**

（1）生鲜电商物流的特点有哪些？

（2）农村电商物流的特点有哪些？

（3）农村电商物流的配送模式有哪些？

（4）农产品电商物流的配送模式有哪些？

# 第六章
# 农村电商运营

 教学目标

- ☑ 了解农村电商淘宝平台商品优化的内容。
- ☑ 掌握农村电商京东平台营销推广的内容。

 学习重点和难点

学习重点：
- ☑ 能够掌握农村电商淘宝平台的营销推广。
- ☑ 能够掌握农村电商 1688 平台的营销推广。

**学习难点：**

☑ 能够学会农村电商拼多多平台的运营。

☑ 能够学会农村电商微信的运营。

☑ 能够学会农村电商短视频的运营。

 **思政小课堂**

　　通过本章的学习，了解农村电商运营的相关知识，引导学生分析农村电商平台，了解农村的电商平台的前沿知识，同时培养学生的社会责任感与爱国情怀，使学生树立正确的价值观与人生观。

 **思维导图**

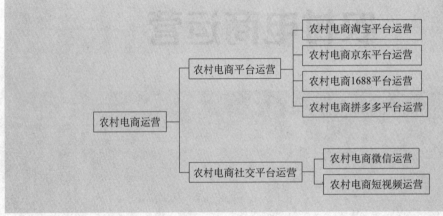

　　随着互联网在农村的普及与应用，农村电商得到了长足发展，很多人利用电商平台销售身边的产品，包括但不限于农副产品、县域特色产品，为农村经济的发展、农民致富加码助力。在农村电商实际操作过程中，农村电商店铺的运营是重中之重，店铺运营是店铺发展长盛不衰的制胜法宝。

# 第一节　农村电商平台运营

　　互联网在下沉市场的加速渗透带动了农村电商的快速发展。随着农产品触网的程度逐渐加深，农产品网络零售额快速增长。为帮助农户致富，以拼多多、淘宝、京东为代表的各大电商平台加大资金、资源倾斜力度，畅通农货上行通道，得到了市场的广泛认可。

## 一、农村电商淘宝平台运营

### 1. 商品优化

淘宝平台商品的优化主要从淘宝商品主图、商品标题、商品详情页三个方面来进行。

1）商品主图优化

商品主图是影响点击率的第一要素。而流量＝展现量×点击率。因此，在同等展现的情况下，如果点击率提高一倍，商品的流量也就相应地提高一倍。好的主图一般遵循以下几个原则。

（1）合适尺寸，展示全貌。淘宝主图一般要求为正方形，也就是高宽一致，这样在展示时就不会变形。主图要求选 700 像素 ×700 像素以上的图片，大小不超过 3MB。大多数行业都要求第五张主图为白底图，白底图要清晰展示商品的全貌。如果是手机端主图，第六张商品长图的横竖比必须是 2∶3。

（2）精简文字，提炼卖点。淘宝的主图很多都有展示的文案，帮助消费者作出选择。对于展示文案的具体内容，店主必须要分析商品及受众，提炼出最精髓的信息予以展示。例如，功能类商品以展示功效为主，对于普通消费人群以展示优惠折扣为主。在实际应用中，提炼的卖点文案一般应少于 10 个字，放大自身的优点，做到差异化。图 6-1 所示为农产品网店的主图文案。农村电商一般展示卖点的方法：把商品放在场景中，把商品的特性用实物图展示出来，把商品的配套件或赠品展示出来，把商品的累计销售量展示出来。

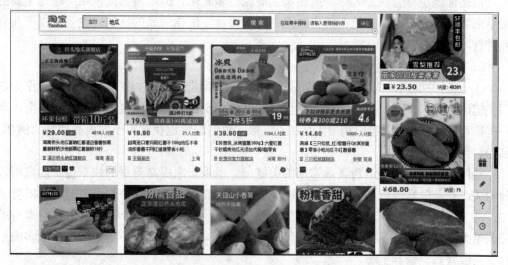

图 6-1　农产品网店的主图文案

（3）巧用背景，合理布局。在拍摄时，应选择与商品本身色彩差异较大的背景颜色，同时要注意背景切勿太杂太乱，否则会影响商品在图片中的主导地位，也可以把图片背景适当进行模糊处理，以突出商品形象，如图 6-2 所示。

（4）主辅结合，遵从要求。规划主图的五张图片：第一张为正面图；第二张为背面图；第三张为侧面图或者细节图；第四张为细节图；第五张为包装图。商品主图尽量色系统一。

对于食品行业来说，其商品主图中一般要有一张辅助图片展示商品包装及参数。

图 6-2　商品拍摄时的构图布局

淘宝主图视频已基本面向所有商家开放，它能有效地在短时间内提升消费者对商品的认知，促进消费者做出决定，提升商品的成交转化率，应该引起卖家的足够重视。在制作主图视频时，应注意的事项：一是视频尺寸可使用 1∶1 或 16∶9；二是视频时长在 60 秒以内，30 秒以内的短视频可优先在爱逛街等推荐频道展现；三是视频的内容要突出商品的 1～2 个核心卖点，不建议用电子相册式的图片翻页视频。此外，视频中不允许出现站外二维码、站外 Logo、站外交易引导内容等。

2）商品标题优化

商品标题也称为商品名称，虽然淘宝的流量多元化，但是搜索流量始终还是主要的流量来源，这说明商品标题在销售过程中的重要性。优化商品的标题，主要从以下几方面进行。

（1）关键词的选择角度。

① 热门关键词。淘宝网会定期筛选出一些近期消费者关注和常用的关键词作为热门关键词推荐，在商品属性类目中用醒目的红色标识出来；在淘宝搜索下拉框中会出现一些推荐搜索热词，以吸引消费者的关注，帮助他们更快地找到需要的商品信息。例如，红心、买五斤送五斤。

热门关键词不仅是消费者最常用的关键词，也是卖家提高流量的快车道，卖家可以随时关注并及时修改商品名称，增加相应的热门关键词，为商品争取更多的展示机会。

② 类目关键词。类目关键词就是商品的品名，一般由两三个字组成，它们本身的搜索量大和竞争度高，伴随无线端的发展，这类短词、热词的竞争更加激烈，如多肉植物、桌面盆栽、营养土等。

③ 精准属性词。精准属性词主要是指能够精确表达商品本质、直击消费者购买需求的关键词，常会在类目关键词上加一个或多个修饰词，也就是常说的长尾词，如德州扒鸡、西湖龙井、乐陵小枣等。

（2）关键词的选择方式。

① 搜索下拉框。消费者在淘宝首页搜索框中输入某个关键词时，下拉框中会根据键入的关键词出现相关推荐搜索热词。在网店经营过程中，卖家应该多搜索和自己店铺

类目相关的关键词,以便掌握关键词的动态,及时调整关键词。无线端流量日趋重要,而且无线端下拉框的推荐词点击率非常高,所以无线端关键词的重要性不言而喻,这就需要及时关注无线端相关的推荐关键词。

② 您是不是想找。在淘宝搜索结果页面的搜索栏最下面一行有"您是不是想找"一栏,此处也有部分关键词推荐,这些关键词的搜索量也较大,如图 6-3 所示。

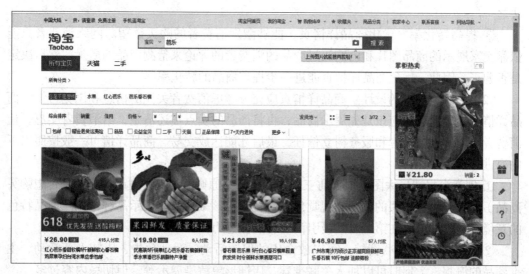

图 6-3　您是不是想找

③ 生意参谋。利用生意参谋也可以选择关键词,在生意参谋的"市场看板"中找到"行业热词榜",选择热门搜索词,选择时间、商品类目及终端,按照搜索人气、转化率把排名靠前的关键词整理出来。这些词是优化商品标题时可以使用的优质关键词。

④ 淘宝直通车。在使用淘宝直通车推广商品时,系统会根据商品信息推荐一些相关关键词,网店运营人员可以根据关键词的展现指数、竞争指数、点击率、点击转化率进行选择。

(3)关键词的组合形式。网店运营人员收集到关键词后,由于商品标题的字数限制,不能将所有词都放到标题里,这时就需要筛选和组合关键词。筛选关键词时除要把握关键词与商品的相关性外,还需要考虑关键词的竞争力。竞争力越大的关键词越好,因为竞争力从某种意义上表示单个商品可以获得的订单数量。

$$竞争力 = 搜索人气 \times 点击率 \times 转化率 / 在线商品数$$

筛选关键词后,网店运营人员可以根据下面的方法组合标题:对于刚上架的新品,可用"品牌词 + 热搜词 + 属性词 + 长尾词 + 货号"来规划商品标题;对于成长型的商品来说,可用"促销信息 + 热词 + 品牌词 + 功能 + 品名 + 规格"来规划商品的标题;而对于成熟的商品来说,可用"营销词 + 品牌名 + 年度 + 季节 + 特色 + 属性词 + 风格 + 类目词"组合优质的商品标题。

3)商品详情页优化

商品详情页是商品的展示区,是引导消费者完成购买目标和任务的关键,需要不断完善调整,才能真正留住消费者,提升转化率。

（1）商品详情页的作用。

① 延长停留时间。商品详情页图片美观、布局合理、文案细致、店铺特色鲜明、图片响应速度快等，都会延长消费者的停留时间。

② 提升店铺访问深度。店铺访问深度是衡量店铺是否足够吸引消费者、促使消费者下单的重要指标。在商品详情页中合理搭配好关联销售是提升店铺访问深度的重要方法之一。

③ 提高转化率。优化商品详情页，能够激发消费者的购买欲望。网络消费者只能依靠卖家展示的商品图片和已购买过商品的消费者的评论来猜测商品的质量，然后决定是否购买。因此，优化商品详情页能进一步提高商品的转化率。

（2）商品详情页的设计。商品详情页应充分考虑消费者关注的信息和浏览习惯。商品详情页的展示逻辑应该是先展示商品，再将商品的卖点描述清楚，给消费者实惠，让消费者心动，通过品牌和服务树立信任，最后才能达成交易。商品详情页一般按照以下内容进行描述。

① 创意海报情景大图。根据前三屏3秒注意力原则（前三屏决定消费者是否想购买商品）商品详情页开头的大图是视觉焦点，背景应该采用能够展示品牌格调及商品特色的意境图，这样可以在第一时间吸引消费者的注意力。

② 店铺活动及关联营销。可以放全店的促销活动、活动预告、店铺上新活动、主推商品的海报，大促时可以加入关联推荐、店铺形象渲染展示等，但切忌内容过多。

③ 商品的特性、作用、好处。根据FAB法则排序：F（feature，特性）、A（advantage，优势）、B（benefit，好处）。

特征是产品的内在属性，指商品用料、设计的特点，是让消费者感兴趣的与众不同的地方。

优势是商品的独特之处，即告诉消费者该商品的优势，向消费者证明"购买的理由"。

好处即利益点。利益点在销售中至关重要，如果说优点可以激发消费者的潜在需求，那么利益点就可以直接影响消费者的购买行为。

卖点中出现的数字要放大加粗，制造劲爆的效果。

④ 商品参数信息。让消费者了解到商品的实际尺寸，以免收到货时不符合心理预期。

⑤ 同行商品优劣对比。通过对比强化商品卖点，不断地向消费者阐述商品的优势。

⑥ 模特/商品全方位展示。商品展示以主推颜色为主，服装类的商品要提供模特的三围、身高信息，最好后面可以放置一些"买家秀"的模块，拉近与消费者的距离，让消费者了解商品是否适合自己。

⑦ 商品细节展示。细节图片要清晰、富有质感，并且附带相关的文字介绍。

⑧ 相关资质展示。如质检报告、买家评价反馈、商品销量记录等，所有作为"证据"的材料都应该具有足够的客观性、权威性和可靠性。食品类目的商家可以在详情页里把质检报告等证书呈现出来，做到"有图有真相"。

⑨ 售后保障问题、物流。例如，是否支持7天无理由退换货，发什么快递，快递大概几天能到，商品有质量问题怎么解决等。做好这部分工作，可以减轻客服人员的工作量，增加购买转化率。

## 2. 营销推广

1）店铺营销工具

工欲善其事，必先利其器，运营好一个网店需要有很多的工具。淘宝集市店铺的营销工具如下，运营人员可以结合自己店铺的实际情况进行选择。

（1）单品宝：支持设置打折、减现、促销价，还有过期活动一键重启等功能。

（2）优惠券：优惠券是一种虚拟的电子券，卖家可以针对新客户或者不同等级的会员发放不同面额的优惠券。优惠券分为店铺优惠券和商品优惠券。

（3）店铺宝：可设置满×件打折、满×元减现、包邮、送赠品、送权益、送优惠券等促销活动，设置后优惠信息默认在计算机端和无线端的宝贝详情页展示。

（4）搭配宝：将几种商品组合在一起设置成套餐来销售，通过促销套餐可以让消费者一次性购买更多的商品。

（5）淘宝币抵扣：消费者在下单时，可以使用淘金币抵扣一定比例的商品金额。

（6）购物车营销：对加购人群进行洞察和定向营销，通过购物车的限时提醒促进成交。消费者每日首次访问时，卖家将发放5个淘金币给消费者。

（7）微海报：创建和编辑海报，在无线端站外引流。

（8）淘短链：生成官方短链域名，消费者单击短链，可直接进入手机淘宝中的店铺相关页面。

（9）店铺联盟：开通店铺联盟的卖家，可以获得在同等级别其他卖家店铺里的精准推广机会，让自己的店铺获得更多的精准流量。

（10）淘宝直播：定位"消费类直播"，消费者可"边看边买"，让消费过程充满趣味性。

（11）微淘彩蛋：运营自己的粉丝，给自己的粉丝发福利、发权益等。

（12）店铺VIP：进行客户分类设置，免费的客户关系管理工具。

（13）淘宝群：通过设置群，让潜在客户进群，增进客户感情，进行客户沉淀。

除店铺营销工具外，淘宝平台还提供网店推广工具，其中最常用的是直通车、钻石展位和淘宝客。

2）直通车

直通车是为专职淘宝卖家量身定制的，按点击量付费，实现店铺宝贝的精准推广。其推广方式包括搜索词推广和非搜索定向推广等方式。

（1）直通车开通要求：①店铺须已加入淘宝网消费者保障服务，并依照约定缴纳保证金；②店铺信用等级须为二心或以上；③店铺动态评分各项分值均不得低于4.4分；④卖家未因违反淘宝规则中关于出售假冒商品相关规定而被淘宝处罚扣分。

（2）直通车展示位置。

① 宝贝推广展示位。在计算机端，淘宝搜索关键词后的页面左侧有1～3个展示位，提示有"掌柜热卖"，页面右侧有16个竖排展示位，页面底端有5个横排展示位。手机淘宝/手机网页版搜索结果中，带有"HOT"字样的宝贝为直通车宝贝。

② 定向推广展示位。旺旺买家版的每日焦点、已买到的宝贝、物流详情页、收藏列表页等均有直通车定向推广展示位。

③活动展示位。淘宝网各频道页面有直通车的活动展示位。

④天猫页面展示位。天猫关键词或类目搜索的最下方有"掌柜热卖",共5个展示位,可根据计算机的屏幕显示自动调整展现位的个数。

3)钻石展位

钻石展位是以图片展示为基础,精准定向为核心,面向全网精准流量实时竞价的展示推广平台。钻石展位支持按每千次浏览单价付费(cost per thousand,CPM)和按每点击成本付费(cost per click,CPC),为卖家提供精准定向、创意策略、效果监测、数据分析、诊断优化等一站式全网推广投放解决方案,帮助卖家实现更高效、更精准的全网数字营销。卖家可以根据群体(地域和人群)、访客、兴趣点三个维度设置定向展现。

(1)钻石展位的开通要求。钻石展位面向C店和B店卖家广泛开放,但对卖家资质和商品类目有一定的要求。店铺主营类目要在淘系平台支持投放的主营类目范围内。

店铺要求:店铺各项DSR评分在4.5分以上(特殊类无DSR要求或者可相应放宽要求,由平台根据特殊类目的具体情况另行确定),C店还要求店铺好评率在98%以上。个人信用等级在一钻及以上的B店只要信用等级大于零即可,店铺中出售的商品要在10件以上。

(2)钻石展位的资源位。在淘宝、天猫首页、各个频道、淘宝无线端均有大尺寸展位,此外,还有淘宝站外如新浪微博、腾讯、优酷等各大优势媒体。资源位可以在钻展后台"资源位"中查看,分19个行业,其中"网上购物"为淘宝站内的资源位,其他为全网资源。

4)淘宝客

淘宝客是一种按成交计费的推广模式,也指通过推广赚取收益的一类人。淘宝客推广最大的优势是按成交量付广告费,在成交后,自动从卖家支付宝中扣除相应的佣金。对于卖家来说,淘宝客推广是一种稳赚不赔的推广形式,备受卖家推崇。

在淘宝客推广模式中,有推广平台、卖家、淘宝客四个角色,这些都是不可缺失的。

推广平台:帮助卖家推广产品;帮助淘宝客赚取利润,对每笔推广的交易抽取相应的服务费用。

卖家:佣金支出者,他们提供自己需要推广的商品到淘宝联盟,并设置每卖出一个商品愿意支付的佣金。

淘宝客:佣金赚取者,他们在淘宝联盟中找到卖家发布的商品,并且推广出去,当有人通过自己的推广链接成交后,就能够赚到卖家所提供的佣金。

淘宝客只要从淘宝客推广专区获取商品代码,任何买家(包括自己)经过推广(链接、个人网站、博客或者社区发的帖子)进入淘宝卖家店铺完成购买后,都可得到由卖家支付的佣金。

(1)淘宝客的开通条件:①卖家店铺DSR评分均不低于4.5;②店铺状态正常且出售中的商品数大于等于10件;③签署支付宝代扣款协议;④使用阿里巴巴或其关联公司其他营销商品(包括但不限于钻石展位、淘宝直通车、天猫直通车等)服务未时因违规被中止或终止服务。

(2)淘宝客推广的资源位。淘宝客具体的推广资源有以下三种。

①网站推广:包括自有的PC端网站和无线端网站。

②导购推广:通过聊天工具(QQ、YY等)分享(博客、空间、微博)短视频(抖

音、快手等）等方式推广。

③ APP 推广：通过手机、iPad 等无线应用下载推广。

## 二、农村电商京东平台运营

### 1. 商品优化

在京东平台经营农村电商商品时，商品的优化也是从商品主图、商品标题、商品详情页三个方面来进行的。

（1）商品主图。京东商城主图和淘宝平台稍有不同，商品图片大小为 800 像素 × 800 像素，图片格式为 JPEG，首图必须为商品主体实物图，要求纯白色背景（家纺、服装等分类除外），辅图不强制要求纯白色背景。图片要求清晰无噪点，不得出现水印、拼接，不得包含促销描述等文字说明。

（2）商品标题。一个完整的标题组成应遵循的规则：中文品牌（英文品牌）+ 商品名称 + 基本属性（材质 / 功能特征）+ 规格参数（型号颜色 / 尺寸 / 规格 / 用途 / 货号）（非必填）。当季或预售新品标题名称中可增加"年份 + 季节 + 新款"表示新品，此描述应放置在品牌名称后面，其他商品描述要求不变，描述顺序可调整。在商品名称中，滥用品牌、滥用关键词堆砌，或者添加与本商品无关的字眼将受到平台的处罚。

（3）商品详情页。用于承载商品描述内容的商品详情页占有举足轻重的地位。详情页设计得好坏直接影响商品转化率，京东的商品详情页可以参照淘宝店铺详情页设计法则进行设计。

> **知识扩展** 京东平台农村电商政策
>
> **1. 设立京东县级服务中心**
>
> 京东县级服务中心就设立在县城，覆盖该县域范围及相邻县域范围。该中心集物流、培训、售后及管理为一体，相当于京东的线下直营店，店面选址、租赁、家具采买、中心人员等由京东公司自营管理。每一个服务中心配备一个主管，该主管主要招募一些回乡创业的大学生或当地的一些小超市老板等，并对他们进行业务培训。京东县级服务中心的具体业务包括以下几个方面：一是线下实体体验店体验；二是人力资源管理中心管理；三是物流仓储中心配送；四是提供电商培训服务，对服务中心管理人员和当地乡村推广人员进行统一管理、统一培训、统一考核；五是营销推广业务，为推广员提供服务、宣传和物料支持；六是售后服务。作为京东电商下乡的统管中心，京东县级服务中心是实现"京东梦想"的落脚点。
>
> 但这样的模式意味着，京东的自营体系只下沉至县城，乡村一级则采取联营模式，乡村推广员通过佣金、配送补贴和农村信贷提成获取利润。借助这些推广员，京东希望打造一条农村电商产业链，供应链体系全面下沉，让村民也能享受到与北上广等大城市一样的购物体验，体验到京东"多快好省"的网购服务，实践京东的渠道下沉战略。

#### 2. 建立京东帮服务店

京东帮服务店就是京东商城的线下实体门店。除京东县级服务中心外，力撑电商下乡的就是"京东帮"模式。与京东县级服务中心的自营方式不同的是，京东帮服务店采用加盟的方式解决电商下乡的"最后一千米"问题。京东帮服务店依托厂家授权的安装网络及社会化维修站资源的本地化优点，通过口碑传播、品牌宣传、会员发展、乡村推广等形式，为农村消费者提供配送、安装、维修、保养、置换等全套家电一站式服务解决方案。

京东自营的县级服务中心、密布乡间的乡村推广员、与第三方合作的京东帮服务店，是京东借以在全国全面铺开农村电商经济生态的基础网络。其中，按"一县一中心"布局的京东县级服务中心承担起本县域农村电商的推广、运营和管理职能，从制度上保障京东"多、快、好、省"的电商服务能力福泽本地，而"一县一店"的京东帮服务店则通过整合第三方资源，为农民提供大家电销售咨询、送货上门、产品安装、售后维修的一条龙服务，切实解决农民在大家电消费中所面临的货品选择少、价格贵、运输难、安装难、售后难等传统难题。

#### 3. 增设京东村、京东农资、京东扶贫等频道

为配合京东农村电商计划的实施，京东平台开设了京东村、京东农资、京东扶贫等频道。例如，京东村频道销售家电、数码通信、家居百货、服装服饰、母婴、图书、食品等数万个品牌优质商品，加上便捷、诚信的服务，为广大农民提供愉悦的网上购物体验。

#### 4. 开设省、市、县级特色馆

京东集团利用京东云集资源、技术、服务对外赋能的窗口，拉动京东商城、物流、金融、技术等资源全面对接省、市、县级政府，开设特色馆。除特色馆外，京东平台还开设扶贫馆，帮助农产品上行。例如，京东贵州扶贫馆，当地政府利用京东特色资源，以线上线下结合的方式向全国市场推介贵州富有特色的生鲜、食品饮料、工艺品等产品，如老妈辣椒酱、雷山鱼酱、土法红糖、麻江胎菊花茶、桑葚酒、绿壳土鸡蛋等。在当地的扶贫工作中，不仅实现了精准帮扶，更是借助京东生态资源，构建了立体扶贫网络。

#### 5. 开通农村金融电商服务——京农贷

京农贷是京东金融为广大农户提供的用于购买农业生产资料的贷款服务。目前只有试点地区农户可以申请，其中，先锋京农贷首批只对山东地区先锋种子种植户开放，仁寿京农贷首批只对四川仁寿地区的枇杷种植户开放，其他用户可以点击申请贷款，京东金融会根据申请数量选择开通该地区的京农贷业务。京农贷最高可贷500万元，目前贷款期限最长为12个月，月利率在0.54%～1%。

在申请京农贷时，申请农户需要在网站提交申请，线下到合作商家提交纸质资料，商家后台上传资料提交京东审核，京东审核通过后会告知商家并放款，商家收款后通知农户前来提取购买的农业生产物资（种子），农户按月在金融平台还款给京东。

### 2. 营销推广

#### 1）自然搜索排序

京东搜索怎样排序、如何让商品得到更多的曝光机会是各个商家特别关心的事情。

与其他电商搜索类似,京东搜索排序就是将匹配关键词的商品按照对消费者需求满足程度依次展示,其目的是帮助消费者快速方便地找到所需商品。提升京东搜索排序要考虑的因素如下。

(1)文本相关性,只有在商品标题、属性、广告词、商品评价标签里含有搜索词的商品才被展示,其中商品标题和关键词的相关度最为重要。

(2)类目相关性,与搜索词更为相关的类目下的商品会优先展示。

(3)商品销量、销售额、评论数、商品属性、消费者关注度都会影响商品排名。

(4)搜索反馈,某查询词结果中商品的点击量和下单量、消费者通过搜索进入商品详情页的平均时间、商品的搜索点击转化率均影响商品排名。

(5)京东平台风向标,包括用户评价、客服咨询、应答率、物流履约、售后服务、退换货返修率、京东放心购、咚咚30秒应答率和咚咚平均响应时长等指标均影响商品排名。

(6)个性化排序,搜索千人千面。同一搜索词,不同的消费者可看到的搜索结果不同。

2)促销推广营销工具

京东POP商家后台店铺营销工具有单品促销、赠品促销、满减促销、满赠促销、满减送促销、多买优惠促销、套装促销、满额返券,如图6-4所示。

图6-4 京东平台满减

京东在用户营销方式上有优惠券、会员折扣、会员专享、签到有礼、店铺礼包、收藏有礼、分享有礼、评论有赏、购物车红包、爆品红包等。

3)精准通

精准通是京东旗下的营销推广平台,拥有多样化的广告营销商品、智能化的投放系统和完善的服务体系,依托京东的大数据优势,可以为商家提供精准、高效的一体化电商营销解决方案,帮助商家实现营销效果的最大化。精准通包括京东快车、京东直投、京挑客等。

(1)京东快车。京东快车是一款面向京东商家的网络营销工具,可在京东站内外展现,其计费方式为CPC。京东快车在全网最佳页面展现商家的商品和品牌,实现广告的精准投放，提升转化率。

京东快车可以创建图片推广和商品推广两种展现位置位于商品列表页上方、下方、左侧，搜索页左侧、底部，如图 6-5 所示。

图 6-5　京东快车展示位置

（2）京东直投。京东直投是一款精准定向引流的营销工具。商家通过京东直投可获得百亿级腾讯系流量，包含微信、QQ 空间、腾讯朋友网、QQ 客户端（QQ 秀）、每日精选页卡及腾讯网等海量优质资源位。京东直投基于大数据平台深挖用户购物行为，精准定位，让商家获得更高效的回报。

（3）京挑客。京挑客（原京东联盟）于 2010 年建立，汇聚了购物分享、返利、娱乐等 15 种流量资源，致力于为京东的自营商品及 POP 商家提供一种按照实际成交额给推广者支付服务费的广告投放模式。

京挑客属于效果类广告，该类型广告的投放类型的显著特点：免费展示、免费点击；成交后支付一定比例的技术服务费；按效果付费，风险相对较低。

## 三、农村电商 1688 平台运营

### 1. 商品基本信息优化

1688 平台上发布的商品信息也需要优化。下面就以卖家如何发布高质量的 7 星商品信息为例，讲解 1688 平台商品基本信息的优化。

1）选对类目

选对类目是发布商品的第一步，卖家在发布商品时，应根据自身商品的关键词选择相应的类目。如果卖家不清楚发布商品的类目，可以去阿里巴巴上搜索同类商品发布的类目，避免发错。

2）设置标题

标题是信息内容的核心浓缩，商品标题需要表述清晰并且包含关键信息。优质的标题能提高搜索展现次数。打造一个吸引人的标题必须注意以下事项。

（1）标题只含有一个产品，并使用通俗的产品名称。
（2）标题修饰成分得当，突出产品最具竞争力的功能特性、卖点。
（3）标题尽可能标明产品的优惠政策和低价促销信息。
（4）请勿用"第一、最"等违规词汇。
（5）标题关键词严禁堆砌。

3）完整属性

详细的产品属性可以增加卖家对产品的了解。在发布产品时，产品属性需要根据产品的真实情况及标题的描述进行填写，属性中带"*"号的为必填项，不同类目属性的填写内容有所区别，除必填项目外，其他可以填写的也应尽量完善。

4）精选主图

基本要求：主图无拼接，无水印，不能模糊或变形。

数量要求：卖家应尽量上传不同角度、不同细节的主图，主图越多，商品越容易成为高质量商品，5张为最佳。

尺寸要求：主图一定要使用750像素×750像素以上的实拍大图，包含商品整体款式和商品细节，帮助消费者充分了解经营的商品。

进阶要求：主图要背景清爽，不与商品混色，不宜过多修饰，最后一张建议上传白底图，可增加商品在1688客户端首页曝光的机会。

5）必备主图视频

商品的主图视频要能全方位展现商品优势，让消费者有更加直观的视觉体验，这有助于提高成交转化率。发布商品信息时，短视频时长需≤60秒，尺寸建议为1:1，内容要突出商品的核心卖点。

6）设置关联推荐

在商品属性的下方，卖家可以进行商品的关联销售设置。关联推荐设置工具分为固定推荐和组合推荐：固定推荐一共可以设置10个商品，如最近的新款、清仓款等，被推荐的商品将固定出现在店铺里任何商品的任何商品详情页里；组合推荐则是推荐可以相互搭配的商品。

7）详情描述体现优势

页面布局要有逻辑性，可以参照淘宝网详情页的布局方法进行设计。详情页包含整体图（正面、背面、侧面）、规格、设计说明、同行对比、相关证书等；如果还能补充企业的信息，如合作案例、工厂实力、服务体系、定制流程等更好。在细节处要突出卖点，给消费者由整体至局部的视觉感官体验。

详情页建议图文结合，建议13张以上的图片，加100字以上的文案。内容越丰富、描述内容越多，越能突出商品的卖点，越能吸引消费者购买，获得平台推荐。

详情页第一屏建议投放关联营销，详情页视频可着重表达公司实力（研发、生产、仓储等方面），也可表达商品的设计思路、生产工艺和生产流程。

8）物流运费贴合产品特点

运费设置主要包括三种模式：使用运费模板、使用运费说明、卖家承担运费。一般建议如下。

（1）现货批发类选择"使用运费模板"，让卖家下单更流畅。

（2）订货类选择"使用运费说明"，因为商品的体积、重量、运输方式具有不确定性，使用这一模式更合适。

（3）谨慎选择"卖家承担运费"，这需要结合批量和消费者可能分布的区域等综合考虑。

9）特色服务体现服务特色

特色服务包括交易方式、私密商品、买家保障等内容，若想商品获得七星，那么卖家至少需要开通一项"买家保障"内容。

如果店铺运营按照以上9点建议发布商品，则商品信息质量可以达到7星，被平台推荐和消费者搜索的机会将大幅提升。

在1688平台上发布7星商品后，不是七天自动上下架，商品信息必须每天重发。建议每周分配到每天，分时间段从8:00开始直至18:00之前，隔半小时重发一次。

## 2. 合理的店铺运营规划

在1688平台，企业经营模式包括生产型和贸易型。进行农村电商经营时，生产型的企业大部分都具有产品优势，所以在电商运营上需要下大功夫。贸易型的企业由于没有自己生产的能力，可选择在某些农产品集中的产业带地区开展业务，这样运营成本可以更低，也能提升自己企业的优势。但不管是哪种企业，都需要制订合理的日常运营规划，才能有助于1688店铺的健康成长。1688店铺日常运营规划主要从以下4个方面进行制订。

1）全年活动规划

1688每年都有适合全行业的平台官方活动，运营者需要制订一份适合自己行业的全年活动计划，在大促活动期间，1688会整合全部资源和流量入口，帮助商家做好店铺运营和引流促销，商家报名参与适合自己的活动。1688会针对每个商家的产品类目，自动匹配适合店铺参与的活动，只要店铺满足相关活动的报名要求，就可以非常方便地报名参与。

（1）专场活动：淘工厂、代理加盟、淘货源、"3·6"采购节、"11·18"大促等。

（2）产业带：梳理各项产业带活动规则，适机参加可提高品牌知名度。

（3）伙拼：卖家店铺交易勋章3A以上，另缴1万元保证金方可参加排期。

（4）样品中心：一分钱拿样、免费拿样等活动可降低消费者盲目拿货的风险。卖家参与此类活动可以低价投入，带来流量。

（5）自营活动：进行专业的品牌促销活动、专题推广活动、跨店营销活动。

企业需要结合自己行业的情况，将活动信息整理成一份表格，这样1688店铺的活动情况就能一目了然，商家可以方便地知道什么时间应该报名参与什么活动。

2）产品的不断优化

以下几种做法都是优化产品的好方法：①稳步提升店铺浏览量；②提升店铺的点击转化率；③吸引更多访客进店下单；④经常关注店铺层级及排名；⑤认真分析访客；⑥对展现率低的商品，尤其是没有成交、没有展现的商品进行修改。

3）商品测试

企业可以通过营效宝、首位展示、企业展播、网销宝等付费推广方法快速测品、选品，也可以通过"大促通"和各类专场活动进行爆款商品测试。

4）数字化运营

数字化运营就是灵活运用1688平台的数据工具分析各类数据，制订适合公司发展的运营方案。

### 知识扩展 → 1688农村电商政策

1688平台以大订单批发和采购业务为核心，一直致力于打通农产品的产销瓶颈。从2014年开始，1688平台尝试了针对农村战略的"地直供"项目，利用B2B的优势打通上下游渠道，让农产品种植户直接对接市场一线渠道商，从而跳出中间批发环节直接议价、线上成交，最后实现农户增收、商家降低成本、消费者受益的良性循环。

**1. 开通与农村电商相关的专题市场**

1688平台开通了餐饮生鲜市场、食品酒水市场、宠物园艺市场、食品饮料市场等专题市场，这些专题市场里，大部分都是与农村电商相关的商品，批发商或经销商可以方便地在这些专题市场里采购自己需要的商品。

**2. 举办形式多样的平台节日或专场活动**

1688平台每年都会有很多的平台节日，例如，"3•21"订货会、"9•4"拿货节、"11•18"大促，以及每季度举办一次的商人节。在节日当天，很多商家会有优惠活动。1688平台还会不定期举办与农产品相关的专场活动。每一个专题活动都会有琳琅满目的商品。

**3. 1688中小企业商学院帮助农村电商运营者成长**

1688中小企业商学院课程主要分为店铺运营、商品运营、营销推广、客户运营四个方面。课程的呈现形式除图文课程、录播课程外，还有实用的直播课程，这些课程大部分都是免费的，可以很好地帮助农村电商运营者在1688平台快速提升。如果运营者想参加线下培训，还可以参加本地培训课。

**4. 开通企业微博及提供代理服务**

1688平台为每位商家开通了官方微博，让卖家可以通过新媒体渠道进行宣传。除此之外，1688平台还对接淘宝及微商，提供一件代发急速铺货、零代理费服务。

### 3. 1688平台营销推广

1）1688搜索模型

搜索尤其是自然搜索是店铺运营的命脉，自然搜索是最大的免费流量入口，也是大部分商家获利的重要流量入口，这部分流量以免费、难以把控著称。自然搜索是指访客通过1688搜索引擎找到与搜索请求最相关的匹配结果。自然搜索的结果与访客的搜索请求有关，访客可以通过搜索结果进入商品详情页及卖家店铺。

1688平台营销推广

想要在1688平台获取更多的自然搜索流量，企业就要做到以下几点。

（1）遵守平台规则，按照平台规则发布商品。

（2）主动拥抱变化，随时根据商品热点和消费者需求变化对店铺做好更新和优化。

（3）当流量发生变化时，要学会运用数据分析流量变化的原因，有针对性地解决问题。

2）促销推广营销工具

1688商家后台店铺营销工具有到店访客转化工具（包括新客宝、精准营销、询盘有礼、小程序旺铺）、离店访客召回工具（包括收藏有礼、潜客签约、潜客发掘）、官方流量获取工具（包括专场活动、直通伙拼、直播频道、挑货频道、镇店之宝）、促销满减工具（包括限时促销、满优惠、优惠券、营销效果、创易秀、累积返利）、渠道营销工具（包括代销货铺送券、微供限时促销）。

3）营效宝

营效宝类似于淘宝、天猫的直通车，是按照点击量收费的全域营销推广工具。商家设置与想要推广的产品相关的关键词和出价，消费者在搜索相应的关键词时，商品获得展示机会，实现精准营销，商家按点击量付费。

营效宝具备两个特征：一是可提供海量免费展示，覆盖面广，按点击量收费；二是能帮助商家通过关键词的竞价提升产品的排名。当消费者搜索一个关键词时，设置了该关键词的产品就会在营效宝的展示位上展示。当消费者单击商家推广的产品时，商家需要付费，而营效宝对关键词的展示都是免费的。

营效宝的前台展示位置分为计算机端和无线端两种。计算机端展示位为搜索结果页左侧带"广告"字样的8个位置、右侧带"广告"字样的个位置和底部"热门推荐"区的8～10个位置，在第2～5页也各有3～5个位置。无线端展示位为关键词搜索结果页右侧标有"广告"字样（第一个位置除外）的位置，从第3个开始，每隔5个位置有一个营效宝展示位。

4）首位展示

当消费者在1688网站搜索产品关键词时，开通首位展示服务的商品会在计算机端主搜结果页的左侧首位、右侧首位展示，并带有"皇冠"标志。在无线端，该商品会出现在首页第一位，也带有"皇冠"标志，如图6-6所示。这种展示会持续一个月，而且其他商家无法再竞拍这个首位展示关键词。

5）1688分销客

1688分销客类似淘宝客、京挑客，是1688推出的按交易效果付费的营销方式。分销客交易流程如下：商家设置商品佣金（简称"设佣"），分销客选品后生成推广专属链接进行推广，交易成功后，商家再支付给分销客相应的佣金。在此期间如发生退款，则商家无须支付推广费，对商家来说，这种模式真正实现了"不成交，不花钱"。

图6-6 首位展示

6）1688服务市场

1688服务市场是1688旗下的全链路企业服务平台，其通过汇聚多元化生态力量，连接专业服务机构，帮助不同阶段的企业用管理降低成本，用技术提高效率，用数据扩大客源，用服务促成交易，进而助力企业的持续化经营和规模化发展。其主要以工具或服务的形式来满足1688卖家店铺运营的需要。

1688服务市场平台旗下共有四个二级市场，分别为应用工具、开店装修、运营服务、综合服务。卖家可以借助服务市场平台获得店铺运营的相关服务。

## 四、农村电商拼多多平台运营

### 1. 行业分析和店铺定位

农产品店铺的店主应如何更好地分析行业和竞品，做好自己的店铺定位呢？其可从以下四个方面开展。

1）分析行业数据特征，预判行业体量和未来的趋势

最为准确的行业数据就是来自官方的数据，查看的路径是用自己注册店铺的账号登录，进入拼多多店铺商家后台，在"推广中心—推广工具—搜索词分析—搜索词查询"中查询，如输入"樱桃"。

2）计算行业客单件，争取最大的利润空间

平台的商品基本都存在阶梯价格，所以需要统计同类商品的平均价格，店主可通过多多参谋或者电霸等第三方软件快速查看。若樱桃类目成交的平均单价是15.36元，商家在定价时可以参考这个价格。如果做的是中低端的商品，可以将低价商品定价低于15.36元，设置到12.99元以下；高价商品可以设置到20～25.99元。一个店铺有低价引流的商品，又有可争取利润的高价商品，最终才有可能在销量增加的同时获取到最大的利润。

3）关注行业竞争对手店铺，了解竞品的总量和优质竞品的数量

要想突破，在竞品中能够获得更多的展现机会，需要商品的转化数据和销量数据都比同行好。如果是新进入平台的商家，其面对的是销量和转化数据都已经很好的竞品和竞店，更要做到知己知彼，方能百战不殆。

4）了解行业竞品SKU设置

在拼多多平台上，大部分的类目商品都有两个以上的最小存货单位（stock keeping unit，SKU），以此来满足不同消费者的选择需求。而农副商品的大多数商品都是以重量、品类来区分价格的。

### 2. 商品基本信息优化

当明确行业竞品的定价区间和竞品的SKU设置方式后，店主要做好一个店铺，更需要对自己的商品情况进行策划。平台不缺好商品，但是缺乏将好商品表达出来的店铺，缺乏让消费者产生购物冲动的商品页面。

图片、文字和视频相当于线下的导购员，需要在消费者进店后将商品的突出特点、

功能卖点展现出来，吸引消费者作出收藏、购买等行为。

1）农产品页面展现的卖点

对农副商品而言，如何将自己的商品表达出特色显得非常重要。农副商品在外观上没有太大的差异，要想凸显自身商品的特色，可以从以下几个方面来表述。

（1）地域优势。拼多多平台农副商品近七成订单来自一二线城市，所以可以考虑发达城市的人群购买农产品的心理，如想买到自己家乡的特产，想买到有地域特色的农产品、有地域特点的绿色食品等。农副商品的卖家在表述自己的卖点时，可以多挖掘商品所在产业带的地域优势，而地域优势又可以从气候、温度、地形、植被、水质、无污染等方面进行表达。

（2）其他优势。此外，卖家还可以挖掘农产品的品种优势、商品营养成分优势、采摘新鲜度优势、种植规模优势、售后服务优势等。

2）图片和商品的拍摄

农产品的图片大多来自真实的田间地里或后期粗加工的场面，所以在拍摄上可能没有强烈的意境感，但图片要符合清晰、光线充足、画质好的要求。只要在光线充足的前提下，尽可能还原出真实的农村绿色面貌、原生态的风光，最大限度地展示出农产品天然、绿色健康等特点即可。拍摄的工具可以是专业的相机，也可以是拍照功能较强的手机。

3）主图和详情页的呈现

主图和详情页是最终展现商品图片与卖点的地方，也是消费者了解商品的第一接触点。

（1）主图的展示。拼多多的主图最多可以放十张，可以把十张轮播图当作详情页来做，展示足够的商品信息，减少消费者流失；主图应呈现出一套完整的逻辑，最大限度地留住消费者，提升其购买的欲望。对于十张主图的展示有以下几点建议。

第一张主图可以放"营销点＋卖点"提高点击率，营销点如"立减3元""送水果刀"等。第二张主图针对消费群体心理，回应消费者最关心的问题，引导购买。第三张主图凸显商品的优势。第四张主图展示农产品细节点，以超出预期的细节打动消费者。第五张主图展示整合资源优势，进一步吸睛。第六张主图可以选取优质评论区晒图的图片。第七张主图可以展现果园基地的农产品生产场景图，如原生态采摘、加工、包装图等。第八张主图展现细节，采用高清近物拍摄，可以加上营销文案，进一步强化营销点。第九张主图可以放资质证明、质检报告。第十张主图可以放简单的白底大图。

（2）详情页的展示。详情页能详细、完整地展示商品的卖点，让消费者全面了解商品的细节。详情页直接影响收藏率、转化率等数据，最终影响商品的曝光量和店铺的销售额。

详情页顶部前三屏展示的内容直接影响消费者是否愿意停留在详情页上。第一屏的大图是视觉的焦点，可以放商品的整体图，并加上商品最主要的卖点。背景可以采用能够展示品牌调性及商品特色的意境图，以第一时间吸引消费者的注意力。

详情页中部进行商品全方位的展示，主要以商品的生长地域、种植过程、口感特点、挑选标准、营养优势等细节点来进行展示，可以展现自身商品优势，也可以对比展示。详情页尾部可以展示品牌的影响力，如农产品种植基地的优势和规模，最后可以加上售后保障、物流的解决方案。这一部分如果做得好，可以减轻客服的工作压力，也可以增加店铺的静默转化率。

（3）商品的标题优化调整。在拼多多平台，任何一种产品的同类竞品都是非常多的。要在众多的同类竞品中脱颖而出，写一个较好的标题是非常有必要的。首先，要找到商品在平台上搜索的关键词，只有用消费者会搜的词，才可能被消费者搜索到，系统才会有针对性地推荐给有对应需求的消费者。商品标题的优化包含以下两步。

第一步，寻找相关关键词。①下拉框找词、搜索页面的细选词。在拼多多购物平台上输入商品名字或者别名，系统会弹出10个词，系统推荐的词是在平台上热搜的词，越靠前的词，热度越高，这些词可以用来组成标题。②用推广工具找词。进入拼多多店铺商家后台，在"推广中心—推广工具搜索词分析—搜索词排行榜"中选择商品对应的类目。系统会推荐过去3天或7天搜索热度由高到低的相关词，可以参考数据选择适合商品的词并写到标题中。

第二步，构建商品标题。在写标题时可以多参考推广工具的关键词。

在构建标题时，还需要注意：重要的词尽量放在前12个字的位置；同样的词尽量不要重复，如果实在需要重复，建议最多出现2次；如果是数据特别好的词，词的顺序尽量保持不变，直接放于标题中；当写标题词不够写满30个字时，可以用下拉框找词，可以参考同行用词，也可以用商品的别名；当商品有较好流量时，尽量不要修改标题，特别是前12个字，如果有一些好的词确实想要加到标题中，可以将关键词尾部的词替换掉。

### 知识扩展　拼多多对农村电商的价值

拼多多成立之初以水果生鲜拼单切入电商市场现，如今拼多多发展壮大，平台一直都很重视农村电商市场。让全国各地的农产品走出农村、走向大城市是平台的重要发展方向。

**1. "多多农园"创新扶贫兴农模式**

"多多农园"是由拼多多发起的探索脱贫攻坚和乡村振兴机制性衔接的创新模式：首先是拼多多在各个产业区、贫困区定点建立农产品园区；然后派驻农研队伍、培训团队及加工厂到果园进行指导，下一步组织代运营、代加工体系；最终实现农民销售利益的最大化。通过"多多农园"，拼多多将实现消费端"最后一千米"和原产地"最初一千米"直连，在为平台的几亿消费者提供平价高质农产品的同时，更快速有效地带动部分地区的农产品上行。

依托多多农园这种新电商供给模式，拼多多实现了农产品、农副商品订单总额的大幅度增长，成为中国最大的农产品网络零售平台之一。

**2. 平台资金对农产品销售的推动**

在拼多多上市募集获得的资金中，平台方表示发行所得款项将主要用于平台研发投入和新农业基础设施建设。作为中国最大的农产品上行平台之一，拼多多会继续加大力度投入农业科技研发和农产品上行体系建设，为农业生产者和平台上的4.83亿消费者创造更多价值。

### 3. "拼"模式契合农商品的非标准化现状

中国的农庄是比较分散的，导致农产品的运输、存储的标准化程度不高，非标准化的产品与工业化运营脱轨，并且流通和分发的效率很低。而拼多多平台的"拼"模式契合了目前中国农产品的非标准化现状，平台的拼单模式结合"多多农园"的模式和社交分享裂变的方式，推动了农产品的销售。

### 4. 紧跟政策步伐，助力"中国农民丰收节"

2019年"中国农民丰收节"，拼多多联合11所中国高校举办的"农业科技创新与丰收中国论坛"在云南昆明召开。作为2019年"中国农民丰收节"的主要载体之一，本次论坛以"农业科技创新与乡村振兴""新农人与脱贫攻坚"为核心议题，各政府领导与专家学者各抒己见、献计献策，为乡村振兴贡献智慧与力量。

### 3. 商品的推广方式

拼多多平台的推广方法有付费推广、参加平台的活动推广、自有资源站外推广，付费推广的方式包括多多搜索和多多场景推广（俗称直通车推广，后文简称"直通车推广"）、多多进宝和聚焦展位。下面主要介绍付费推广中的直通车推广、多多进宝推广和活动推广。

1）拼多多直通车推广

拼多多直通车推广是按照点击量扣费的付费推广工具，分为搜索推广和场景推广。这两种推广方式都能让商品通过点击量付费（展现不付费）的方式让自己的商品展现在更多的地方。

搜索推广是通过关键词竞价获得更好的排名，按点击量进行扣费。商家可以通过搜索推广让自己的商品排名靠前，在消费者搜索相关商品词时优先获得商品展示的机会，为商品和店铺引流，从而提升店铺销量及交易额。场景推广是面向全网精准流量实时竞价的展示推广平台，以商品展示为基础，以精准定向为核心，面向全网精准流量进行实时竞价。

推广自己的商品之前需要先充值到推广账户中充值的路径是"拼多多管理后台—推广中心—推广账户—充值"，将账户里的余额充值到推广账户中才能正常地推广商品。如果余额不足，系统将自动暂停推广，直至账户余额充足，系统才会自动恢复推广。

（1）多多搜索推广。

① 搜索推广的步骤。进入搜索推广的路径为"拼多多管理后台—推广中心—推广计划—多多搜索"。进入推广计划后，单击"新建推广计划"，根据自己的目的修改计划名称，计划名称的格式建议为"推广目的+日期"。

预算有不限和自定义两种，不限的意思是不限制这项计划的花费，一般情况下日限额需要限制。

分时折扣可以调整一天24小时的投放比例 00:00 至 09:00 的时间没有客服在线，不想投放广告，可以选择不投放。新计划新品的推广可以将 00:00 至 09:00 投放时间修改为 50%，其他时间可以 100% 正常投放，修改的方法是选择对应时间的比例，系统会弹出输入比例的对话框，填写好比例数字即可。

推广过程中，首先要选择推广的创意图片，创意图片可以是商品的轮播图；然后选择与商品符合的最多200个关键词，建议刚开始选择30个词以内，出价可以参考系统的建议出价。人群可以选择系统推荐的最基本的几个人群，针对不同人群可溢价出价，溢价出价控制在10%～30%即可。设置好之后，搜索推广设置就完成了。

②搜索推广的优化。商品推广完成之后，可以看到选择的词都有对应的质量得分。质量得分是搜索推广中衡量关键词与商品推广信息及拼多多用户搜索意向相关性的综合性指标，以10分制的形式呈现，分值越高，越能获得可观的系统推荐的曝光，从而获得更多的访客流量，获得更理想的推广效果。

质量得分会影响消费者点击一次需扣的费用，如想要同样的预算引来更多的流量就需要不断提升质量得分。而每个词的质量得分与商品点击率、转化率、销量等因素相关。所以，在做直通车的过程中要不断测试创意图的点击率，删除或者降低效果不好的关键词和人群的出价。对于创意图的优化，也要不断做调整测试。

（2）多多场景推广。

①场景推广的步骤。进入多多场景推广的路径为"拼多多管理后台—推广中心—推广计划—多多场景"。进入推广计划后，填写计划的名称，选择推广的商品，然后设置折扣时间等，这与多多搜索推广的操作类似。在场景推广的计划设置中，人群溢价处多了添加地域定向人群功能。

②场景推广的优化。定向的优化调整主要是选择7天甚至30天的数据，点击率较高、收藏数较多、有成交订单量的人群，就可以调高溢价比例；反之，则降低溢价比例，甚至可以删除人群。在调整溢价比例的时候建议幅度不要太大，尽量以5%为幅度进行调整。

③推广报表的查看。推广报表查看的路径为"拼多多管理后台—商家后台—推广中心—推广报表"。页面右上角可以选择查看数据的时间，页面显示的是选择的时间段内的曝光量、点击率、转化率等数据。商家可以根据整体的数据将效果好的推广计划和商品加大推广力度，效果不好的商品应降低花费甚至是暂停推广。

2）多多进宝推广

多多进宝是一个按照成交付费的推广工具，商家可以给推手设定一定的佣金比例，让推手帮助商家分享商品链接，实现商品销售和推手获利的双赢。帮助商家推广商品获得佣金的人称为推手或多多客。

佣金比例范围为1%～50%，佣金=（买家实付+平台券）×佣金比例，是商家实收货款佣金比例。佣金会在消费者确认收货后进行扣除，至推手账户多多进宝，最多可以推广100个，设置的路径为"拼多多管理后台—商家后台—多多进宝—推广设置"。推广的方式有单品推广和全店推广。全店推广一旦设置成功，则全店所有的商品都将参与多多进宝的推广，推手有机会推广全店的商品。全店推广的设置比较简单，第一次开通多多进宝的时候，设置好全店推广佣金比例，就可以开通了，全店推广的佣金比例建议设置最低为1%。单品推广分为通用推广、专属推广和招商推广。

（1）设置商品的通用推广。通用推广是所有的推手都可以推，而且所有的推手所获得的佣金比例是相同的。通用推广的设置方式步骤是"添加商品—推广设置—推广成功"。添加商品列表会自动读取商家店铺里的商品，选择要推广的商品，设置佣金比例，范围是1%～50%，佣金比例设置成功后，第二天00:00开始，推广自动生效。

（2）设置商品的专属推广。专属推广是对多个推手设置单独的佣金比例，只有设置了ID的推手才能享受到专属推广的佣金。专属推广的设置步骤是"添加商品—推广设置—推广成功"。选择已经在通用推广设置过的商品，然后进入专属界面，填写推广者ID及佣金比例，再添加优惠券，专属推广就设置成功了。

（3）设置商品的招商推广。招商推广是指一个很有实力的推手号召了众多的推手一起来推广某一个或者某几个商品。在设置过程中，招商推广界面需要设置两个佣金，一部分佣金是给号召推手的团长的，另一部分佣金是给推手的。佣金比例的填写要事先跟团长协商好比例。

以上三种方式只需要商家设置完成，剩下的推广工作就可以交给推手去完成了。商家要做的事情是查看订单报表和发货。

3）活动推广

活动推广即参加官方的活动，以此来增加商品的销量。所有的商家都可以在"商家后台—店铺营销—营销活动"中选择合适的活动申报，经过审核之后，就可以将商品上架到对应的资源位上进行展现。平台活动能够报名成功的基本条件就是报名的商品价格要全网最低，在大部分的平台活动中都需要填写商品在淘宝等平台的同款链接，其目的就是便于系统进行比价。

### 课堂实训

| 活动题目 | 农村电商不同平台营销推广技巧 |
| --- | --- |
| 活动步骤 | 对学生进行教学分组，每3～5人为一个小组，以小组为单位进行讨论 |
|  | 讨论并收集农村电商主流平台，并将结果填入表6-1中 |
|  | 讨论并总结农村电商不同平台的营销技巧，并将结果填入表6-2中 |
|  | 每个小组将小组讨论结果形成PPT，派出一名代表进行演示 |
|  | 教师给予评价 |

表6-1 收集结果

| 序号 | 农村电商主流平台 |
| --- | --- |
| 1 |  |
| 2 |  |
| 3 |  |

表6-2 农村电商不同平台的营销推广技巧

| 平台 | 营销推广技巧 |
| --- | --- |
| 1 |  |
| 2 |  |
| 3 |  |

## 第二节　农村电商社交平台运营

2019 年，中国农产品网络零售额达 3975 亿元，同比增长 72.5%，与此同时农业数字经济占比仍然处于较低水平。近年来，农业经济动能转换加快，农货电商市场迎来广阔发展前景。微信仍然是农村电商发展的中流砥柱，短视频的兴起为农村电商的发展注入了新的活力。

### 一、农村电商微信运营

1. 微信公众平台

利用微信公众平台进行自媒体活动，简单来说就是进行一对多的媒体性行为活动。如今，商家申请公众号营销，已经形成了一种主流的线上线下微信营销方式。

1）微信公众平台账号

微信公众平台账号分为三类：服务号、订阅号和企业微信。

（1）服务号。服务号为企业和组织提供更强大的业务服务与消费者管理能力，偏向服务类交互（如 12315、114、银行等）；适用人群为媒体、企业或其他组织；1 个月（按自然月）内可发送 4 条群发消息。如果运营者想用公众号进行农产品销售，建议选择服务号，后续可认证再申请成为微信支付商户。

（2）订阅号。订阅号为媒体和个人提供一种新的信息传播方式，构建与用户之间更好的沟通与管理模式。订阅号的主要功能是向用户传达资讯（功能类似报纸杂志，提供新闻信息或娱乐趣事），适用人群为个人、媒体、企业或其他组织。订阅号 1 天内可群发 1 条消息。如果想用公众号简单发发消息，给农产品做宣传推广服务，建议选择订阅号。

（3）企业微信。企业微信是腾讯微信团队为企业打造的高效办公平台，定位为办公沟通工具，有与微信一致的沟通体验，提供丰富免费的办公应用，并与微信消息小程序、微信支付服务等互通，可助力农村电商企业高效办公和管理。

2）基于微信公众平台的农村电商

（1）农村电商公众号的日常运营。农村电商公众号与其他微信公众号的运营是相似的，主要围绕粉丝来运作。

① 公众号布局。公众号底部菜单尽量简洁明了，介绍要详细，让粉丝知道这个公众号是做什么的，能提供什么服务。

② 公众号文章内容。没有好的内容,公众号是不可能引来粉丝并留住粉丝的。因此,内容（转发或者原创）一定要保证质量，要能引起粉丝共鸣，可以围绕农业热点事件撰文。

微信文章的标题要注意前 13 个字，这 13 个字会直接影响文章的点击率，要尽量写得吸引眼球，可以在围绕文章主题的情况下稍微夸张或留下悬念。微信文章的打开率首先由文章标题决定，其次是文章摘要，最后是首图。

公众号要写消费者关心的内容，以及能够充分展示自身专业性和亮点的内容。以有机农产品为例，与有机农业相关的内容包括有机食品常识、食品安全知识、营养健康知识、美食鉴赏和烹饪知识、有机食品文化等。

③发文频率。根据公众号运营团队的能力来确定发文率，要保证有规律，宁缺毋滥。尽量保证每周能发二到三篇，留出余地。如果运营团队有1～3人，建议每次只推送1篇文章。

④涨粉技巧。第一，农村电商公众号进行互推是双赢的友好合作方式。就目前来看，公众号之间的互推，最常见的做法就是互相推送对方的文章或吸粉广告。互推要找到一个"门当户对"的互推号，最好是有一定数量的粉丝基础、内容定位相符、公众号类型相同（同为订阅号或服务号）的公众号。第二，自媒体吸粉。自媒体是不可多得的内容分发平台，它们巨大的兼容性让各式各样的内容都得到展示和传播。挖掘并利用自媒体进行内容推广，可以扩大目标受众群，提高公众号的知名度。第三，朋友圈涨粉。内容要足够好才能让别人愿意转发你的内容，可以在文章结尾处适当地引导转发。第四，评论吸粉。设置关注才能留言，这样消费者想要发表留言就必须先关注公众号。第五，微信号辅助吸粉。微信号是非常有用的，一个微信号可以加5000个好友，微信号可以更直接地和消费者沟通。高频发布朋友圈对于提高文章在朋友圈的传播很有帮助。第六，微信群辅助吸粉。现在有很多农业微信群，可以将好的文章分享到微信群，或者在群里直接推送公众号，很容易产生裂变效果。

（2）农村电商公众号日常内容打造。农村电商公众号的内容运营可以围绕以下四个方面展开。

①农人故事。农人故事主要是跟农产品相关的人的故事，如农业生产者的故事、驻村第一书记的奋斗故事、脱贫致富带头人的故事。

②产品的生长状况、产地环境的状况。优美的产地环境，容易让消费者产生丰富的联想，进而对产品产生好感。原生态的产地环境容易引发消费者内心深处的一些情结，在快节奏的生活状态下，很多人内心深处都有一颗回归乡村、回归自然的心。

③消费者的故事、消费者真实的反馈。对消费者来讲，任何广告都抵不上朋友之间、消费者之间真实的口碑。所以，一定要把跟消费者之间互动的故事、消费者的真实口碑当作重要的内容来告诉其他消费者。

④活动故事。活动故事主要是指跟消费者一起发起一些活动中形成的真实故事，如邀请部分消费者一起在线下采茶制茶、一起收割稻麦、一起采摘水果、一起施肥等，然后将活动的图片配上文字在线上进行推广。这些活动容易让消费者形成对品牌的正面印象，也能够让消费者对产品有直观的感受和认识。

围绕农人、农产品、产地、文化、创意，处处有故事讲。公众号的文章推广要善于挖掘农产品品牌的历史、地理、传统、风俗等文化特征，形成农产品特色文化，实现农产品与消费者之间的情感沟通，实现品牌价值的提升。

（3）农村电商公众号的运营技巧。首先，一定要在农产品的整个营销过程中不间断地运营公众号。例如，将农产品的整个销售季进行不同的分割，在上市前先在公众号个人号中造势，借助一定的宣传手段，将整个农产品的生产过程分阶段发布出去；在上市时，采用已购买消费者的反馈，在公众号或个人朋友圈进行分享来吸引潜在消费者；在即将退市时，利用挽留的心态进行宣传，为次年的销售打下基础。其次，要选择恰当的表现形式。公众号推文以图文为主，要注意结合社群营销、社交电商的方式，让内容自动传播开，也就是让消费者自发地分享、转发，最主要的是内容要优质。最后，发动多媒体攻势。除了公众号，还有很多重要的自媒体平台，它们各有作用，不能替代。比如，公众号如果发布了一篇有机农业病虫防治的文章，消费者在百度有可能是搜不到的，但如果同时在搜狐号和百家号上发布，消费者搜"病虫防治"等关键词时，就可能搜到。总之，利用公众号和企鹅号做营销，有可能获得腾讯全系的流量支持。同样，做搜狐号能得到搜狐的特别支持，做百家号能得到百度的特别支持。

2. 微信小程序

1）微信小程序简介

微信小程序简称小程序，是一种不需要下载安装即可使用的应用，它实现了应用"触手可及"，消费者扫一扫或搜一下即可打开应用。

2）小程序的营销功能

小程序能够实现消息通知、线下扫码、公众号关联等七大功能。其中，公众号关联可以实现公众号与小程序之间的相互跳转，也体现了小程序"用完即走"的理念。小程序的开发门槛相对较低，开发难度不及APP，能够满足简单的基础应用，适合生活服务类线下商铺及非刚需低频应用。对于农产品经营者来说，小程序能够节约使用的时间成本和手机内存空间。

同时，小程序开发价格低廉、门槛低、周期短，能够帮助农产品经营者更好地实现线上和线下的对接。农村电商的微信小程序将助力农产品打开线上市场，助力农产品经营者获取更多的利益。

3）基于小程序的农村电商

小程序在设计时主要考虑从农产品经营者实际应用中的销售农产品、农具、种植技术等方面来进行开发和运营，解决因供需信息不通畅造成菜贱伤农、农产品滞销的问题。

在销售农产品方面，实际上就是建立农产品的电商版微信小程序。通过小程序，将农产品经营者种植、加工的信息推送到移动互联网，这样不仅可以节省购物的环节，还能提高农户的收入，保障购买者买到放心的产品。

在农具方面，利用小程序为二三线城市周围的农村提供更好的农具，将帮助农民更好地实现种植。

在种植技术方面，利用农业种植新闻资讯类的微信小程序，可以给农民提供相应的市场信息和高效指导农民如何进行最为正确的种植，同时还可以传播当下最新的市场信息，对农民进行相关产品销售的指导。

小程序还可开发其他功能，如限时秒杀、裂变分销和会员卡等功能，都能增强消费者黏性、提高小程序的曝光率，这对于农产品销售都有重要的作用。

可以说，小程序的优势在于以低流量成本，轻松获取精准客户，将庞大的社交人群精准导流给商家，打通更多的商业场景，沉淀了更多的精准客户。

### 知识扩展  微信对农村电商的价值

**1. 拥有庞大的目标客户群体**

2018年,微信每个月有10.82亿用户保持活跃,55岁以上的月活用户达到6300万,每天有450亿次信息发送,4.1亿次音视频呼叫。微信用户覆盖200多个国家(地区),覆盖超过20种语言,这为农产品电商提供了网络推广的用户基础。作为一个拥有大量用户的灵活的社交软件,微信的社会属性可以通过引导实现经济效益。

**2. 营销成本低**

微信是一款免费软件,下载免费、注册免费、使用免费,同时,信息的分享、用户点对点的信息传递、公众号文章的发布都是免费的,这为农产品经营者利用微信进行营销活动节省了大量营销成本。

相较于其他产品而言,农产品具有季节性和周期性的特点,会受到多种因素的制约,无法实现标准化、规模化生产,甚至无法保证生产的产品品质完全保持一致,而销售也相对较为分散,并且具有一定的滞后性。而微信营销则可以部分解决这些难题,一方面,用微信公众平台发布内容相对较为简单,更新的速度较快,可以减少一定的工作量;另一方面,微信个人用户尤其是在农产品产地附近的用户,可以发挥其地域性优势进行个人宣传,激发朋友圈内潜在消费者的购买行为。

**3. 营销定位精准**

微信的消息发送可以做到一对一,也可以将消息推送的范围限定在某一地区或者范围内,所以微信的营销定位精准。农村的青年人、中年人,甚至一些老年人都可以通过朋友圈成为一个农产品销售人员,卖土鸡、水果、干菜、土酒、蜂蜜、土猪肉等均能成功,他们的实在、羞涩或者热情,很好地建立了信任度,通过朋友圈下单购买他们的农产品的人非常多。

**4. 营销方式多元化**

微信具有丰富的营销方式,具有公众号、朋友圈群组、附近的人、二维码等多种功能,这些功能可以成为营销的工具。另外,微信能拉近农产品经营者和消费者的距离,互动性更强,让农产品的营销活动变得更加便利。

**5. 营销方式人性化**

微信改变了传统的营销方式,消费者由被动地接受广告信息变成主动地获取信息。微信消费者可以选择是否关注某一公众号,是否查看某一人的朋友圈,还可以将某一群组设置为消息免打扰,消费者有了更大的选择权。信息的获取,或者广告的接受与否,均由消费者自己掌控,使微信的营销方式变得更加人性化。

**6. 获取的用户群更加真实**

微信的每一个用户基本都是真实、有效的,由于微信营造的是熟人关系网络,每一个活跃的微信账户背后就是一个真实的人,每一条发送成功的营销信息,用户基本都能看到。

**7. 营销信息到达率高,信息交流的互动性更加突出**

微信公众号推送的每一条信息,理论上都可以到达用户的手机上,并且微信具有很强的互动及时性,用户可以对每条信息进行点赞、评论和转发,还可以与公众号进行互动。农产品销售与微信营销结合，改变了传统的农产品销售的渠道，省去了诸多中间环节，没有了中间商从中赚取利润，也降低了中间成本，创造了农产品销售的C2C模式。消费者能以优惠的价格品买到优质的农产品，农产品也能以较高的价格销售，微信在中间起了巨大的作用。

### 3. 农村电商朋友圈运营

1）朋友圈概述

微信朋友圈于2012年上线。用户可以通过朋友圈发表图片、视频、文字，同时可将其他APP中的文章或音乐分享到朋友圈。用户还可以对好友发布的状态进行评论或点赞。通过朋友圈，普通消费者在购买、使用某种农产品后，可通过文字、图片等分享自己的使用感受，引起潜在消费者的兴趣。商家可以通过朋友圈宣传农产品，并通过更为深入的交流和互动来推动消费者采取进一步的购买行动。

2）基于朋友圈的农村电商

（1）农产品朋友圈营销的策略。

① 免费试吃。在朋友圈发起免费试吃活动，试吃条件可以是在朋友圈发布有关试吃的活动信息，一传十、十传百，形成裂变式的信息传播。对于水果一类的农产品，味道和口感是客户最关心的，也是最能影响销量的因素。所以在正式销售之前，先推出免费试吃活动，让消费者先体验水果的口感，消费者品尝之后，觉得品质不错，进而要求消费者在其微信朋友圈分享口感，吸引更多的人关注。

② 朋友圈分享。在活动运营的过程中，发掘与活动相关的视频、照片、文案等进行分享，如"皮薄多汁不打蜡"等，可在朋友圈广泛传播，形成关于本品牌的文化。

③ 朋友圈推出满赠促销活动。经过免费试吃活动后，商家积累了一定的消费者群体，当目标消费者达到一定数量时，可启动第一轮促销活动，如买十箱苹果送一箱，买一箱送一个，通过促销活动提升转化率。消费者为得到赠送的一箱苹果，会介绍亲朋好友进行凑单，间接地提升了客单价。

（2）农产品朋友圈软文营销。所有软文都有一个共同特征，就是围绕特点、优点、利益点来写。其中，特点是产品固有属性，优点是特点带来的好处，利益点则是优点能带给消费者的好处。

（3）农产品朋友圈营销技巧。

① 图文并茂，控制频率。在朋友圈推广农产品时，一定要注意严格控制字数、适当展示图片，不可开启"满屏霸屏"模式。关于推送时间，建议根据具体需要推广的产品或服务进行选择，不能一概而论。其基本原则是让消费者在休息的时间看到，同时又不会引起其反感情绪。

② 微信昵称要与农产品、服务相结合。朋友圈信息推送的时间往往不是消费者产生实际需求的时间，若商家的微信昵称难以记忆，当消费者有实际需求准备购买时，就很难准确找到商家，会导致商家错失成交机会。如果商家将微信昵称改为和产品、服务相关的名字，则可以提升消费者的搜索体验。

③ 内容联系实际，切合热点。如果将农产品、服务信息推送当作广告来做，消费

者往往一扫而过，不会关心推送内容，更没兴趣查看详情。如果将农产品、服务信息和当前热点结合起来，消费者乐于查阅详情，同时也会对农产品、服务留下良好的印象，比商家直接发广告的效果要好很多。

## 二、农村电商短视频运营

### 1. 短视频概述

1）短视频的概念

短视频是一种新型视频形式，视频长度以"秒"计数，主要依托移动智能终端实现快速拍摄和美化编辑，并可以在社交媒体平台实时分享，短视频融合了文字、语音和视频，可以更加直接、立体地满足用户的表达和沟通需求。

2）短视频的特征

短视频不只是长视频在时长上的缩短，也不只是非网络视频在终端上的迁移，还具备创作门槛低、互动性和社交属性强、消费与传播碎片化的特征。其具体特征如下：①长度基本保持在10分钟以内；②整个视频内容的节奏比较快；③视频内容一般比较充实、紧凑；④比较适用碎片化的消费方式；⑤主要通过网络平台传播。

通过短视频呈现农村生活的视觉场景，唤醒受众对乡土生活的记忆，这对重塑新农村形象、加速推动乡村经济振兴与文化传承具有重要的意义。

3）短视频的类型

（1）短纪录片型。短纪录片呈现乡村的生态景观、建筑特色及日常生活等，聚焦农民的人生百态，具有微观纪实的特点。其内容也呈现出"微叙事"的特征，对于受众而言，每一条短视频都是独立的短纪录片，真实、鲜活是其不变的底色，直观的画面也使遥远的乡村生活变得生动、立体。

（2）"网红"型。除依靠丰富的视频场景、优质的视频内容，短视频博主在传播活动中也形成了自身鲜明的人物形象与个人品牌，这是内容变现的关键一步。"巧妇9妹"通过在视频中呈现自家种植的果园、亲手腌制的家乡特产咸鸭蛋等美食，已经转变成具有个人特色的农副产品品牌。长期以来通过视频"亲眼见证"果树从种植到结果的成长过程，以及所有食物就地取材的真实记录，受众对品牌逐渐产生信任与认同。

（3）"草根"型。以快手为代表，大量"草根"借助短视频风口在平台上输出基于"三农"的搞笑内容，这类短视频虽然存在一定的争议，但是在碎片化传播的今天也为网民提供了不少娱乐谈资。

（4）情景短剧型。该类视频短剧多以搞笑创意为主，在互联网上引发了非常广泛的传播。

（5）技能分享型。随着短视频热度的不断提高，技能分享类短视频也在网络上引发了广泛的传播。例如，付老师种植技术团队的主题是农业技术指导等。

（6）街头采访型。街头采访也是目前短视频的热门表现形式之一，其制作流程简单、话题性强，深受都市年轻群体的喜爱。

（7）创意剪辑型。利用剪辑技巧制作或精美震撼或搞笑幽默，或加入解说、评论等元素，也是不少广告主利用新媒体短视频热植入广告的一种方式。

4）短视频对于农村电商的价值

随着短视频迎来高速发展期，农村电商可以与之深度融合，具体体现在以下三个方面。

（1）强有力地推动农产品上行。短视频内容可有机地与电商销售结合，很多短视频平台具备购物功能，可以实现"粉丝变现"。利用短视频进行农产品销售的门槛较低，短视频能做到农产品的种植、加工、包装整个流程的可视化，消费者会更放心地做出选择。"三农"题材类的短视频内容主要表现在乡野美食、农情农务、风土人情乡土风貌等几个方面，这也体现了农村集生活、生产、文化、生态等功能于一体的特征。

（2）农产品营销传播速度快，覆盖范围广。与传统营销模式相比，短视频营销的传播速度快。重要的是，在快节奏的生活方式下，短视频"短"的特点尤其受到用户青睐。无论是快手还是抖音，只要内容足够精彩，就能在很大程度上引发大量用户的转发，达到大面积传播的效果。

短视频平台除了通过自身平台转发和传播外，还可以与微博、微信等社交平台打通，将内容精彩的短视频通过流量庞大的微博或微信进行传播，进而获得更多的流量，推动短视频传播范围的进一步扩大。

（3）数据效果可视化。短视频营销较传统营销有一个明显特点，就是可以对视频的传播范围及效果进行数据分析，如分析点赞量、关注量、评论量、分享量等。无论是哪一类短视频，都能直观地看到播放量、评论量等数据。运营者可以通过数据分析，分析行业竞争状况，掌握行业风向，调整并及时优化短视频内容，从而达到更好的营销效果。

2. 农村电商短视频运营方法

1）短视频拍摄与剪辑

制作短视频是一项实操性非常强的工作，需要从挑选合适的器材开始，然后利用相关道具和剪辑制作软件，才能制作出好的短视频。

（1）拍摄器材和道具。

① 拍摄器材。对初期的短视频团队来说，拍摄器材用手机即可，因为现在手机的拍摄功能非常全面，比如苹果、华为等高端手机的拍摄功能十分强大，基本可以满足新手的拍摄需求。

经过一段时间的发展，在有经验和预算的情况下，运营者可以考虑单反相机。机型的选择需要根据自身情况决定。

② 音频设备。音频设备主要是话筒。前期推荐选择有线的专业话筒，后期再配备更高端的"无线小蜜蜂"。当然，也要看视频的具体形式，如果是情景剧等类型，拍摄距离远，就需要选择"无线小蜜蜂"；如果是街坊类的短视频，选择"有线+防风罩"一般就够用了。

③ 灯光设备。一般为保证更好的拍摄效果，拍摄需要尽量配好光源。普通用户可选择价格低的柔灯箱，但其缺点是使用麻烦，需要组装，携带也不方便。预算充足时，可以购买LED灯，小巧轻便。

④ 辅助器材。稳定器：拍摄时，为了保持摄像机的固定、保证画面的稳定输出，就需要借助稳定器。选购稳定器时需要注意稳定性和便捷性。静物台：纯白底的商品视

频照片都是在曲面的静物台上拍摄的，实际拍摄中，静物台可以用桌子、椅子、纸箱来代替。滑轨：为实现动态的效果，需要借助轨道的移动来拍摄，此时就要用到滑轮。

（2）拍摄脚本。为提高短视频拍摄的效率，短视频团队一般先要建立一个拍摄提纲，这就是拍摄脚本。脚本由配音、关键字幕、同期声、背景音乐等组成，是人物表演和后期剪辑的指导，还能用于预判视频的拍摄制作成本。短视频拍摄脚本是提高效率、保证主题、节省沟通成本的重要工具。短视频团队中，不是每个团队成员都懂视频的拍摄和制作，所以脚本里的镜头设计大多是写给摄影师看的。脚本要体现出对话场景演示、布景细节和拍摄思路，需注意以下几个要点。

① 消费者。消费者才是短视频创作的出发点和核心。站在消费者的角度，消费者思维至上，才能创作出消费者喜欢的作品。

② 情绪。比起传统长视频，短视频不只是文字和光影的堆砌，还需要更丰富的情绪表达。

③ 细化。短视频就是用镜头讲故事，镜头的移动和切换、特效的使用、背景音乐的选择、字幕的嵌入，这些都需要细化，以确保整个情景的流畅。简易短视频制作脚本模板如表 6-3 所示。

表 6-3　简易短视频制作脚本模板

| 镜号 | 配音、解说词 | 关键字幕（标注是否要留白） | 画　面 | 音效、同期声 |
| --- | --- | --- | --- | --- |
|  |  |  |  |  |
|  |  |  |  |  |
| 片尾 |  |  | 字幕+特效 |  |

（3）剪辑软件。视频剪辑软件是对视频源进行非线性编辑的软件，属多媒体制作软件范畴。它通过对加入的图片、背景音乐、特效、场景等素材与视频进行重混合，对视频源进行切割、合并，通过二次编码，生成具有不同表现力的新视频。常用的剪辑软件有如下几种。

① 万兴神剪手。万兴神剪手是一款功能十分强大的视频编辑软件，其界面简洁美观、操作简单易用，拥有强大的视频剪辑处理功能，可以帮助用户轻松进行视频的剪辑工作。软件集视频剪辑、格式转换、屏幕录制等多重功能于一体。

软件内置多种滤镜效果、贴图蒙版、海量文本、字幕、片头标题特效，以及丰富的精美动态贴图效果，将这些特效添加到视频中，可以让视频更具有创意更加炫酷，以制作出各种高质量的视频作品。

此外，软件还提供去除噪声、超高清 K 视频剪辑、视频变速、逐帧预览、高级色彩编辑引擎等大量的实用功能，是一款不可多得的视频编辑软件。

② 拍大师。拍大师是一款功能专业且简单易用的屏幕 / 游戏录制、视频编辑工具，可以轻松录制 1080P 超清流畅视频。各种游戏录像、电影电视、街拍实拍、段子，都可以通过拍大师进行快速剪辑、配音解说、变声变调、加背景音乐、加字幕、加画中画、变速、调色等编辑。软件自带多种炫酷转场动画、GIF 动图、片头、音效、唯美滤镜、动态文字等特效，作品支持快速导出并上传到各短视频平台。

③ 快剪辑。快剪辑是 360 公司推出的一款非常优秀的小视频剪辑制作软件，永久免费。相比其他视频剪辑软件，快剪辑的剪辑视频更加快速高效，剪辑完成就可以发布

上传，非常方便，录制完成后还可以添加多种特效效果。

④爱剪辑。爱剪辑是一款全能的免费视频剪辑软件，支持 iOS、安卓、PC 端设备，用户不需要理解"时间线"等专业词汇就能实现零基础剪辑。除丰富的滤镜功能、炫酷转场、MTV 字幕、去水印等功能外，爱剪辑官网还提供丰富的学习教程。

⑤会声会影。会声会影是一款功能强大的视频编辑软件，具有图像抓取和编辑功能，并提供 10 多种编辑功能与效果，可导出多种常见的视频格式，甚至可以直接制作成 DVD 和 VCD 光盘。

会声会影的主要特点是操作简单，适合家庭日常使用，可提供完整的影片编辑流程解决方案，实现从拍摄到分享，处理速度加倍。

（4）剪辑操作。在短视频剪辑过程中，好的剪辑要让观众注意不到剪辑的痕迹，一般要从以下六个要素考虑。

①信息。信息就是通过镜头呈现给观众的内容，分为视觉信息和听觉信息。

②动机。镜头之间的切换、转场都是有动机的。例如，画面中的被摄对象陷入回忆时的镜头应该切换到回忆的画面。

③镜头构图。摄影师通过调整被摄对象的周边对象和背景的关系达到最佳的构图效果。

④摄影机角度。摄影师一定要考虑几个重要的问题：摄影机该放在什么位置，画面中有几个人物，拍摄的主要对象是谁，如何展现人物的特点。摄影师要通过一系列的角度设置获得最佳的效果。

⑤连贯。好的剪辑能够达到平稳、连贯的效果，给观众以行云流水的感受。

⑥声音。对声音的剪辑有两个重要概念：对接剪辑和拆分剪辑。对接剪辑就是画面和声音的剪辑点一致；拆分剪辑是指画面先于声音被转换，以保证画面切换更自然。

2）农村电商短视频运营技巧

随着智能手机的普及，刷短视频成为一种新的生活方式。而新时代的农民并没有在这个浪潮中落后，不少新农民立足于质朴的内容、有趣的劳作场景、充满原生态的田园风光，在短视频平台上一拍成名，迅速积聚了人气，成为短视频"红人"。走红之后，他们获取了丰厚的销售红利。农村电商相关的短视频运营方法可以从以下几点入手。

（1）策划短视频内容。

①巧扣热点，做好内容策划。什么样的内容观众感兴趣？虽然不同的人有不同的兴趣点，但也有共性，那就是对热点的关注。短视频等的创作可以围绕热点展开。一些原产地的名优特产，如果能用短视频的形式，结合时下热点，展示新农民的新面貌，这样的内容是非常吸引人的。

②内容体现新农村新风貌。农村现在到底怎么样？这是很多城市人很感兴趣的。在乡村振兴的大背景下，农村正在发生翻天覆地的变化。用短视频来展示新农村、新风貌是一种很好的营销。好山好水才能出好的农产品，只有充分亮出新农村的"新名片"，才能吸引消费者关注这片土地上出产的优质农产品。新农村的新风貌可以是农村的人文、农村的田园风光，也可以是农民的精神风貌和农家趣事。

新农村生活的点点滴滴都是好的短视频素材，都能够对农产品的营销起到很好的促进作用。

③ 乡情就是日常生活。短视频里，除直观展示乡村场景外，还可以表现乡情。乡情可以为农产品的营销打下很好的情感基础。

④ 简洁化、场景化。不同于其他构图精美、镜头质感十足的影视作品，农村电商创作者的短视频大多呈现的是简单甚至粗糙的视觉画面，没有精细的剪辑技巧，也没有背景音乐加以渲染衬托。他们用同期声画面呈现出乡村生活的常态，增加了受众的情景代入感和主观体验感。

⑤ 突出农产品优势直接表现。短视频的最大优势是生动直观，一目了然。因此，用短视频进行农产品营销是非常合适的。怎么样拍才能打动观众的心，激起他们的购买欲？下面以水果为例进行介绍。

第一，新鲜。产地直销，现买现摘。拍摄水果类短视频可展示果园全景和摘果子的镜头。第二，好看。很多人吃过水果，但没有见过果实挂满枝头的情景，拍摄可以用近景、中景展示果实挂满枝头的情景。第三，好吃。好吃是水果最重要、最吸引人的亮点，可以展示现摘水果、当场试吃的情景，对于水果的打开过程用近景展示，表现其多汁的果肉。镜头的冲击力能大幅激发观众的购买欲。第四，物流保证。新鲜的农产品能快速到达购买者手中是非常重要的，要有充分的物流保证才能让观众坚定购买的决心。短视频中只要能充分展示农产品的优势特色，并且能保证又快又好地让购买者收到，这样的短视频营销往往能取得不俗的销售成绩。

（2）设置短视频标题。优秀的标题是整个视频的点睛之笔，也是整个视频创意的凝聚点。短视频标题核心的两个作用：一是让观众有观看的冲动，标题内容精简、描述完整，或留下问题，都可以帮助观众提高对视频的理解；二是让平台推荐到精准客户，很多短视频平台的推荐机制是"机器审核+人工审核"，因此，标题中的精准词汇越高，获得的精准推荐也会越多。

（3）选取好短视频封面。短视频封面一般起着视频预告、补充标题的作用，可以传达文字无法描绘的画面感。一般情况下，短视频将内容核心，如场景、事件现场、人物、事件主体，作为封面使用。

① 封面要清晰明亮，凸显情节。短视频封面要尽可能清晰明亮，如果太模糊或太昏暗会给人粗制滥造的感觉，影响消费者的体验。封面要凸显故事情节，可以使用突出故事高潮的画面作为短视频的封面。对于很多直接卖货引流的账号，如美食类账号，一定要突出刺激点，可以直接截图各色美食的动态图片作为封面，直接放出清晰、诱人的大图，刺激观众的眼球和味蕾，以增加播放量和转化量。

② 排版要层次分明，布局合理。封面的排版和布局要层次分明，不要与视频的其他元素相互阻挡。农产品的短视频封面最好使用固定风格，以加深观众的印象，制作也省心。例如，封面放视频主角或者品牌形象，增强观众的注意力。字体一定要大，一般使用24号字体，字数控制在10个字以内，粗体或者描边，居中显示。

③ 运用动态贴纸元素，提升视频理解。短视频封面运用动态图片或者贴纸，可以丰富画面效果，渲染环境氛围，增强核心观点的可视性，帮助观众捕捉内容亮点，也可以对视频中的商品、互动信息操作进行引导强化。

④ 配置好短视频背景音乐。对一个视频来说，听觉感知是非常重要的一环。在短视频中，创作者通过人声讲解内容、建立人设，同时通过音乐带动内容、唤起情绪。创作者首先要把握视频的内容，根据内容选择最合适的音乐，现有音乐多是围绕场景标签归类（如轻松、抒情）的，匹配精准度有限。为保证准确性，可以综合乐理知识找到节奏、旋律、和声三个可量化的特征进行相似匹配。

对于热门音乐，创作者可通过监测音乐的发布时间和使用人数，实时更新热度正在飙升的背景音乐（包含段子配音等），越早使用具有热门潜质的背景音乐，越有可能获得流量曝光和推荐。有音乐天赋的人还可以制作原声音乐。

## 课堂实训

| 活动题目 | 农村电商社交平台运营策略 |
| --- | --- |
| 活动步骤 | 对学生进行教学分组，每3~5人为一个小组，以小组为单位进行讨论 |
| | 讨论并收集农村电商主流社交平台，并将结果填入表6-4中 |
| | 讨论并总结农村电商不同社交平台的运营策略，并将结果填入表6-5中 |
| | 每个小组将小组讨论结果形成PPT，派出一名代表进行演示 |
| | 教师给予评价 |

表6-4 收集结果

| 序号 | 农村电商主流社交平台 |
| --- | --- |
| 1 | |
| 2 | |
| 3 | |

表6-5 农村电商社交平台运营策略

| 平台 | 运 营 策 略 |
| --- | --- |
| 1 | |
| 2 | |
| 3 | |

## 自学自测

1. 名词解释

（1）服务号

（2）订阅号

（3）短视频

2. 简答题

（1）农村电商淘宝平台运营中的商品优化从哪几个方面来进行？

（2）农村电商拼多多平台商品推广的方式有哪些？

（3）农村电商朋友圈如何运营？

# 第七章
# 农村直播电商

 **教学目标**

- ☑ 了解直播电商的概念、特点、模式。
- ☑ 熟悉直播电商的流程。
- ☑ 掌握农村电商直播前的准备工作。
- ☑ 掌握农村直播电商的运营内容。

 **学习重点和难点**

**学习重点：**

- ☑ 能够掌握农村电商直播前的准备工作。
- ☑ 能够掌握农村直播电商的运营内容。

学习难点：
- ☑ 能够掌握农村电商直播脚本的策划。
- ☑ 能够学会直播语言技巧的设计。
- ☑ 能够灵活运用直播间的互动技巧。

 **思政小课堂**

通过对农村直播电商的了解与学习，学生可以充分了解农村直播电商的相关知识，在学习过程中对乡村振兴有更深入的了解，认识电商对农业的重要性。

 **思维导图**

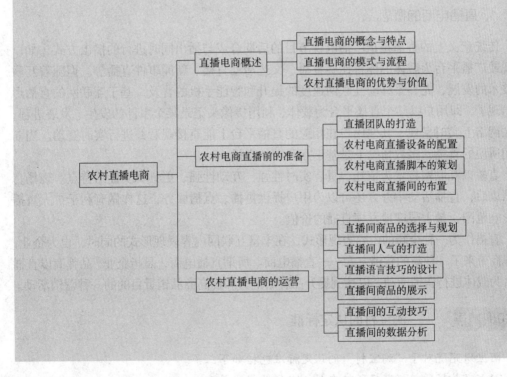

以直播为载体的内容营销已经成为整个企业或品牌商开展营销活动的重要手段。随着平台对直播活动的持续投入，用户通过直播进行购物的习惯逐渐养成，直播营销产业链的渐渐成型，再加上 5G 技术的进一步普及和运用，直播营销在未来将呈现爆发式的增长，引领内容营销的新潮流。

# 第一节 直播电商概述

在当前信息广泛传播的网络时代，静态的图文内容越来越难吸引用户的注意力，而直播是以视频的形式向用户传递信息，其表现形式不仅立体化，还能实现实时互动，更容易吸引用户的注意力，所以直播获得了很多人的青睐。随着直播行业的蓬勃发展，企业/品牌商也纷纷运用直播来开展营销活动，实现销售渠道的开拓和销售额的提升。

## 一、直播电商的概念与特点

在当前社会中，直播电商发展迅猛，各种各样的直播平台如雨后春笋般涌现出来，而"电商+直播"正成为当下一种流行的营销方式。

### 1. 直播电商的概念

传统意义上的直播是指广播电视节目的后期合成与播出同时进行的播出方式，如以电视或广播平台为载体的体育比赛直播、文艺活动直播、新闻事件直播等。但随着互联网技术的发展，尤其是移动互联网速度的提升和智能手机的普及，基于互联网的直播形式出现了，即用户以某个直播平台为载体，利用摄像头记录某个事件的发生、发展进程，并在网络上实时呈现，其他用户在相应的直播平台上能直接观看并进行实时互动。当前人们所说的直播，多数情况下是基于互联网的直播。

直播以互联网技术为依托，具有实时性强、互动性强、更具真实性的特点。现场直播结束后，直播活动举办方还可以为用户提供重播、点播服务，这样做有利于扩大直播的影响范围，最大限度地发挥直播的价值。

直播作为一种全新的内容表现形式，在丰富互联网内容表现形式的同时，也为企业/品牌商带来了一种新的营销方式——直播电商。所谓直播电商，是指企业/品牌商以直播平台为载体进行营销活动，以达到提升品牌影响力和提高商品销量目的的一种营销活动。

> **知识扩展** ▶ **淘宝村的认定标准**
>
> 阿里研究院对于"淘宝村"的认定标准包括如下三条。
> （1）交易场所、经营场所在农村，以行政村为单元。
> （2）在交易规模方面，电子商务年交易额达到1000万元。
> （3）在网商规模方面，本村活跃网店数量达到100家以上，或活跃网店数量达到当地家庭户数的10%以上。

### 2. 直播电商的特点

直播为企业/品牌商带来了新的营销机会。作为一种新兴的网络营销手段，直播电商具有以下三个特点。

（1）即时互动性。传统的营销方式通常是由企业/品牌商发布营销信息，用户被动地接收信息。在这个过程中，企业/品牌商无法立刻了解用户对营销信息的接收情况和用户对营销信息的态度。

而直播具有良好的互动性，在直播过程中，企业/品牌商在向用户呈现营销信息的同时，用户也可以针对营销信息发言和互动，参与到直播活动中。这样既有利于增强用户的参与感，又调动了直播间的氛围。针对某些话题，甚至可以形成意向用户、围观用户及企业/品牌商三方之间的强烈互动，真正实现企业/品牌商与用户之间、用户与用户之间的深度互动，实现营销效果最大化。

（2）场景真实性。在营销活动中，真实、高质量的商品是企业/品牌商赢得用户信任的第一步。在传统的营销方式中，无论是图文式广告，还是视频类广告，它们虽然制作精良、极具吸引力，但是有些用户往往会对其真实性存在质疑，因为它们都是提前制作好的成品，制作过程中经过了大量人为的剪辑和美化。而通过直播的形式，企业/品牌商不仅可以展示商品的生产环境、生产过程，让用户了解商品真实的制作过程，获得用户的信任，还可以展示商品的试吃、试玩、试用等过程，让用户直观地了解商品的使用效果，从而刺激用户的购买欲。

（3）营销效果直观性。消费者在线下购买商品时，容易受到外部环境的影响。而在直播活动中，主播对商品的现场展示和介绍，以及直播间内很多人争相下单购买的氛围，很容易刺激其他用户直接下单购买商品。在直播过程中，直播运营团队可以看到直播间的实时数据，了解直播间内商品的售卖情况，及时掌握直播活动的营销效果。

## 二、直播电商的模式与基本流程

### 1. 直播电商的模式

直播电商具有场景真实的特点，为吸引用户观看直播，直播运营团队需要根据实际情况选择比较具有看点的直播电商模式。具体来说，常见的直播电商模式有以下几种。

（1）商品分享式直播。商品分享式直播就是主播在直播间里向用户分享和推荐商品，或者由用户在直播间的评论区留言，告诉主播自己需要的商品，然后主播按照用户的需求推荐并讲解相应的商品，整个直播的内容就是主播讲解并展示商品。

（2）产地直销式直播。产地直销式直播是指主播在商品的原产地、生产车间等场景进行直播，直接向用户展示商品真实的生产环境、生产过程，从而吸引用户购买。

（3）基地走播式直播。基地走播式直播是指主播到直播基地进行直播。很多直播基地是由专业的直播机构建立的，能够为主播提供直播间、商品等。直播基地通常用于直播机构自身旗下的主播开展直播，或租给外界主播、商家进行直播。在供应链比较完善的基地，主播可以根据自身需求挑选商品，并在基地提供的直播场地中直播。

直播基地搭建的直播间和配置的直播设备大多比较高档，所以直播画面及效果比较理想。此外，直播基地中的商品会在淘宝店铺或天猫店铺中上架，主播在基地选好商品后，在直播时将商品链接导入自己的直播间即可。因为这些商品都是经过主播仔细筛选的，所以比较符合主播直播间用户的需求，而且基地提供的商品款式非常丰富，主播不用担心缺少直播商品。

一般情况下，在基地进行直播时，主播把商品销售出去后，基地运营方会从中抽取一部分提成作为基地服务费。

（4）现场制作并体验式直播。现场制作并体验式直播是指主播在直播间里现场对商品进行加工、制作，向用户展示商品经过加工后的真实状态。食品、小型家电、3C商品（3C商品是计算机类、通信类和消费类电子商品三者的统称，也称"信息家电"，如计算机、平板电脑、手机或数字音频播放器等）等可以采取这种直播电商模式。

尤其对于一些可加工的食品来说，主播可以在直播时加入烹饪食品的过程，然后进行试吃。这样既能向用户展示食品的加工方法，提高用户对食品的信任度，又能丰富直播内容，提高直播的吸引力。对于推广食品类商品的直播来说，虽然主播现场试吃食品的形式会对用户产生较大的吸引力，但是这种形式也存在一定的局限性。一场直播通常持续的时间较长，让主播在一场直播中从头吃到尾，显然是一项不小的挑战。

（5）砍价式直播。砍价式直播是指在直播中，主播向用户分析商品的优缺点，并告诉用户商品大概的价格，待有用户提出购买意向后，主播再向货主砍价，为用户争取更优惠的价格，价格协商一致后即可成交。

（6）秒杀式直播。秒杀式直播是指主播与企业/品牌商合作，在直播中通过限时、限量等方式向用户推荐商品，吸引用户购买。秒杀式直播进行时氛围紧张刺激，价格优惠程度高或稀缺性强，能吸引用户积极参与。

（7）教学培训式直播。教学培训式直播是指主播以授课的方式在直播中分享一些有价值的知识或技巧，如提升英语口语能力的技巧、化妆技巧、甜点制作技巧、运动健身技巧等，主播在分享知识或技巧的过程中推广一些商品。这样不仅能让用户通过观看直播学习到某些知识或技能，也能让用户感受到主播的专业性，提高用户对主播推荐商品的信任度。

（8）才艺表演式直播。才艺表演式直播是指主播直播表演舞蹈、脱口秀、魔术等才艺，并在表演才艺的过程中使用某种商品，从而达到推广商品的目的。才艺表演式直播适用于推广表演才艺时会使用到的工具类商品，如表演才艺穿着的服装、鞋，或使用的乐器等。

为达到良好的直播效果，在这种直播形式中，主播不能只是自顾自地表演，还要与用户互动，这样才能增强直播的吸引力，让缺少语言交流的表演不显得无聊。

（9）开箱测评式直播。开箱测评式直播是指主播边拆箱边介绍箱子里面的商品。在这类直播中，主播需要在开箱后诚实、客观地描述商品的特点和商品的使用体验，让用户真实、全面地了解商品的功能、性能等，从而达到推广商品的目的。

（10）访谈式直播。访谈式直播是指围绕某个主题，主播与嘉宾通过互动交谈的方式阐述自己的观点和看法，从而实现营销推广的目的。

（11）海淘现场式直播。海淘现场式直播是指主播在国外商场、免税店直播，用户通过观看直播选购商品。通过直播海淘现场，用户容易产生仿佛亲身在国外商场购物的感觉，商品的标价也一目了然，有利于提升用户对商品的信任度。

（12）展示日常式直播。在直播中，直播吃饭、购物等日常生活可以作为宣传个人形象的内容。同样，对于企业来说，也可以通过直播企业的日常活动来进行品牌宣传。

企业的日常活动包括企业研发新品的过程、企业生产商品的过程、企业领导开会的情景，以及企业员工的工作环境、工作状态等。对于企业中的从业人员来说，这些事情稀松平常，但对于直播间里的用户来说，这些事情却属于企业运营中的"机密"，对他们有着非常大的吸引力，因此，展示企业的日常活动也是一种吸引用户注意力的直播营销方式。

例如，"凯叔讲故事"策划的"凯叔带你云游故事工厂"，以直播探访"凯叔讲故事"工作基地的方式，带领用户探访"凯叔讲故事"的配音间、玩具设计工作室等，并访问为故事配音的工作人员，向用户揭秘"凯叔讲故事"中的故事和玩具的"生产"方式，在给用户带来新奇体验的同时，也向其展示了品牌商精细化生产商品的态度和过程，从而提升了用户对商品的信任度。

2. 直播电商的基本流程

在直播电商活动之前，直播运营团队要对直播电商活动的整体流程进行规划和设计，以保障直播电商活动能顺畅进行，确保直播电商活动的有效性。

1）定目标：明确直播营销要实现的目标

对于企业/品牌商来说，直播是一种营销手段，因此直播时不能只有简单的才艺表演或话题分享，还要围绕企业/品牌商的营销目标来展开，否则直播只能是"闭门造车"，无法给企业/品牌商带来实际的效益。

企业/品牌商可以参考SMART原则来制定直播营销目标，尽量让营销目标科学化、明确化、规范化。

### 知识扩展 ▶ SMART原则

**1. 具体性（specific）**

具体性是指要用具体的语言清楚地表明要达到的目标，营销目标要明确，不能笼统、不清晰。例如，"借助此次直播营销提高品牌影响力"就不是一个具体的目标；而"借助此次直播电商提高品牌官方微信公众号的粉丝数量"就是一个具体的目标。

**2. 可衡量性（measurable）**

可衡量性是指营销目标应该是数量化的或行为化的，应该有一组明确的数据作为衡量目标是否达到的标准。例如，"利用此次直播电商提高店铺的日销售额"就不是一个可衡量目标；而"利用此次直播电商让店铺的日销售额达到50万元"则是一个可衡量的目标。

**3. 可实现性（attainable）**

可实现性是指目标要客观，是通过付出努力能完成的。例如，企业/品牌商开展的上一场直播吸引了5万人观看，于是企业/品牌商将此次直播要吸引的用户人数设定为100万人，显然这个目标很不切实际，难以实现；而将吸引观看的人数设定为7万人或10万人则相对合理，是可能实现的。

**4. 相关性（relevant）**

相关性是指直播电商的目标要与企业/品牌商设定的其他营销目标是相关的。例如，很多企业/品牌商会在电商平台运营网店，企业/品牌商将某次直播电商的目标设定为"网店首页24小时内的访问量提高80%"，这个目标是符合相关性要求的；而如果企业/品牌商将某次直播营销的目标设定为"将商品的生产合格率由91%提高至96%",则这个目标是不符合相关性要求的,因为直播活动无法帮助商品的生产方提高合格率。

#### 5. 时限性（time-bound）

时限性是指目标的达成要有时间限制,这样的目标才有督促作用,避免目标的实现被拖延。例如,"借助直播电商让新品销量突破10万件",这个目标是缺乏时限的;而"直播结束后24小时内新品销量突破10万件",这个目标则是符合时限性要求的。

### 2）写方案：将抽象思路具体化

开展直播营销要有完整的营销思路,但仅靠思路是无法实现营销目的的。直播运营团队需要将抽象的思路转换成具象的文字表达,用方案的形式呈现出来,并将其传达给参与直播的所有人员,以保证直播活动的顺利进行。

直播方案一般用于直播运营团队的内部沟通,其目的是让参与直播的人员熟悉直播活动的流程和分工。直播方案要简明扼要,直达主题。通常来说,完整的直播方案包括5部分内容,如表7-1所示。

表7-1　直播方案的主要内容

| 直播方案要点 | 说　　明 |
| --- | --- |
| 直播目标 | 明确直播需要实现的目标、期望吸引的用户人数等 |
| 直播简介 | 对直播的整体思路进行简要的描述,包括直播的形式、直播平台、直播特点、直播主题等 |
| 人员分工 | 对直播运营团队中的人员进行分组,并明确各人员的职责 |
| 时间节点 | 明确直播中的各个时间节点,包括直播前期筹备的时间点、宣传预热的时间点、直播开始的时间点、直播结束的时间点等 |
| 预算 | 说明整场直播活动的预算情况,包括直播中各个环节的预算,以合理控制和协调预算 |

### 3）做宣传：做好直播宣传规划

为达到良好的营销效果,在直播活动开始前,直播运营团队要对直播活动进行宣传。与泛娱乐类直播不同,带有营销性质的直播追求的并不是简单的"在线观看人数",而是"目标用户在线观看人数"。

例如,对于一场推广母婴用品的直播,从营销的角度来讲,直播运营团队应该尽量吸引婴幼儿的父母、爷爷、奶奶等人进入直播间,而如果直播运营团队因为追求直播的在线观看人数而吸引了很多大学生来观看直播,这对实现直播营销目标是没有价值的。因此,直播宣传要有针对性,尽可能多地吸引目标用户来观看。具体来说,直播运营团队在设计直播宣传规划时,可以从以下三个方面入手。

（1）选择合适的宣传平台。不同的用户喜欢在不同的媒体平台浏览信息,直播运营团队需要分析目标用户群体的上网行为习惯,选择在目标用户群体经常出现或活跃的平台发布直播宣传信息,为直播尽可能多地吸引目标用户。

（2）选择合适的宣传形式。选择合适的宣传形式是指直播运营团队要选择符合宣传媒体平台特性的信息展现方式来推送宣传信息。例如,在微博平台上,直播运营团队可以采用"文字+图片"或者"文字+短视频"的形式来宣传直播活动;在微信群、微信朋友圈、微信公众号中,直播运营团队可以推送九宫格图、创意信息长图来宣传直播活动;在抖音、快手等平台上,直播运营团队可以通过短视频来宣传直播活动。

(3)选择合适的宣传频率。在新媒体时代,用户在浏览信息时自主选择的余地较大,用户可以根据自己的喜好来选择自己需要的信息,因此,如果直播运营团队过于频繁地向用户发送直播活动宣传信息,很可能会引起他们的反感,导致其屏蔽相关信息。为避免出现这种情况,直播运营团队可以在用户能够承受的最大宣传频率的基础上设计多轮宣传。例如,如果用户能够承受"两天一次广告"的宣传频率,那么直播运营团队就可以在直播活动开始前6天、前4天、前2天,以及直播活动当天分别向用户推送直播活动宣传信息,以达到良好的宣传效果。

4)硬件:筹备直播活动硬件支持

为确保直播的顺利进行,在开始直播前,直播运营团队需要筹备必要的硬件,包括场地选择、直播设备、直播辅助设备等。

(1)场地选择。直播营销活动的场地分为室外场地和室内场地。常见的室外场地有公园、商场、广场、景区、游乐场、商品生产基地等,常见的室内场地有店铺、办公室、咖啡馆、发布会场地等。直播运营团队要根据直播营销活动策划的需要选择合适的直播场地,选定场地后要对场地进行适当的布置,为直播营销活动创造良好的环境。

(2)直播设备。在直播筹备阶段,直播运营团队要将直播使用到的手机、摄像头、灯光、网络等直播设备调试好,防止设备发生故障,以免影响直播活动的顺利进行。

(3)直播辅助设备。直播辅助设备包括直播商品、直播活动宣传物料、直播中需要用到的辅助道具等。

商品作为直播电商活动的主角,在直播开始前就应当准备好,以便在直播过程中主播能够快速地找到并进行展示。直播活动宣传物料包括直播宣传海报、直播宣传贴纸等各种能够在直播镜头中出现的宣传物料。辅助道具包括商品照片、做趣味实验要用到的工具、计算器等,巧妙地使用辅助道具能够帮助主播更好地展示商品,让用户理解直播内容和商品特性。

5)开直播:直播电商活动的执行

做好直播前的一系列筹备工作后,接下来就是正式执行直播电商活动。直播电商活动的执行可以进一步拆解为直播开场、直播过程和直播收尾三个环节,各个环节的操作要点如表7-2所示。

表7-2 直播电商活动执行环节的操作要点

| 执行环节 | 操 作 要 点 |
| --- | --- |
| 直播开场 | 通过开场互动让用户了解本场直播的主题、内容等,使用户对本场直播产生兴趣,并停留在直播间 |
| 直播过程 | 借助营销语言技巧、发红包、发优惠券、才艺表演等方式,进一步加深用户对本场直播的兴趣,让用户长时间停留在直播间,并产生购买行为 |
| 直播收尾 | 向用户表示感谢,并预告下场直播的内容,引导用户关注直播间,将普通用户转化为直播间的忠实粉丝;引导用户在其他媒体平台上分享本场直播中推荐的商品 |

6）再传播：二次传播，放大直播效果

直播结束并不意味着整个直播工作的结束。在直播结束后，直播运营团队可以将直播活动的视频进行二次加工，并在抖音、快手、微信、微博等平台上进行二次传播，最大限度地放大直播效果。

为保证直播活动二次传播的有效性和目的性，直播运营团队可以根据以下步骤来设计直播活动的二次传播计划。

（1）明确目标。设计直播活动二次传播计划，首先要明确实施传播计划要实现的目标，如提高品牌知名度、提高品牌美誉度、提高商品销量等。在此需要注意的是，直播活动二次传播计划要实现的目标并非孤立的，应当与企业/品牌商制定的整体市场营销目标相匹配。

（2）选择传播形式。明确传播目标以后，直播运营团队要选择合适的传播形式将直播活动的二次传播信息发布到网络上。目前常见的传播形式有视频、软文两种，直播运营团队可以选择其中一种形式，也可以将两种形式组合起来。

① 直播视频传播。在直播结束后，通过视频的形式分享直播活动的现场情况是直播活动二次传播的有效方式之一。直播活动二次传播视频的制作包括录制直播画面、直播画面浓缩摘要和直播片段截取三种方式。

a. 录制直播画面。直播运营团队可以将直播画面全程录制下来，也就是说，直播运营团队一边做，实时画面的直播一边录制，这样直播完成后，就可以直接用录制的文件来制作直播回放视频，错过实时直播的用户可以通过观看直播回放视频来获取直播内容。

直播运营团队在制作直播回放视频时，可以为其添加片头、片尾、名称、主要参与人员等信息，以增强直播回放视频的吸引力。

b. 直播画面浓缩摘要。直播画面浓缩摘要的制作逻辑与电视新闻的制作逻辑基本相同，即直播运营团队将直播画面录制下来后，删除没有价值的画面，选取关键的直播画面制作成视频，并为视频画面添加旁白或解说。例如，一场新品发布会直播结束后，直播运营团队将现场直播画面制作成浓缩摘要式视频，并为视频配上解说："×月×日下午2:00，××公司直播了新款手机发布会。发布会上，公司产品经理详细介绍了新款手机的性能（插入产品经理介绍新款手机性能的画面），随后公司邀请了××现场体验手机的各项功能（插入直播中名人体验手机功能的画面）……"

c. 直播片段截取。直播运营团队也可以从直播中截取有趣、温暖、有意义的片段，将其制作成视频发布到网上。

② 直播软文传播。直播软文传播是将直播活动的细节撰写成软文并发布到相关媒体平台上，用图文描述的形式向用户分享直播内容。直播运营团队撰写直播软文时，可以从分享行业资讯、提炼观点、分享主播经历、分享体验和分享直播心得等角度切入。

a. 分享行业资讯。对严肃主题的直播，直播运营团队可以撰写行业资讯类软文来对直播活动进行二次传播。在行业资讯类软文中插入直播画面或直播视频片段，从而吸引更多的业内人士关注或回看直播。

b. 提炼观点。提炼观点是指将直播活动的核心内容，如新品的主要功能、企业未来的发展方向、产品未来的研发方向等提炼出来，并撰写成软文。

c. 分享主播经历。主播可以用第一人称撰写一篇类似日记、工作日志的软文,在软文中回顾直播过程。与用第三人称撰写的文章相比,用第一人称撰写的文章更有温度,也更容易拉近主播与用户之间的心理距离,所以采取这种方式来推广直播更容易引起用户的阅读兴趣。例如,"秋叶大叔"在参加了一场直播后,就曾在自己的微信公众号上发表了一篇文章分享他参加直播的感受和收获等。

d. 分享体验。分享体验就是从用户的角度出发,撰写一篇描述观看直播的体验或感受的软文。由于这种推广软文不是从直播运营团队的角度来写的,而是以用户的视角来写的,体现的是用户的亲身感受,所以更具吸引力和说服力。

e. 分享直播心得。分享直播心得就是直播运营团队从操盘者的角度来撰写一篇分享直播幕后故事的软文,软文的主题可以是"如何策划一场直播""直播宣传引流三部曲"等。

(3)选择合适的媒体平台。确定传播形式以后,直播运营团队要将制作好的信息发布到合适的媒体平台上。如果是视频形式的信息,可以发布到抖音、快手、秒拍、视频号、腾讯、爱奇艺、微博等平台上;如果是软文形式的信息,可以发布到微信公众号、知乎、百家号、虎嗅网等平台上。

7)做复盘:直播后经验总结

复盘本来是一个围棋术语,指的是对弈结束后,双方棋手复演该盘棋的记录,以检查自己在对局中招法的优劣与得失。在直播营销中,复盘就是直播运营团队在直播结束后对本次直播进行回顾,评判直播营销的效果,总结直播的经验教训,为后续直播提供参考。

对效果超过预期的直播活动,直播运营团队要分析直播各个环节的成功之处,为后续直播积累成功经验;对效果未达预期的直播活动,直播运营团队也要总结直播的失误之处,并寻找改善方式,避免在后续的直播中再次出现相同或类似的失误。

直播营销复盘包括直播间数据分析和直播经验总结两个部分:直播间数据分析主要是利用直播中形成的客观数据对直播进行复盘,体现的是直播的客观效果;直播经验总结主要是从主观层面对直播过程进行分析与总结,分析的内容包括直播流程设计、团队协作效率、主播现场表现等,直播运营团队通过自我总结、团队讨论等方式对这些无法通过客观数据表现的内容进行分析,并将其整理成经验手册,为后续开展直播活动提供有效的参考。

## 三、农村直播电商的优势与价值

"农产品+直播"因其"接地气""抓眼球",渐渐组成一对"默契搭档"。果农、菜农、牧民在田间地头搭起一座直播间,瞬间变成"农业主播"。农民直播作为一种新型的农村特色电子商务,直接打通和激活了现有农村电商系统,具有广阔的发展前景。

### 1. 农村直播电商的优势

(1)农产品直播对主播的要求不高。一般来说,直播对主播的要求是比较高的,比如形象、口才、专业技能、专业知识等。而农村电商相关的直播大多数是农民,农产品直播一般不需要过度包装,农民也不需要高颜值、高技能。

(2)多数农产品属于冲动型购买。大多数商品如包、衣服、鞋子、家电等,消费者一般是有需求才会去买。而对于吃的东西来说，消费者往往是在没有明确需求的前提下，呈现出冲动型购买，如被外观吸引、被促销吸引等。

（3）农产品是适合团购的商品。冲动型购买特性和跟风效应让农产品成为适合团购的商品。在直播时，主播通过现场介绍和促销宣传，很容易激发消费者的购买欲。例如，在苹果园直播时，大家一看苹果这么好，一树的果实很快会被抢没，就会抓紧抢。所以，在做直播时，不需要很大力度的促销活动就可以促成团购。

（4）消费者的购物体验更加真切，对商品的了解更加全面。直播弥补了网购最大的不足，即缺乏购物体验。相较于"图片+文字"的传统电商模式，网络直播能更好地给农产品电商赋能。以"出海捕鱼"为例，大家可以看到真实的海鲜，还能看到捕捞过程，再加上主播的讲解和买卖双方直接的对话交流，让消费者更容易对商品、店铺、生产者产生信任感，通过现场称重和发货，消费者的购物体验更加真切。

（5）在线直播的环节是出色的增值过程。以麻辣小龙虾为例，为什么通过直播卖得更贵？因为消费者通过直播可看到商家真的是"六遍清洗、去虾尾"。更为关键的是，消费者购买的就是自己现在看到的这一锅小龙虾，可以现场下订单、现场制作。这种方式对消费者是比较有吸引力的。

（6）消费者对于农产品的源头环节很感兴趣。消费者很想知道自己吃的东西到底是怎么来的，这是很关键的因素。例如，枸杞是怎么采摘下来的、小龙虾是怎么清洗的、海参是怎么捕捞的。这些现场直播的生产制作过程能够满足很大一部分消费者的求知欲。

（7）消除食品安全顾虑。对农产品来说，在线直播是一个商品增值与提升信任的过程。食品安全问题越来越被人们重视，通过直播让消费者看到农产品的生产和制作环节，信任问题就会自然而然地得到解决。这也是直播能提高转化率的原因所在。

（8）降低人力成本。传统电商都是商家一对一地对消费者进行讲解，售前咨询压力大，工作效率低。而对于商品的介绍和一些共性的问题，直播可以一次性予以解决，大大提高工作效率，降低人力成本。

2. 直播对于农村电商的价值

直播不仅可以展现乡村美景，宣传乡土文化，展示新时代农村的变化，还能带动乡村经济的发展。直播对于农村电商的价值体现在以下几个方面。

（1）带货能力强，促进乡村经济发展。从农产品直播的优势可以得知，一方面，直播可以让商品销售更直观。有的商家直播"抓土鸡"，消费者不仅可以看到真正的土鸡，还能看到土鸡的生活环境。另一方面，直播消除了消费者的食品安全顾虑，让消费者可以放心购买。直播可以形成粉丝效应，通过聚集人气形成团购氛围，大幅提高销售效率。

（2）互动性强，营销效果好。直播可以进行双向甚至多向的交流，甚至形成独特的直播弹幕文化、点赞文化。对组织者而言，直播能够帮助其获得观众的反馈信息，便于其及时改进。

直播营销的高效性体现在消费者可以边看短视频边购买商品，这是传统的电视广告不具备的重要优势。在直播中，主播可以将商品的购买链接放置在商品画面的四周或短视频播放界面的四周，让消费者"一键购买"。图7-1所示为淘宝直播，让购物十分方便。

图 7-1 淘宝直播购物

（3）营销效果可衡量。直播电商具有网络营销的特点，运营者可以对其传播和营销效果进行分析与衡量。

> 课堂实训

| 活动题目 | 了解直播电商的流程及模式 |
|---|---|
| 活动步骤 | 对学生进行教学分组，每3～5人为一个小组，以小组为单位实施活动 |
| | 小组成员根据网络直播营销的流程，围绕兴趣爱好策划一场直播，并填写表7-3 |
| | 进行直播营销效果统计，统计直播营销的相关数据，并填写表7-4 |
| | 每个小组将结果提交给教师，教师对结果予以评价 |

表7-3 直播电商流程安排

| 执行环节 | 操作要点 |
|---|---|
| 定目标 | |
| 写方案 | |
| 宣传规划 | |
| 硬件支持 | |
| 开直播 | |
| 二次传播 | |

表7-4 直播营销效果统计

| 指标项目 | 直播间数据统计 |
| --- | --- |
| 观众人数 | |
| 观看粉丝 | |
| 新增粉丝 | |
| 评论人数 | |
| 送礼人数 | |

# 第二节 农村电商直播前的准备

## 一、直播团队的打造

随着新媒体技术的飞速发展,直播行业日益火热。在直播生态区域即将饱和的状态下,单枪匹马、单打独斗做直播已经很难突出重围,组建自己的直播团队非常重要。

1. 直播团队的组织架构

当前直播的风头越来越强劲,电商直播迎来红利期,对于有志于做直播的个人或商家来说现在是很好的入场时机,越来越多的领域正在涌向直播行业这片蓝海。无论是个人还是商家,都正在推动直播行业向专业化、规范化的方向发展。下面主要介绍两种常见的直播团队的组织架构。

1)个人直播团队

在商家直播发展起来之前,个人直播就已经迈入了市场,可以说个人直播是电商直播发展的源头。近几年,直播行业发展迅速,竞争激烈,但仍然有大量怀抱创业梦想的人组建个人直播团队。

一场好的直播并不是主播一个人就能完成的,需要团队成员的默契配合,前期的直播策划、脚本撰写,直播过程中人员的协调配合、主播的良好演绎综合起来才能达到好的效果。个人直播团队的组织架构如图7-2所示。

(1)策划团队。策划团队的主要工作内容包含确定直播主题、策划直播活动,规划脚本和直播中的福利。团队成员要根据主题确定商品、开播时间、直播持续时长,还要针对不同的粉丝群体属性制订不同的福利方案。

策划团队包括编导和场控,其主要职责如下。

① 编导负责策划直播活动,撰写直播脚本等。

② 场控负责直播间的中控台,协调商品的上架、下架,发送优惠信息、红包公告,进行抽奖送礼,随时根据直播间要求更改商品价格,以及控制直播节奏等。

(2)主播团队。主播团队是直播的最终执行方,其工作内容是展示商品,与用户互

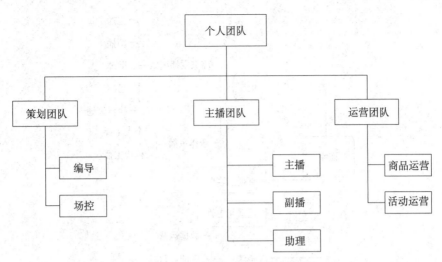

图 7-2 个人直播团队的组织架构

动。除直播外,主播团队还要做复盘、信息反馈,以优化和提升直播效果。主播团队一般包括主播、副播和助理,其主要职责如下。

① 主播负责正常直播,需熟悉商品信息,介绍并展示商品,与用户互动,介绍活动,复盘直播内容等。

② 副播协助主播完成直播,与主播配合,说明直播间的规则,介绍促销活动,补充商品卖点,引导用户关注等。

③ 助理配合直播间的所有现场工作,包括灯光设备的调试、商品的摆放等,有时也扮演副播的角色。

(3)运营团队。运营团队一般包括商品运营和活动运营,主要负责直播的正常运营,其主要职责如下。

① 商品运营负责提供商品,挖掘商品卖点,培训商品知识,优化商品等。

② 活动运营负责收集活动信息,策划活动文案,执行活动计划等。

2)商家直播团队

目前电商直播的浪潮来势迅猛,站在直播的风口上,有经验的商家,尤其是对互联网、电商、新媒体比较熟悉的商家,纷纷开始构建自营直播团队。商家直播团队的组织架构如图 7-3 所示。

(1)主播。商家既可以自建主播团队,也可以根据自己的需要选择合作主播。

① 商家主播团队包括主播、副播、助理、场控和执行策划。在选择主播时,商家要寻找与企业特点相匹配的主播,形象、气质要与品牌形象相契合,并且熟悉企业文化和商品信息,塑造的直播人设要与商品的目标用户群体需求相匹配。

② 合作主播包括个人主播和机构主播:个人主播负责一些活动型直播、品牌塑造型直播等。机构主播与个人主播的作用相似,但是商家可以通过机构推荐选择比较成熟和匹配的主播资源。

(2)直播间客服。直播间客服主要负责直播间的互动答疑,在直播间配合主播完成直播,以及协调商品售后发货问题等。

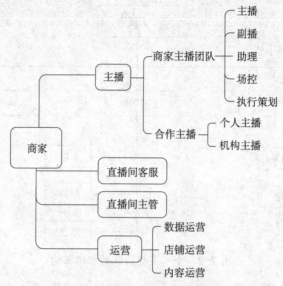

图 7-3 商家直播团队的组织架构

（3）直播间主管。直播间主管主要负责主播的日常管理、招聘、培训、心理辅导等。
（4）运营。运营包括数据运营、店铺运营和内容运营，其主要职责如下。
① 数据运营负责直播数据检测，分析优化方案等。
② 店铺运营负责配合与直播相关店铺的运营工作等。
③ 内容运营负责直播前后的内容宣传、"造势"与运营等。

2. 直播团队的组建

无论是个人还是商家，要想真正做好直播带货，组建直播团队是非常必要的。根据直播工作岗位设置、工作内容、工作流程等要素，个人或商家可以组建不同层级的直播运营团队。

1）低配版直播团队

如果预算不高，那么可以组建低配版团队，根据工作职能，团队需要至少设置 1 名主播、1 名运营，其工作职能分工如表 7-5 所示。

表7-5 低配版直播团队人员职能分工

| 人员 | 运营1人 | | | | 主播1人 |
|---|---|---|---|---|---|
| 职能分工 | 营销任务分解；货品组成；品类规划；结构规划；陈列规划；直播间数据运营 | 商品权益活动；直播间权重活动；粉丝分层活动；排位赛制活动；流量资源策划 | 商品脚本；活动脚本；关注语言技巧脚本；控评语言技巧脚本；封面场景策划；下单角标设计；妆容、服饰、道具等 | 直播设备调试；直播软件调试；保障直播视觉效果；发券、配合表演；后台回复；数据即时登记反馈 | 熟悉商品脚本；熟悉活动脚本；运用语言技巧；做好复盘；控制直播节奏；总结情绪、表情、声音等 |

这种职能分工方式对运营要求比较高，运营必须是全能型人才，懂技术、会策划、

能控场、懂商务、会销售、能运营，在直播过程中集运营、策划、场控、助理等身份于一身，能够自如地转换角色，工作要游刃有余。

设置一名主播的缺点在于团队无法实现连续直播，而且主播流失、生病等问题出现时会影响直播的正常进行。

2）标配版直播团队

企业或商家选择直播带货，一般会按一场直播的完整流程所产生的职能需求组建标配版直播团队。标配版直播团队人员职能分工如表7-6所示。

表7-6 标配版直播团队人员职能分工

| 人员 | 运营1人 | 策划1人 | | 场控1人 | 主播1人 |
|---|---|---|---|---|---|
| 职能分工 | 营销任务分解；货品组成；品类规划；结构规划；陈列规划；直播间数据运营 | 商品权益活动；直播间权重活动；粉丝分层活动；排位赛制活动；流量资源策划 | 商品脚本；活动脚本；关注语言技巧脚本；控评语言技巧脚本；封面场景策划；下单角标设计；妆容、服饰、道具等 | 直播设备调试；直播软件调试；保障直播视觉效果；发券、配合表演；后台回复；数据即时登记反馈 | 熟悉商品脚本；熟悉活动脚本；运用语言技巧；做好复盘；控制直播节奏；总结情绪、表情、声音等 |

标配版直播团队的核心岗位是主播，其他人员都围绕主播来工作。当然，如果条件允许，还可以为主播配置助理，协助配合主播完成直播间的所有活动，这种团队配置的人数基本为4～5人。

3）升级版直播团队

随着团队的不断发展，企业或商家可以适当壮大直播团队，将其改造为升级版直播团队。升级版直播团队的人员更多，分工更细化，工作流程也更优化，其详细职能分工如表7-7所示。

表7-7 升级版直播团队人员职能分工

| 人员 | | 职能分工 |
|---|---|---|
| 主播团队（3人） | 主播 | 开播前熟悉直播流程、商品信息，以及直播脚本内容；介绍、展示商品，与用户互动，活跃直播间气氛，介绍直播间福利；直播结束后，做好复盘，总结语言技巧、情绪、表情、声音等 |
| | 副播 | 协助主播介绍商品，介绍直播间福利，主播有事时担任临时主播 |
| | 助理 | 准备直播商品、使用道具等；协助配合主播工作，做主播的模特、互动对象，完成画外音互动等 |
| 策划（1人） | | 规划直播内容：确定直播主题；准备直播商品；做好直播前的预热宣传；规划好开播时间段，做好直播间外部导流和内部用户留存等 |
| 编导（1人） | | 编写商品脚本、活动脚本、关注语言技巧脚本、控评语言技巧脚本，做好封面场景策划、下单角标设计，做好妆容、服饰、道具等 |
| 场控（1人） | | 做好直播设备如摄像头、灯光等相关软硬件的调试；负责直播中控台的后台操作，包括直播推送、商品上架、监测直播实时数据等；接收并传达指令，如直播运营有需要传达的信息，场控在接到信息后要传达给主播和副播，由他们告诉用户 |

续表

| 人员 | 职能分工 |
|---|---|
| 运营（2人） | 营销任务分解、货品组成、品类规划、结构规划、陈列规划、直播间数据运营、活动宣传推广、粉丝管理等 |
| 店长导购（2人） | 辅助主播介绍商品特点，强调商品卖点，为用户"种草"商品，同时协助主播与用户互动 |
| 拍摄剪辑（1人） | 负责视频拍摄、剪辑（直播花絮、主播短视频，以及商品的相关信息），辅助直播工作 |
| 客服（2人） | 配合主播与用户进行在线互动和答疑；修改商品价格，上线优惠链接，转化订单，解决发货、售后等问题 |

## 二、农村电商直播设备的配置

直播运营人员要想做好直播，带给用户良好的体验。就要优选直播设备，并将各种设备预先调试到最佳状态。根据不同的直播环境和场景，直播可以分为室内直播和室外直播两种。直播场地不同，所选的直播设备也不同。

1. 室内直播设备

室内直播通常适合一些对光线需求强、对细节展示要求高的商品，如服装、美食、美妆等。通常来说，室内直播所需要的设备主要有以下几种。

1）视频摄像头

视频摄像头是形成直播视频的基础设备，目前有带固定支架的摄像头，也有软管式摄像头，还有可拆卸式摄像头。

带固定支架的摄像头可以独立放置于桌面，或夹在计算机屏幕上，使用者可以转动摄像头的方向，如图7-4所示。这种摄像头的优势是比较稳定，有些带固定支架的摄像头甚至自带防抖动装置。

软管式摄像头带有一个能够随意变换、扭曲的软管支架，如图7-5所示。这种摄像头上的软管能够多角度自由调节，即使被扭成S、L等形状后仍然可以保持固定，可以实现多角度的自由拍摄。

可拆卸式摄像头是指可以从底盘上拆卸下来的摄像头，如图7-6所示。单独的摄像头能够被内嵌在底盘上，主播可以使用支架或其他工具将摄像头固定在屏幕顶端或其他位置。

图7-4 带固定支架的摄像头

图7-5 软管式摄像头

图7-6 可拆卸式摄像头

2）耳机

耳机可以让主播在直播时听到自己的声音，从而很好地控制音调、分辨伴奏等。一般来说，入耳式耳机和头戴式耳机比较常见，如图7-7和图7-8所示。大多数主播会选择使用入耳式耳机，因为这种耳机不仅可以减轻头上被夹的不适感，还比较美观。

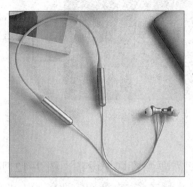
图7-7　入耳式耳机

图7-8　头戴式耳机

3）话筒

除视频画面外，直播时的音质也直接影响直播的质量，所以话筒的选择也非常重要。目前，话筒主要分为动圈话筒和电容话筒两种。

（1）动圈话筒。动圈话筒（见图7-9）最大的特点是声音清晰，能够真实地还原高音。动圈话筒又分为无线动圈话筒和有线动圈话筒，目前大多数的无线动圈话筒都支持苹果及安卓系统。动圈话筒的不足之处在于收集声音的饱满度较差。

（2）电容话筒。电容话筒（见图7-10）的收音能力极强，音效饱满、圆润，让人听起来非常舒服，不会产生高音尖锐带来的突兀感。如果直播唱歌，就应该配置一个电容话筒。由于电容话筒的敏感性非常强，容易形成"喷麦"，所以使用时可以给其装上防喷罩。

图7-9　动圈话筒

图7-10　电容话筒

4）声卡

声卡是直播时使用的专业的收音和声音增强设备，一台声卡可以连接4个设备，分别是话筒、伴奏用手机或平板电脑、直播用手机和耳机，如图7-11所示。

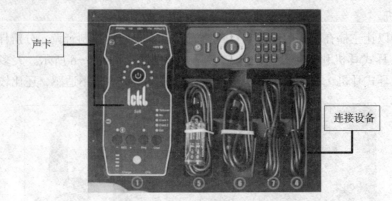

图 7-11 声卡及连接设备

5）灯光设备

为调节直播环境中的光线效果，直播间需要配置灯光设备，图 7-12 所示为环形补光灯，图 7-13 所示为八角补光灯。对专业级直播来说，直播间需要配置专业的灯光组合，如柔光灯、无影灯、美颜灯等，以打造更加精致的直播画面。

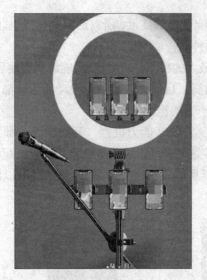 

图 7-12 环形补光灯　　　　　图 7-13 八角补光灯

6）计算机和手机

计算机和手机可以用来查看直播间评论，与粉丝进行互动。其次，手机上的摄像头也可以用于拍摄直播画面。若要直播计算机屏幕上的内容，如直播 PPT 课件，可以使用 OBS 视频录制直播软件；若要直播手机屏幕上的内容，则可以在计算机上安装手机投屏软件，然后利用计算机直播。

7）支架

支架用于放置摄像头、手机或话筒，它既能解放主播的双手，让主播可以做一些动作，也能增加摄像头、手机、话筒的稳定性。图 7-14 所示为摄像头三脚架，图 7-15 所示为手机支架，图 7-16 所示为话筒支架。

 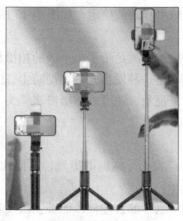 

图 7-14　摄像头三脚架　　　图 7-15　手机支架　　　图 7-16　话筒支架

8）网络

稳定的网络是直播的基础，网络速度直接影响直播画面的质量及观看体验。室内直播时，如果条件允许，应尽量使用有线网络，因为有线网络的稳定性和抗干扰性要优于无线网络。若室内有无线网络且连接设备较少，网络质量较佳，也可以选择使用室内无线网络进行直播。当无线网络不能满足直播需要时，要提前发现并解决，也可以使用移动 4G 或 5G 网络，但要保证手机有足够的流量。

2. 室外直播设备

现在有越来越多的主播选择到户外进行直播，以求给用户带来不一样的视觉体验。户外直播面对的环境更加复杂，需要配置的直播设备主要有以下几种。

1）手机

手机是户外直播的首选，但不是每款手机都适合做户外直播。可进行户外直播的手机，CPU（中央处理器）和摄像头配置要高，可以选用中高端配置的苹果或安卓手机。只有 CPU 性能够强，才能满足直播过程中的高编码要求，也能解决直播软件的兼容性问题。

2）收音设备

室外直播时，如果周围的环境比较嘈杂，就需要外接收音设备来辅助收音，收音设备分为两种：第一种是蓝牙耳机无线；第二种是外接线缆，比较适合对多人进行采访时使用。

3）上网流量卡

网络是户外直播首先要解决的问题，因为它对直播画面的流畅程度有非常直接的影响。如果网络状况较差，就会导致直播画面出现卡顿现象，甚至出现黑屏的情况，这会严重影响用户的观看体验。因此，为保证户外直播的流畅度，主播要配备信号稳定、流量充足、网速快的上网流量卡。

4）手持稳定器

在户外做直播，通常主播需要到处走动，一旦走动，镜头就会出现抖动，这样必定会影响用户的观看体验。虽然一些手机具有防抖功能，但是防抖效果有限，这时需要主播配置手持稳定器来保证拍摄效果和画面稳定，如图7-17所示。

5）运动相机

在户外进行直播时，如果主播不满足于手机平淡的拍摄视角，可以使用运动相机来拍摄，如图7-18所示。运动相机是一种便携式的小型防尘、防震、防水相机，它体积小巧，佩戴方式多样，拥有广阔的拍摄视角，还可以拍摄慢速镜头，主播可以在一些极限运动中使用运动相机进行拍摄。

6）自拍杆

使用自拍杆能够有效避免"大头"画面的出现，从而让直播画面呈现得更加完整，更具有空间感。

自拍杆的种类非常多，如带蓝牙的自拍杆，能够多角度自由翻转的自拍杆，以及带美颜补光灯的自拍杆等。就户外直播来说，带美颜补光灯的自拍杆和能够多角度自由翻转的自拍杆更受欢迎。图7-19所示为一款能够多角度自由翻转的蓝牙自拍杆。

图7-17 手持稳定器　　　图7-18 运动相机　　　图7-19 能够多角度自由翻转的蓝牙自拍杆

7）移动电源

目前直播的主流设备是手机，手机的便携性大大提高了直播效率，但通过手机进行移动直播时，对手机的续航能力是极大的考验，因此移动电源是辅助移动直播的必备设备。

## 三、农村电商直播脚本的策划

一场直播成功与否，决定性因素是主播的内容输出。只要直播的内容有特色，就很容易吸引人。那么，如何打造一场成功的直播呢？撰写优质的直播脚本是关键因素之一。

### 1. 直播脚本的作用

一份清晰、详细、可执行的直播脚本是直播顺利进行并取得良好效果的有力保障。具体来说，直播脚本的作用主要体现在以下三个方面。

（1）提高直播筹备工作的效率。在直播之前，直播运营团队需要事先做好充足的直播规划，不能临近开播才考虑直播主题如何设置、直播场景如何搭建、相关优惠活动如何设置、直播人员如何配置等问题，这样容易出现人员职责不清、相关细节考虑不周等问题。在开播之前制作直播脚本，能够帮助参与直播的人员了解直播流程，明确每个人的职责，让每个人各司其职，从而保证直播筹备工作有条不紊地展开。

（2）帮助主播梳理直播流程。直播脚本能够帮助主播了解本场直播的主要内容，梳理直播流程，让主播清楚地知道在某个时间点应该做什么、说什么，以及哪些事项还没有完成等，减少主播在直播中出现无话可说、活动规则解释不清楚等情况的发生。一份详细的直播脚本甚至在主播语言技巧上都有技术性的提示，能够帮助主播保持语言上的吸引力，游刃有余地与粉丝进行互动。

（3）控制直播预算。对于中小卖家来说，可能直播预算有限，可以在直播脚本中提前设计好自己能够承受的优惠券面额、红包金额、赠品支出等，从而提前控制直播预算。

### 2. 直播前准备工作策划脚本的设计

一场优质的直播是需要提前策划的，直播运营团队可以通过撰写直播前准备工作策划脚本来规划直播前的相关准备工作。直播前准备工作策划脚本有利于提高直播的效率，降低直播中出现错误的概率。以淘宝直播为例，直播运营团队可以参考表7-8来设计直播前准备工作策划脚本。

表7-8 直播前准备工作策划脚本

| 时间 | 工作内容 | 具体说明 |
| --- | --- | --- |
| 直播前15~20天 | 选品 | 选择要上直播的商品，并提交直播商品链接、直播商品的折扣价 |
| | 确定主播人选 | 确定是由品牌方自己提供主播，还是由直播运营团队提供主播 |
| | 确定直播方式 | 确定是用手机进行直播，还是用计算机进行直播 |
| 直播前7~15天 | 确定直播间活动 | 确定直播间的互动活动类型和实施方案 |
| 直播前7天 | 寄样品 | 如果是品牌方自己提供主播、自己做直播，则无须寄送样品；如果是品牌方请达人主播做直播，则品牌方需要向达人主播寄送样品 |
| 直播前5天 | 准备创建直播间所需的相关材料 | 准备直播间封面图：封面图要符合淘宝直播的相关要求；准备直播标题：标题不要过长，要具有吸引力；准备直播内容简介：用1~2段文字简要概括本场直播的主要内容，要重点突出直播中的利益点，如抽奖、直播专享优惠等；准备直播间商品链接：直播时要不断地在直播间发布商品链接，让用户点击链接购买商品，所以要在直播开始前准备好直播商品链接 |
| 直播前1~5天 | 直播宣传预热 | 采取多种方式，通过微淘、微博、微信等渠道对直播进行充分的宣传 |

### 3. 整场直播活动脚本设计

一场直播通常会持续几个小时，在这几个小时里，主播先讲什么、什么时间互动、什么时间推荐商品、什么时间送福利等，都需要提前规划好。因此，直播运营团队还需要提前准备好整场直播活动脚本。

整场直播活动脚本是对整场直播活动的内容与流程的规划和安排，重点是规划直播活动中的玩法和直播节奏。通常来说，整场直播活动脚本应该包括表7-9所示的几个要点。

表7-9 整场直播活动脚本的要点

| 直播脚本要点 | 具 体 说 明 |
|---|---|
| 直播主题 | 从用户需求出发,明确直播的主题,避免直播内容没有营养 |
| 直播目标 | 明确开直播要实现何种目标,是积累用户、提升用户进店率,还是宣传新品等 |
| 主播介绍 | 介绍主播、副播的名称、身份等 |
| 直播时间 | 明确直播开始、结束的时间 |
| 注意事项 | 说明直播中需要注意的事项 |
| 人员安排 | 明确参与直播人员的职责,如主播负责引导关注、讲解商品、解释活动规则;助理负责互动、回复问题、发放优惠信息等;后台/客服负责修改商品价格、与粉丝沟通转化订单等 |
| 直播的流程细节 | 直播的流程细节要非常具体,详细说明开场预热、商品讲解、优惠信息、用户互动等各个环节的具体内容、如何操作等问题,如什么时间讲解第一款商品、具体讲解多长时间、什么时间抽奖等,尽可能把时间都规划好,并按照规划来执行 |

优秀的整场直播活动脚本一定要考虑到细枝末节,让主播从上播到下播都有条不紊,让每个参与人员、道具都得到充分的调配。表7-10所示为一份整场直播活动脚本示例。

表7-10 整场直播活动脚本示例

| 直播活动概述 | |
|---|---|
| 直播主题 | 秋季护肤小课堂 |
| 直播目标 | "吸粉"目标:吸引10万名用户观看;销售目标:从直播开始至直播结束,直播中推荐的3款新品销量突破10万件 |
| 主播、副播 | 主播:××、品牌主理人、时尚博主;副播:×× |
| 直播时间 | 2021年6月28日,20:00—22:30 |
| 注意事项 | (1)合理把控商品讲解节奏;<br>(2)适当延长商品功能的讲解时间;<br>(3)注意对用户提问的回复,多与用户进行互动,避免直播冷场 |

| 直 播 流 程 ||||
|---|---|---|---|---|
| 时 间 段 | 流程安排 | 人 员 分 工 |||
| | | 主 播 | 副 播 | 后台/客服 |
| 20:00—20:10 | 开场预热 | 暖场互动,介绍开场截屏抽奖规则,引导用户关注直播间 | 演示参与截屏抽奖的方式;回复用户的问题 | 向粉丝群推送开播通知;收集中奖信息 |
| 20:10—20:20 | 活动剧透 | 剧透今日新款商品、主推款商品,以及直播间优惠力度 | 补充主播遗漏的内容 | 向粉丝群推送本场直播活动 |
| 20:20—20:40 | 讲解商品 | 分享秋季护肤注意事项,并讲解、试用第一款商品 | 配合主播演示商品使用方法和使用效果,引导用户下单 | 在直播间添加商品链接;回复用户关于订单的问题 |

续表

| 时 间 段 | 流程安排 | 人 员 分 工 主 播 | 副 播 | 后台/客服 |
|---|---|---|---|---|
| 20:40—20:50 | 互动 | 为用户答疑解惑，与用户进行互动 | 引导用户参与互动 | 收集互动信息 |
| 20:50—21:10 | 讲解商品 | 分享秋季护肤补水的技巧，并讲解、试用第二款商品 | 配合主播演示商品使用方法和使用效果，引导用户下单 | 在直播间添加商品链接；回复用户关于订单的问题 |
| 21:10—21:15 | 福利赠送 | 向用户介绍抽奖规则，引导用户参与抽奖、下单 | 演示参与抽奖的方法 | 收集抽奖信息 |
| 21:15—21:40 | 讲解商品 | 讲解、试用第三款商品 | 配合主播演示商品使用方法和使用效果，引导用户下单 | 在直播间添加商品链接；回复用户关于订单的问题 |
| 21:40—22:20 | 商品返场 | 对3款商品进行返场讲解 | 配合主播讲解商品；回复用户的问题 | 回复用户关于订单的问题 |
| 22:20—22:30 | 直播预告 | 预告下一场直播的时间、福利、直播商品等 | 引导用户关注直播间 | 回复用户关于订单的问题 |

直播流程（表头）

#### 4. 直播中单品脚本的设计

单品脚本就是针对单个商品的脚本。在一场直播中，主播会向用户推荐多款商品，主播必须对每款商品的特点和营销手段有清晰的了解，才能更好地将商品的亮点和优惠活动传达给用户，刺激用户的购买欲。因此，为帮助主播明确商品卖点，熟知每款商品的福利，直播运营团队最好为直播中的每款商品都准备一份对应的直播脚本。

直播运营团队可以将单品脚本设计成表格形式，将品牌介绍、商品卖点、直播利益点、直播时的注意事项等内容都呈现在表格中，这样既便于主播全方位地了解直播商品，也能有效地避免在人员对接过程中产生疑惑或不清楚的地方。表7-11所示为某品牌一款电热锅的单品脚本。

表7-11 某品牌一款电热锅的单品脚本

| 项 目 | 商品宣传点 | 具 体 内 容 |
|---|---|---|
| 品牌介绍 | 品牌理念 | ××品牌以向用户提供精致、创新、健康的小家电产品为己任，该品牌主张以愉悦、创意、真实的生活体验丰富人生，选择××品牌不仅是选择一个产品，更是选择一种生活方式 |
| 商品卖点 | 用途多样 | 具有煮、涮、煎、烙、炒等多种烹饪功能 |
| | 产品具有设计感 | （1）分体式设计，既可以当锅用，也可以当碗用；<br>（2）容量适当，一次可以烹饪一个人、一顿饭的食物；<br>（3）锅体有不粘涂层，清洗简单 |

续表

| 项　目 | 商品宣传点 | 具 体 内 容 |
|---|---|---|
| 直播利益点 | "双十一"特惠提前享受 | 今天在直播间内购买此款电热锅可享受与"双十一"活动相同的价格，下单时备注"主播名称"即可 |
| 直播时的注意事项 | | （1）在直播进行时，直播间界面显示"关注店铺"卡片；<br>（2）引导用户分享直播间、点赞等；<br>（3）引导用户加入粉丝群 |

## 四、农村电商直播间的布置

直播间是主播与用户交流互动的场景，很多用户对主播的第一印象都是从主播的外貌和直播间给人的感觉中获得的。直播间的布置风格绝大部分取决于主播的喜好，因此直播间的布置往往能够呈现出很多有关主播的信息，能够突出主播的个性特征，有助于加深粉丝的印象。对于电商直播来说，直播间要突出营销的属性，可以根据直播内容来定位直播间的整体风格。

### 1. 直播场地的基本要求

对于直播场地的选择与规划，直播团队需要优先选择用户购买与使用商品频率较高的场所，以拉进与用户之间的距离。直播间对直播场地的基本要求，可以分别从室内和室外两个场景来说。

直播场地的基本要求

1）室内直播场地基本要求

（1）隔音效果良好，能够有效避免杂音的干扰。

（2）有较好的吸音效果，能够避免在直播中产生回音。

（3）室内光线效果好，能够有效地提升主播和商品的美观度，降低商品的色差，提高直播画面的视觉效果。

（4）室内空间充足，面积一般为 $10\sim40m^2$，如果需要展示一些体积较大的商品，如钢琴、冰箱、电视机等，要注意空间的深度，确保能够完整地展示商品，直播画面要美观。

（5）如果需要使用顶光灯，则要考虑室内的高度，层高一般控制在 $2.3\sim2.5m$，要保证能够给顶光灯留下足够的空间，避免因顶光灯位置过低而导致顶光灯入镜，影响画面的美观度。

（6）为避免直播画面过于凌乱，在直播时不能让所有的商品同时入镜。因此，在直播商品较多的情况下，直播间要留出足够的空间放置其他待播商品。此外，有些直播间会配置桌椅、黑板、花卉等道具，也要考虑为这些道具预留空间。

（7）有些直播中除主播外还会有副播、助理等人员，也要考虑为这些人员预留出工作空间。

2）室外直播场地基本要求

室外场地比较适合直播体型较大或规模较大的商品，或需要展示货源采购现场的商品，如现场采摘农产品、码头现场挑选海鲜或多人共同直播等。选择室外场地作为直播间时，需要考虑以下因素。

（1）室外的天气状况。一方面要做好应对下雨、刮风等天气的防范措施；另一方面要设计室内备用方案，避免在直播中遭遇极端天气而导致直播延期。另外，如果选择在傍晚或夜间直播，还需要配置补光灯。

（2）室外场地不宜过大。因为在直播过程中主播不仅要介绍各类商品，还要回应用户提出的一些问题，如果场地过大，主播容易把时间浪费在行走上。

（3）对室外婚纱照拍摄类对画面美观度要求较高的室外直播来说，一定要保证室外场地的美观，且场地中不能出现杂乱的人流、车流等。

2. 直播间的场景布置

直播间是用户最直接的视觉体验场所，如果直播间环境"脏、乱、差"，用户可能进入直播间之后就马上退出了。因此，直播间首先要保持干净、整洁，在开播之前把各种商品、道具都摆放整齐，营造简洁、大方、明亮、舒适的直播环境。

虽然直播间场景的搭建并没有统一的硬性标准，主播可以根据自己的喜好进行设计与布置，但作为电商直播间，商品营销是主要目的，所以最好用销售的商品来装饰直播间，如可以用摆满商品的货架作为背景，如图7-20所示；或使用品牌Logo（标志）作为直播间的背景墙，这样既显得直播背景干净利索，又能增强品牌效应，如图7-21所示。另外，主播也可以将实体店作为直播间，以凸显直播的场景感，如图7-22所示。

下面根据直播内容主题，详细介绍如何布置直播间场景。

1）美妆类直播间场景布置

美妆类直播间场景布置要求商品摆放美观，使直播画面呈现层次感，强化纵深度，能够突出商品卖点，便于主播进行商品营销。

图7-20　商品摆放背景　　　图7-21　品牌Logo背景墙　　　图7-22　实体店做直播间

（1）直播间大小。一般情况下，美妆类直播间在 10m² 左右即可。

（2）直播间背景墙。背景墙最好简洁干净，以浅色、纯色为主，简洁大方又明亮，也可以适当布置一些装饰品。当然，也可以根据主播形象或直播风格来进行调整，如果主播的人设（即人物设定，包括形象、身份、性格等）是可爱的，直播背景墙或窗帘可以用暖色，如粉色、紫色；如果主播的人设成熟稳重，则尽量以白色、灰色的背景墙为主。灰色是直播间最适合的背景色，不会过度曝光，视觉上也比较舒适，有利于突出妆容或商品的颜色。

（3）美妆展示柜。在展示柜上整齐有序地摆好要销售的商品，不仅让人看上去美观、舒适，还有一定的吸引力。

（4）直播桌、座椅。准备桌面面积足够大的直播桌，便于主播试用、测试、摆放备播商品。另外，考虑到美妆主播长时间直播的舒适度，最好选择低靠背座椅。

如果直播空间较大，为避免直播间显得过于空旷，可以适当放置一些室内小盆栽、小玩偶等装饰品，既符合主播的人设，又与直播主题相契合，能够起到丰富直播背景的作用。

2）服饰类直播间场景布置

服饰类直播间场景布置一般如下。

（1）直播间大小。服饰类直播一般选择 20m² 左右的直播间，要有试衣服的空间，而且除主播外，还可能有展示模特、助理、客服等。

（2）衣架、衣柜。服饰类直播间，要准备当天直播所要销售的服装，并用假人衣架放置主打商品。

（3）地面。直播间地面可以选择浅色系地毯或木色地板，地毯风格要与所售衣服的风格相搭配。为便于展示服饰类、鞋靴类商品，可以搭设方台或圆台。

（4）墙面背景。墙面背景可根据商品类型做搭配，其目的是提升直播间的层次感，能够给用户带来美感和舒适感。

### 3. 直播间辅助道具的使用

主播直播时使用辅助道具，能够非常直观地传达主播的意图，强调直播营销环节中的重点，还能成功地吸引用户的注意力，丰富直播画面，加深用户对直播或商品的印象。直播间常用的辅助道具包括以下几种。

1）商品实物

商品实物是必须要有的道具。主播在镜头前展示商品实物或试用、试穿等，既可以提升商品的真实感，又可以提升用户的体验感。

2）黑板、白板、荧光板等道具板

黑板、白板、荧光板等道具板能够展现文字、图片信息，其主要作用如下。

（1）服饰类直播中提示用户如何确定尺码，如身高 160～170cm，体重 50～60kg，L 码，这样能够提高沟通效率，减少客服的压力。

（2）彩妆类直播中可以给用户提示建议，如什么肤色或什么场合适合选择哪种色号的口红等。

（3）提示当日"宠粉"活动、福利商品等。
（4）提示下单时的备注信息，以及发货或特殊情况说明，如预售×天或×天内发货。
3）手机、平板电脑、电子大屏等
它们主要是配合主播在进行商品介绍时展示商品全貌、官方旗舰店价格、名人同款或明星代言，以及广告宣传等。
4）计算器、秒表等
主播可以用计算器计算商品的组合价、折扣等，以吸引用户的注意力，并且突出价格优势；秒表可以用于营造抢购商品的紧迫感，它们都是有助于商品营销的辅助工具。

4. 直播间灯光的选择

一个好的直播间除有适当的装饰和合理的布局外，灯光布置也非常重要。合理的灯光布置能够有效提升主播的整体形象，展现商品或品牌的亮点，烘托直播间的氛围。
直播间对灯光的要求一般如下。
1）主灯
直播间主灯一般都是选择冷光源的 LED 灯，如果没有特殊要求，$10m^2$ 左右的房间选用功率为 60～80W 的灯即可。
2）补光灯
补光灯又称辅灯，前置的补光灯尽量选择可以调节光源的灯，灯泡的瓦数可以稍大一些，这样便于根据实际需要调整光源的强度。
（1）选择亮度可调节的灯。不同的直播背景需要不同亮度的补光灯，因此有调光功能的补光灯可以配合直播间的整体明暗情况来调节亮度，十分方便。
如果补光灯打不出想要的光线效果，也可以利用补光灯的反射效果，使补光灯反向照射到正对着主播正面的墙面，这样就能在一定程度上形成漫反射效果。而在营造软光效果时，通常都会用到反光板，尤其是在主播面前作为补光光源时，反光板通常能让主播的皮肤看上去更加自然、柔和。
需要注意的是不能补光太多，要掌握好"度"，因为补光光线过硬会导致主播面部过曝，甚至反光，呈现出的光线效果会更差。
（2）选择高频闪的灯。所谓频闪，是指光源的闪烁频率。任何灯光都是会闪烁的，好的补光灯闪烁很快、很密集，肉眼察觉不到，但有些光源经摄像头拍摄后屏幕上呈现一条条的光纹，影响观感，而且长时间使用这样的补光灯会对主播的眼睛造成伤害。在此介绍一种辨别频闪的方法，打开手机相机，对准补光灯，如果手机画面没有出现明显的闪烁，则补光灯可用；反之，则慎用。
3）冷暖灯
灯光颜色主要有暖光、冷光两种，主播可以根据直播间的布置效果选择合适的灯光颜色配置。一种配置是主灯为冷光，一组补光灯为暖光，整体效果为暖光。暖光会让主播看上去更自然，暖暖的感觉也会让人更舒服。对于一些美食类直播间，建议选择暖光系，这样可以衬托美食的色泽，让用户更有食欲。另一种配置是主灯为冷光，一组补光灯为冷暖结合偏冷光，整体效果为冷光。冷光会让主播的皮肤看上去更加白皙透彻，前面补光稍微增加一点儿暖色,可以使皮肤在白皙的同时增加一点儿红晕。服装鞋靴和护肤彩妆类直播间大多采用冷光,这样能够保证服装和护肤品的展示效果。

> **课堂实训**

| 活动题目 | 了解农村直播电商前的准备 |
|---|---|
| 活动步骤 | 对学生进行教学分组,每3~5人为一个小组,以小组为单位实施活动 |
| | 小组成员对点淘平台"闹妈美食厨房""菏泽单县特色美食"两个直播间进行对比分析,并填写表7-12 |
| | 总结直播团队组建及直播间搭建的注意事项,并制作PPT,派1人进行讲解 |
| | 每个小组将结果提交给教师,教师对结果予以评价 |

表7-12 直播间对比分析

| 对 比 项 目 | 闹妈美食厨房 | 菏泽单县特色美食 |
|---|---|---|
| 直播团队类型 | | |
| 直播环境和场景 | | |
| 主要直播设备 | | |
| 直播场地选择 | | |
| 直播间场景 | | |
| 直播间灯光形式 | | |

## 第三节 农村直播电商的运营

直播营销想要获得成功,就应该有一个周密的策划流程。如果只是敷衍了事,将很难获得用户的关注和追捧。

### 一、直播间商品的选择与规划

直播带货的三要素分别为人、货、场,这三个要素是影响直播间商品销量的关键因素。其中,"货"指的是直播中要推荐或销售的商品。商品的选择和规划是直播电商的起点,要想提高直播间的订单转化率,主播一定要善于选品,合理规划商品的定价、结构、陈列、上架顺序等,并对直播间商品进行精细化的配置和管理。

1. 直播间选品的策略

要想直播带货,首先就要有商品,但商品类目繁多,哪些类目适合自己,可以卖得好,是需要主播仔细分析的。这是一项几乎可以决定直播盈利或亏损的重要决策,因此主播一定要制定正确的选品策略。

1）分析画像

在电商直播过程中，主播类似于导购的角色，主要作用是帮助用户减少购物的决策时间。要想提高直播间的转化率，主播一定要学会分析用户画像。

用户画像一般由性别、年龄、地域、兴趣、购物偏好、消费承受力等组成，主播在选品时要判断商品是否符合用户画像所描述的需求。不同的用户群体需要的商品类型不同。例如，如果用户以男性居多，最好推荐科技数码、游戏、汽车用品、运动装备等商品；如果用户以女性居多，最好推荐美妆、服饰、居家用品、美食等商品。主播只有选择符合用户画像的商品，转化率才会高。

2）看匹配度

商品与主播之间一定要相互匹配，至少主播不反感商品，并对商品有自己的认知。主播对商品的介绍不能烦琐、复杂，要把用户诉求与商品卖点在短时间内有条理地表达出来，刺激用户产生购买欲望，进而消费乃至传播。

不管是达人主播还是商家主播，推荐的商品都要与主播的人设标签相匹配。例如，推荐母婴用品时，未婚的女性主播就会缺乏说服力，而拥有"宝妈"身份的主播就会显得自然很多，可信度也更高。

直播平台在选择主播时，一定要把握好主播的定位。主播带货按商品分布类型可分为以下两种情况。

（1）垂直品类带货主播的用户画像较为精准，大部分是热衷于该垂直品类商品的用户群体。垂直品类带货主播的主要作用是帮助用户找到该品类中最合适的商品。但这种直播类型也存在用户覆盖面窄的劣势，除喜欢该垂直品类的用户外，其他人很少进入直播间购物。

（2）全品类覆盖带货主播的选品比较杂，但商品一定要有品牌，且给的价位足够低。除此之外，这类主播还会要求商家向用户发放优惠券、赠品等福利，致力于帮助用户省钱。这种直播类型的优势是人群覆盖面广，劣势是用户画像比较模糊，主打低价商品，用户都是冲着低价来的，商品的价格弹性较大，一旦价格较高，用户的购买意愿就会明显降低。

3）分析需求

对电商直播来说，用户之所以关注主播，大多是因为主播推荐的商品可以满足他们的需求。主播可以通过用户画像预估用户的需求，针对用户的年龄层次、男女比例、兴趣爱好等选择合适的商品。用户的总体需求可以归结为以下三个层面。

（1）保持新鲜感。人都有喜新厌旧的心理，所以主播要提高商品的更新频率，使用户一直保持新鲜感，以此来增加用户的黏性。如果长时间只卖同样的两三件商品，用户可能很快会有厌烦的感觉。

（2）保证商品的品相。主播还要考虑用户的视觉心理，人都是视觉动物，一款商品只有具有好的品相，才更容易激发用户的购买欲望。因此，主播在选品时，要选择那些在外观、质地、使用方法和使用效果等方面能够对用户形成感官冲击的商品，从而使直播带货充满场景感和沉浸感，并活跃直播间的购物氛围。

（3）保证商品的质量。评估主播带货能力的一条重要标准是用户的复购率，而决定用户复购率的通常是商品的质量。电商直播行业曾经发生过一些因商品质量问题而引发的带货风波，这种问题会严重影响头部主播的形象，负面影响很大。而对于中小主播来说，如果商品出现质量问题，更是会对其造成难以承受的打击。因此，直播选品的标准必然要以商品质量为核心。

在直播过程中，主播与用户互动时会收到用户的反馈，其中会涉及他们很多未被满足的需求。用户会在弹幕中说出自己的需求，如"我觉得你的衣服下摆有些长""我想要买笔记本电脑""我想要吃××薯片"……主播可以根据他们提出的需求数量来选择相应的商品，及时补充商品品类，尽可能满足更多用户的需求。

4）结合热度

与短视频发布贴合热点的逻辑类似，直播带货商品的选择也可以贴合热度。例如，端午节时全民都在吃粽子，中秋节时全民都在吃月饼，或某一时间段某知名艺人或直播达人带火了某款商品，这些都是主播可以贴合热度的点。

因此，主播平时要多关注名人、达人的微博或微信公众号，这样当这些名人、达人被电商平台或商家邀请做直播时，主播可以及时看到他们发布的预热文案，从而做好应对的准备，只要抓住机会，就能抓住巨大的商机。

例如，某知名艺人曾经参加某平台的电商直播，当时她穿的是黑白短裙，吸引了直播间用户的目光。很多电商平台的商家都看到了其中的商机，纷纷上新同款服装，于是第二天电商平台就出现了很多打着"××同款黑白短裙，优选布料制作，只要199元""××同款短裙现在特价出售，只需159元"等宣传语的店铺。

人们当下对这些商品保持了高度关注，即使不买，也会在直播间热烈地讨论相关话题，从而提升直播间的热度，吸引更多的用户进入直播间，这在很大程度上也会提高其他商品的销量。

5）具有特色

直播间选品一定要有特色，即选择的商品一定要有卖点，具有独特性。即使是同一款商品，市场上也有很多品牌和风格。用户购买商品不仅仅是为情怀买单，更多的还是会从商品的优势出发，看商品是否具备不同于其他竞品的特色。如果一款商品没有足够吸引人的特色，就不具备长久的竞争能力。

有些主播推荐的商品之所以转化率很低，就是因为商品的卖点不清晰、特色不明显，让用户觉得可有可无。只有商品卖点足够清晰，才能戳中用户的痛点，使其产生冲动消费，从而提升购买转化率。

### 知识扩展 → 诠释各种商品卖点的方式

选择有特色的商品后，主播要提前构思好商品卖点的介绍语言技巧。面对众多的商品，主播可以通过"商品特征＋商品优势＋用户利益＋赋予情感"的方式来诠释各类商品的卖点。

商品特征——清晰、简洁地阐述商品比较独特的成分或功能。

商品优势——基于前面提到的商品功能，进一步说明商品体现出来的优势。

用户利益——基于商品优势，进一步说明商品可以帮助用户解决什么问题，同时说明在直播间购买商品的用户可以获得的额外好处。

赋予情感——主播最后可以赋予商品一定的情感，以激发用户的情感共鸣。

6）高性价比

在直播带货过程中，性价比高的商品更受用户欢迎。例如，某主播直播带货的商品总是给用户"无条件退换"的福利，这样不仅最大限度地保证了用户的权益，还让用户对她产生了极高的信任感，因此用户的复购率非常高。

人们在电商平台购物的原因有两个：一是方便、快捷；二是商品价格便宜。直播属于电商平台的一种营销工具，因此在直播中购物的原因也满足电商平台的以上两个原因。高价位的商品虽然也能在直播间里销售，但很难卖得动，即使是头部主播推荐这类商品，用户也未必会买单。

商品的高性价比还体现在赠送的优惠券上，尤其是大额的优惠券，相当于帮助用户省钱。多数人都有"占便宜"的心理，所以赠送优惠券已经成为刺激用户冲动消费的有效手段。

7）亲自体验

主播在直播间卖货时不仅担任着导购的角色，还担任着代言人的角色。因此，为对用户负责，主播在直播间推荐商品之前，最好亲自使用自己要推荐的商品，这样才能知道它到底是不是一款好商品，是不是可以满足用户的需求，以及它有哪些特性、如何使用、如何推荐等。尤其是在主播原本不熟悉的商品领域，主播更要事先对商品的性能、使用方式有所了解，以提前预计直播过程中可能会发生的突发状况，并准备解决方案，以减少直播中的失误。

例如，主播要想推荐一款洗面奶，就要事先清楚以下几个问题：这款洗面奶适合油性皮肤还是干性皮肤、自己是什么肤质、自己在使用后有什么感觉、身边其他肤质的人使用后有什么感觉、用户对洗面奶有哪些需求、这款洗面奶是否能够满足他们的需求等。这些都需要主播亲自使用、测试和调查后才能得出结论，才能在直播间根据自己的实际使用感受向用户推荐商品，从而增强说服力。

8）查看数据

有经验的主播和运营团队会根据直播过程中的实时数据变化来调整商品规划，主要参考的数据有实时在线人数、粉丝增长率、点击转化率及粉丝互动频率等。例如，主播可以从粉丝互动中了解粉丝对哪些商品或商品的哪些价值点更感兴趣；通过某一段时间的粉丝增长率了解这一时间段自己做的活动或推荐的商品是否能够吸引粉丝。

如果直播间里的观看人数非常多，但购买转化率很低，这时就要考虑商品定位、主播人设等方面是否存在问题。除此以外，主播还要查看直播间每日成交数据，每日不同商品的购物数据，分析哪些商品多久可以销售一空；主播还要查看每日直播数据的峰值和低谷，统计每件商品的成交额、人均成交额、点击转化率和停留时长等。

在直播结束后主播也不能大意，还要进行舆情勘测，并关注退货、结算、售后等问题，根据这些数据及时改进选品的种类。

9）精选货源

主播在选品时，商品的来源主要有以下四条渠道。

（1）分销平台。分销平台主要指淘宝网、京东等电商平台，其优点是适合零基础、想快速冷启动的主播，其缺点是佣金不稳定（有的商家今天设置佣金为50%，明天可能就改为20%）、发货时间不确定（尤其是商品量大时可能会延迟发货，影响购买体验）。因此，主播在选品时一定要找到靠谱的商家，并提前与商家对接好售后流程。

以淘宝直播为例，目前主播可以通过淘宝联盟或阿里V任务来选品。

通过淘宝联盟选品：打开淘宝联盟，搜索其中有佣金的商品，联系卖家制订定向计划，之后卖家会邮寄样品给主播做直播，以此来推广店铺的商品，而样品是否归还需要主播与卖家进行商谈。

通过阿里V任务选品：主播在阿里V任务中查看需要直播的任务，发现合适的任务后进行申请，完成任务后就可以获得佣金。不过，主播在接单过程中要注意查看商品背后的供应链。因为无论是性价比优势还是利润空间，爆品背后的支撑是其供应链管理能力。由于目前直播用户大多带有冲动消费的性质，因此会造成很高的退货率，优质的供应链能够很好地支撑这样的退货率，并尽可能保证利润。

2019年3月，阿里V任务正式推出直播通。直播通是商家与直播间的合作推广工具，能够让商家的商品被更多的主播主动挑选并在直播间里推广，同时直播通也能成为主播的直播选品库，解决主播想为用户展示更多商品的诉求。主播在直播通中可以查看海量商品池，对接多维度的商品供应链，进行选货排期。

（2）自营品牌。自营品牌的商品来源主要是靠招商，其优点是利润较高，适合头部主播；其缺点是对供应链、货品更新、仓储的要求较高。一般来说，只有超级头部主播才有条件建立自己的供应链。

（3）合作商。合作商的商品来源渠道是被动接受（私信、商务联系，如超级头部主播，基本上是商家主动寻求合作的）或主播对外招商，其优点是品牌货后端有保障，商品的转化率与其他非品牌货相比较高；其缺点是品牌货的利润较低，因为品牌商要从中抽走一部分利润。

（4）供应链。供应链的商品来源渠道是自拓展，其优点是利润非常高，适合超级头部主播；其缺点是需要投入大量资金建设供应链，资金压力较大。如果做得好，发展会很顺利；如果做得不好，很有可能会被建设供应链带来的资金压力拖垮。

2. 直播间商品结构规划

一名优秀的直播运营者，要懂得合理规划直播间内的商品结构，商品结构规划不仅会影响直播间的销售业绩，还会影响直播间抵御风险的能力。通常来说，一个直播间内的商品应该包括印象款、引流款、福利款、利润款、品质款五种类型，这五种不同类型的商品在直播间里分别担任不同的角色，发挥不同的作用。

1）印象款

印象款是指促成直播间第一次交易的商品。当产生第一次交易以后，用户会对主播或直播间留下印象，形成一定的信任度，再次进入直播间的概率也会增加，所以印象款的重要性是毋庸置疑的。适合作为印象款的商品可以是高性价比、低客单价的常规商品。例如，在直播间卖包的主播可以选择零钱包、钥匙包等作为印象款商品，卖穿搭商品的主播可以选择腰带、打底衫等作为印象款商品。印象款商品要实用，且人群覆盖面广。

2）引流款

鉴于流量对于直播电商的重要性，每个带货主播在直播时都应该设置引流款商品。这些商品的价格比较低，毛利率属于中间水平。由于人们都有趋利心理，价格低的商品自然会吸引很多人驻足观看，直播间的流量就自然而然地提升了。但是，流量提升不代表商品转化率高，要想提高商品转化率，引流款一定是大众商品，要能被大多数用户接受。

引流款一般放在直播的开始阶段，如1元包邮、9.9元包邮等，用户的购买决策成本较低，再加上限时、限量秒杀活动，提升直播间紧张的购物氛围，可以快速提高商品转化率。有的主播会特地将某一场直播设置为全场低价包邮，以此来吸引用户，达到迅速提高直播间流量、增加粉丝的目的。

3）福利款

福利款一般是粉丝专属，也就是所谓的"宠粉款"，直播间的用户需要加入粉丝团才有机会抢购福利款。主播在做福利款时，有的是直接免费送某款商品作为福利回馈粉丝；有的是将某款商品做成低价款，如"原价99元，今天'宠粉'，9.9元秒杀，限量100件"，以此来激发粉丝们的购买热情。

4）利润款

直播带货的目的是帮助企业或商家实现盈利，因此只设置引流款和福利款是远远不够的。主播一定要推出利润款来实现盈利，且利润款在所有商品中要占较高的比例。利润款应适用于目标群体中某一群特定的小众群体，这些人追求个性，所以这部分商品突出的卖点及特点必须符合这一部分小众群体的心理。

利润款有两种定价模式：一种是直接对单品定价，如"59元买一发二""129元买一发三"等；另一种是对组合商品定价，如护肤套盒、服装三件套等。

利润款要等到"引流"款将直播间人气提升到一定高度以后再引入，在直播间氛围良好时推荐利润款，趁热打铁，这样更容易促成成交，提高转化率。

5）品质款

品质款又称战略款、形象款，它承担着提供信任背书、提升品牌形象的作用。品质款的意义在于，引导用户驻足观看，又让用户觉得价格和价值略高于预期，所以品质款要选择一些高品质、高格调、高客单价的小众商品。

品质款既可以是设计师定制款的限量商品，也可以是孤品、断码品，其真实目的并不一定在于成交，而是提升直播间的定价标准，甚至一款品质款商品可以拉高直播间的平均售价，这就是设置品质款的意义所在。

## 二、直播间人气的打造

在围绕"人、货、场"的直播带货活动中，人是核心。如果只有直播场地和直播商品，用户不来，直播也就没有意义。直播带货的最终目的是销售商品，要想实现这个目的，首先要吸引用户进入直播间，将商品展示给他们，然后活跃直播间的氛围，使用户在热烈的互动氛围中下单购买。同时，主播也要善于引导用户关注自己，让用户成为自己忠实的粉丝，并努力维持粉丝的黏性。

大多数主播在一次直播过程中要推荐数十款商品，某些时长较长的主播可能会推荐更多的商品，要想把这些商品都打造成"爆款"几乎是不可能的，此时主播可以合理安排商品的推荐顺序，用商品调动直播间的人气，带动销量不断攀升。直播间人气的打造分为以下五个步骤。

### 1. 剧透互动预热

直播的开场方式会使用户形成对主播及直播间的第一印象，如果第一印象不好，用户就会立刻离开直播间，很有可能再也不会观看该主播的直播。因此，直播开场具有至关重要的作用，不管主播准备了多少直播内容，如果没有一个好的开场，就会事倍功半，甚至劳而无功。

一般来说，开始直播时观看人数较少，这时主播可以通过剧透直播商品进行预热。主播可以热情地与用户进行互动，引导其选择喜欢的商品。用回复口令进行互动的方式很快捷，直播评论区一般会形成"刷屏"之势，从而调动直播间的气氛，为之后的直播爆发蓄能。

### 2. 宠粉款开局

预热结束后，直播间的氛围已经开始升温，主播这时可以宣布直播正式开始，并通过一些性价比较高的宠粉款商品继续吸引用户，激发其互动热情，并让用户养成守候主播开播的习惯，以增强用户的黏性。

在这一步尤其需要注意的是，宠粉款商品切记不能返场，销售完以后，即使用户要求返场的呼声再高，主播也不能心软，可以告诉用户第二天直播开始时仍然会有性价比超高的商品，以此提升用户留存率。

### 3. 爆款打造高潮

在这一步，主播要想办法营造直播间的氛围。这一步所占用的时间可以占到整场直播时间的80%，但只介绍20%的商品。主播可以利用直播最开始的剧透引出爆款，并在接下来的大部分时间里详细介绍爆款商品，通过与其他直播间或场控的互动来促成爆款的销售，将直播间的购买氛围推向高潮。

例如，某主播在销售高跟鞋时推荐的不再是低价、宠粉款商品，而是168元的外贸原单，属于高客单价商品，但互动和想要购买的用户仍然很多，因为只要在直播间停留5分钟，关注主播，并打出3遍"高跟鞋"口令，就可以领取70元优惠券。对于这种高客单价的商品来说，这种优惠非常让人心动，且每人仅限一双，因此用户们的参与热情高涨。

### 4. 福利款制造高场观

在直播的下半场，即使观看直播的人数很多，还是会有不少用户并非主播的粉丝。为让这些用户关注主播，成为主播的粉丝，或让新粉丝持续关注主播，留在直播间，主播就要推出福利款商品，推荐一些超低价或物超所值的精致小商品给用户，引导用户积极互动，从而制造直播间下半场的小高潮，提升直播的观看率。例如，某主播为粉丝推出粉丝福利，新款包邮免费送，条件只有一个，那就是点关注，成为主播的粉丝，并踊跃互动，在评论区输入1，倒计时3分钟，最后抽取幸运粉丝送出福利。

### 5. 完美下播为下场直播预热

很多主播经常忽视直播结束时的下播阶段，认为反正都要下播了，自己可以随意一些。不过，"行百里者半九十"，主播在直播结束时更不能马虎，否则会让用户感受不到被重视的感觉。另外，如果主播能利用好下播阶段，可以有效地提升下播时的直播场观，还能提升下次开播时的直播场观。

主播在下播时可以引导用户点赞，分享直播；使用秒杀、与用户聊天互动等方式，在下播之前再制造一个小高潮，给用户留下深刻的印象，使用户感到意犹未尽。同时，主播可以利用这一时段为下次直播预热，大概介绍下场直播的福利和商品等。

## 三、直播语言技巧的设计

对主播来说，语言技巧水平的高低直接影响直播间商品的销售效果。直播语言技巧是商品特点、功效、材质的口语化表达，既是主播吸引用户停留的关键，也是促使成交的关键，因此在直播营销中，巧妙地设计直播语言技巧至关重要。

### 1. 直播语言技巧设计要点

语言技巧设计是指根据用户的期望、需求、动机等，通过分析直播商品针对的个人或群体的心理特征，运用有效的心理策略，组织的高效且富有深度的语言。直播语言技巧并不是单独存在的，它与主播的表情、肢体语言、现场试验、道具使用等密切相关。因此，设计直播语言技巧时需要把握以下四个要点。

1）语言技巧设计口语化，富有感染力

高成交率的直播语言技巧设计的重点是主播在介绍商品时的语言要口语化，同时搭配丰富的肢体语言、面部表情等，使主播的整体表现具有很强的感染力，能够把用户带入描绘的场景中。

例如，主播要介绍一款垃圾袋，如果按照说明书上的文字进行严肃而正式的介绍："这款垃圾袋的材质是聚乙烯，抗酸碱性能、抗冲击性能、抗寒性能好，安全无异味，袋壁加厚处理，耐撕扯，耐穿刺。"用户听上去可能没有什么感觉。

但是，如果设计一段偏口语化的语言技巧，效果可能会完全不同："不知道大家有没有遇到过类似的情况，倒垃圾时垃圾袋经常会漏出一些带腥味的液体，味道很难闻，有时候不得不套两个垃圾袋。在超市里买的垃圾袋明明写着是加厚的，买回来一看却很薄。如果有人遇到这种情况，那你一定要买这款垃圾袋。我特别喜欢它的款式，带着一个抽拉绳，能够非常牢固地套在垃圾桶上。它能承重10kg，日常装垃圾完全没有问题，非常方便耐用，直接买就对了。"这样一段浅显易懂的语言技巧加上直播现场的操作演示，能够直接戳中用户的痛点，让用户的感受更真实，更容易做出购买行为。

2）灵活运用语言技巧，表达要适度

很多新手主播经常把语言技巧作为一种模板或框架来套用，但需要注意的是，语言技巧并不是一成不变的，要活学活用，特别是面对用户提出的问题时，要慎重考虑后再回应。对表扬或点赞，主播可以积极回应；对善意的建议，主播可以酌情采纳；对正面的批评，主播可以用幽默化解或坦荡认错；对恶意谩骂，主播可以不予理会或直接拉黑。

凡事要掌握好度，不能张口即来，如果主播在说话时经常夸大其词、不看对象、词不达意，都会成为引发用户反感的导火索。因此，设计语言技巧要避开争议性词语或敏感性话题，以文明、礼貌为前提，既能让表达的信息直击用户的内心，又能够营造融洽的直播间氛围。

3）语言技巧配合情绪表达

新手主播往往缺乏直播经验，可能经常会遇到忘词的情况，这时主播虽然可以参考语言技巧脚本，但一定要注意配合情绪、情感，面部表情要丰富，情感要真诚，加上丰富的肢体语言、道具的使用等。直播就像一场表演，主播就是其中的主演，演绎到位才能吸引并感动用户。

使用语言技巧时，主播不能表现得过于怯懦或强势，过于怯懦会让主播失去自己的主导地位，变得非常被动，容易被牵着走；而如果主播过于强势，自说自话，根本不关心用户的想法或喜好，则不利于聚集粉丝和增加流量。

4）语速、语调适中

在直播时，主播的语调要抑扬顿挫、富于变化，语速要确保用户能够听清讲话的内容。主播可以根据直播内容的不同灵活掌握语速，如果想促成用户下单，语速可以适当快一些，控制在150字/分钟左右，用激情来感染用户；如果要讲专业性的内容，语速可以慢一些，控制在130字/分钟左右，这样更能体现出权威性；讲到要点时，可以刻意放慢语速或停顿，以提醒用户注意倾听。

## 2. 直播语言技巧三原则

直播主要是通过语言与用户进行交流与沟通的，语言是主播思维的集中表现，能够从侧面体现出主播的个人修养与气质。直播语言技巧要符合以下三个原则。

1）专业性

直播语言技巧的专业性体现在两个方面：一是主播对商品的认知程度，主播对商品认知得越全面、越深刻，在进行商品介绍时就越游刃有余，越能彰显自己的专业程度，也就越能让用户产生信任感；二是主播语言表达方式的成熟度，同样的一些话，由经验丰富的主播说出来，往往比由新手主播说出来更容易赢得用户的认同和信任，这是因为经验丰富的主播有更成熟的语言表达方式，他们知道如何说才能让自己的语言更具有说服力。

例如，如果是服装行业的直播，主播必须对衣服的材质、风格、当下的时尚流行趋势、穿搭技巧等内容有深入的了解，并具备一定的审美能力；如果是美妆行业的直播，主播要对护肤品的成分、护肤知识、化妆技巧、彩妆搭配等非常精通。

专业的内容是主播直播的核心，主播只有不断学习，提高自身的专业素养，拥有丰富的专业知识，积累直播的经验，才能在直播中融入自己的专业见解，说话才会更有内涵、更有分量，更容易赢得用户的信任。

2）真诚性

在直播过程中，主播不要总想着如何讨好用户，而应该与用户交朋友，站在用户的角度，以真诚的态度进行沟通和互动。主播要以朋友的身份给出自己最真实的建议，有时真诚比技巧更有用。

真诚的力量是不可估量的，真诚的态度和语言容易激发用户产生情感共鸣，提高主播与用户的亲密度，拉近双方的心理距离，从而提高用户的黏性和忠诚度。

3）趣味性

直播语言技巧的趣味性是指主播要让直播语言具有幽默感，不能让用户觉得直播内容枯燥无味。幽默能够展现主播的开朗、自信与智慧，使用趣味性的语言更容易拉近主播与用户的距离，提升用户的参与感。同时，幽默的语言还是直播间的气氛调节剂，能够帮助营造良好、和谐的氛围，并加速主播与用户建立友好关系的过程。

不过，主播的幽默一定要适度，掌握好分寸，不能给用户留下轻浮、不可靠的印象；其次，主播还要注意幽默的内容，可以对一些尴尬场面进行自我调侃，但不要触及私人问题或敏感话题，而且不能冲淡直播主题，不能把用户的思路越拉越远，最终要回到直播营销的主题上。

要想成为一个出色的电商主播、提升直播语言的趣味性，主播可以通过学习脱口秀节目、娱乐节目中主持人的说话方式来锻炼自己的幽默思维。

## 四、直播间商品的展示

在直播过程中，商品方面经常出现的问题是款式不够、利用率不高、单品销量不够等，其实这是因为主播没有把商品根据符合直播需求的逻辑进行合理化的细分展示。要想扭转这种局面，主播一定要对直播间里的商品进行精细化配置与管理。

### 1. 确定直播主题

电商直播的目的都是销售，主播要对每一场直播进行多样化的主题策划，并以此来进行直播内容的拓展和延伸。主播要明确向谁讲述、讲述什么、如何讲述。

做一场直播如同写一篇文章，首先要确定的就是主题。直播主题有两种类型：一种是场合主题，如休闲、办公、聚会等；另一种是活动主题，如上新、打折、节日等。假设以上两种类型中的每个主题都可以做成一场直播，那么主播就拥有了6场直播的主题，主播可以根据这6个主题不断进行优化。

确定直播主题后，主播下一步就要根据主题配置相应的内容，如同设计文章的各个段落。不同的直播主题要搭配不同特性的商品。以服装电商直播为例，搭配的两大重点分别是风格和套系：风格搭配，如主播风格、人群风格、道具风格等；套系搭配，如单品搭配、一衣多搭、配饰搭配等。

只有风格统一、套系整齐，整个直播间的商品调性才会一致。例如，某抖音账号在直播间推荐某新款平衡车，主播一边使用一边推荐，并根据用户的提问及时回答相应的问题，解决用户的疑问。该直播间陈设的商品都是平衡车，风格统一，很好地反映了直播的主题。

### 2. 规划商品需求

在确定直播主题后,主播可以通过一个简单的表格来规划商品需求,从而清晰地知道每一场直播需要配置什么特征的商品。表7-13所示为规划商品需求的一个例子。

表7-13 规划商品需求

| 直播日期 | 主 题 | 商品数量/件 | 商品特征 | 辅推商品 |
|---|---|---|---|---|
| 6月16日 | 夏至出游拍照必学穿搭 | 500 | 透气性能好,穿着舒适,色彩鲜艳 | 平跟凉鞋、遮阳帽、太阳镜、泳衣 |
| 6月17日 | 遇到心动男生,打造自身魅力 | 1000 | 显瘦款,裙装为主 | 高跟鞋、饰品、包包 |
| 6月18日 | 19.9元包邮"宠粉"活动(项链) | 500 | 小巧精致,凸显气质 | 耳坠、口红、裙装 |

### 3. 规划商品配置比例

商品配置比例是精细化商品配置的核心之一。在规划商品配置比例时,主播要记住三大要素,即商品组合、价格区间和库存配置。合理的商品配置可以提高商品的利用程度,最大化消耗商品库存。商品配置比例的设置类型主要有两种:单品配置比例和主次类目配置比例,如图7-23、图7-24所示。

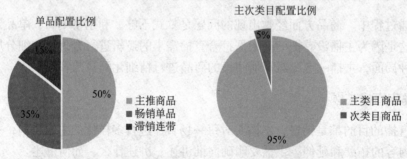

图7-23 单品配置比例  图7-24 主次类目配置比例

确定商品配置比例后,只要根据直播时长等条件确定每场直播的商品总数,就可以根据以上两种类型对应的配置方式做好相应数量的选品,如表7-14所示。

表7-14 一场直播的商品配置比例

| 直播商品总数 | 主类目商品95款 | | | | | 次类目商品5款 |
|---|---|---|---|---|---|---|
| | 主推商品47~48款 | | 畅销单品28~29款 | | 滞销单品 | |
| | 新品数量 | 预留数量 | 新品数量 | 预留数量 | | |
| 100款 | 36~37款 | 10~11款 | 13~14款 | 20款 | 13款 | A款、B款、C款、D款、E款 |

#### 4. 保持商品更新

主播要在规划好的商品配置比例的基础上不断更新商品。为保证每场直播的新鲜感，维护老粉丝的黏性，主播要不断更新直播内容，其中商品更新是非常重要的一部分。一场直播更新的商品总数至少要达到整场直播总商品数的 50%，其中更新的主推商品占80%，更新的畅销单品占 20%。

#### 5. 把控商品价格与库存

在商品需求、商品数量及更新比例都确定好的前提下，主播要进一步把控另外两大要素——价格区间和库存配置。

（1）价格区间。主播在设置价格区间时，要根据商品的原始成本加上合理的利润，再加上一些其他的费用进行设置。设置价格区间时，如果同类商品只是颜色、属性不同，价格差距也不应太大。

（2）库存配置。库存配置是提高直播效果及转化效果的一个重要措施。库存配置的一个重要原则是"保持饥饿"，主播要根据不同场观（单场直播的总观看人数）和当前在线人数配置不同的库存数量，使直播间始终保持抢购的状态。

要想保持"饥饿"状态，库存数量要一直低于在线人数至少 50%。如果条件允许，主播可以直接设置店铺库存来配合直播的库存需求。

#### 6. 已播商品预留和返场

为完善商品配置，更加充分地利用商品资源，主播要对已播商品进行预留和返场。主播要根据商品配置，在所有直播过的商品中选出至少 10% 的优质商品作为预留和返场商品，并应用到以下几个场景中。

（1）日常直播一周后的返场直播，将返场商品在新流量中转化。

（2）当部分商品因特殊情况无法及时到位时，将预留商品作为应急补充。

（3）遇到节庆促销日时，将返场商品作为活动商品再次上架。

### 五、直播间的互动技巧

直播时主播不能只顾自己说话，一定要引导用户热情地互动，调节直播间的氛围。直播间的热烈氛围可以感染用户，吸引更多的人进来观看直播。直播间的互动玩法有很多，如发红包、抽奖、"连麦"、促销活动等。

#### 1. 巧妙派发红包

给用户具体、可见的利益，是主播聚集人气、与用户互动的有效方式之一。在直播期间，向用户派发红包的步骤一般分为以下三步。

（1）约定时间。提前告诉用户，5 分钟或 10 分钟以后准时派发红包，并引导用户邀请朋友进入直播间抢红包，这样不仅可以活跃气氛，还会提升直播间的流量。

（2）站外平台抢红包。除在直播平台发红包外，主播还可以在支付宝、微信群、微博等平台向用户派发红包，并提前告知用户，条件是加入粉丝群。这一步是为向站外平台"引流"，便于直播结束之后的效果发酵。

（3）派发红包。到达约定的时间后，主播或助理就要在平台上发红包。为营造热闹的氛围，主播最好在发红包之前进行倒计时，让用户产生紧张感。

不同的直播间发红包的方式也有所不同，每个直播间都要找到适合自己的红包派发方式。

2. 设置抽奖环节

直播间抽奖是主播常用的互动玩法之一，抽奖的精髓即互惠互利法则。只要用户在直播间停留，本质上就是在用自己的时间与奖品进行交换，很大一部分用户抽完奖后会被吸引，关注主播，并产生后续的购买行为。对于主播来说，用户平均停留时间体现了用户黏性，而这种黏性是需要慢慢"养成"的。主播一定要设计好抽奖环节，虽然奖品是利他性的，但最终结果一定要利己，这才能真正做到互惠互利。

1）抽奖的原则

抽奖要遵循以下三个原则。

（1）奖品最好是在直播间里推荐过的商品，既可以是爆品，也可以是新品。

（2）抽奖不能集中抽完，要将抽奖环节分散在直播中的各个环节。

（3）主播要尽量通过点赞数或弹幕数把握直播时的抽奖节奏。

2）抽奖的形式

抽奖环节的具体设置形式有以下四种。

（1）签到抽奖。主播要每日定时开播，在签到环节，如果用户连续七天来直播间签到、评论，并保存好评论截图发给主播，当主播将评论截图核对无误以后，即可赠予用户一份奖品。

主播开播的前1小时，甚至是前15分钟是主播的黄金时间。如果第1小时直播间的在线人数多，那么主播不仅可以在与同时段的其他主播竞争中获胜，还意味着拥有更长的用户停留时间和更高的商品销量。另外，主播积极地与用户进行互动，营造热烈的互动氛围，会让主播和用户的情绪高涨，同样有利于延长用户的停留时间，进而产生更好的销售效果，从而形成良性循环。

（2）点赞抽奖。主播在做点赞抽奖时，可以设置每增加2万点赞就抽奖一次。这种活动的操作比较简单，但要求主播有较强的控场能力，尤其是在做秒杀活动时，如果刚好到2万点赞，主播可以和用户沟通，承诺在做完秒杀活动以后会立刻抽奖。

点赞抽奖的目的是给用户持续的停留激励，让黏性更高、闲暇时间更多的用户在直播间里停留更长的时间，而黏性一般的用户会增加进入直播间的次数，直接提高用户的回访量，从而增加每日观看数量。

（3）问答抽奖。主播在做问答抽奖时，可以在秒杀活动中根据商品详情页的内容提出一个问题，让用户在其中找到答案，然后在评论区评论，主播从回答正确的用户中抽奖。

问答抽奖可以提高商品点击率，用户在寻找答案的过程中会对商品的细节有更深的了解，增加对商品的兴趣，进而延长停留时间，提高购买的可能性。另外，用户的评论互动可以提高直播间的互动热度。

（4）秒杀抽奖。秒杀抽奖分两次。第一次是在主播剧透商品之后、秒杀开始之前抽奖。主播在剧透商品时要做好抽奖提示，这样可以让用户更仔细地了解商品的信息，增加下单数量，同时延长用户的停留时间。第二次是秒杀之后、剧透新商品之前抽奖，主播要做好抽奖和新商品介绍切换的节奏把控。

> **知识扩展** 主播抽奖环节常犯的错误

主播在直播间抽奖环节经常犯的错误有很多。主播要尽量避免出现这些错误，从而更好地引导用户进行互动，更充分地发挥抽奖环节的作用。

（1）无明显告知，用户在进入直播间时无法在第一时间知道抽奖信息。正确方式：通过口播、小喇叭公告、小黑板等多种组合方式说明抽奖规则和参与方法。

（2）无规则、随意。正确方式：明确抽奖的参与方式，用点赞量达到某个标准为规则开始抽奖，避免整点抽奖。

（3）抽奖环节无任何互动。正确方式：主播提醒用户刷指定的弹幕和评论，以活跃直播间的氛围，然后启动后台抽奖界面，提醒用户关注主播，提高中奖概率。

（4）抽奖只有一次，没有节奏。正确方式：抽奖要有节奏，抽奖一次以后，需要先公布中奖用户，并告知下一次抽奖的条件，以延长直播时长，增加粉丝量。

3. 与主播、名人合作"增流"

如果有条件，主播可以经常在直播间与其他主播或名人合作直播，合作直播一般分为与其他主播"连麦"、邀请名人进直播间两种形式。

1) 与其他主播"连麦"

在抖音、快手这两个平台中，主播之间"连麦"已经成为一种常规的玩法。所谓"连麦"，是指正在直播的两个主播连线通话。"连麦"的应用场景有以下两种。

（1）账号导粉。账号导粉是指引导自己的粉丝关注对方的账号，对方也会用同样的方式回赠关注，互惠互利。在引导关注时，主播可以与对方主播交流，也可以点评对方主播给自己的粉丝关注对方的理由。同时，主播还可以引导自己的粉丝去对方的直播间抢红包或福利，带动对方直播间的氛围。

（2）连线PK。连线PK（对抗）的形式通常是两个主播的粉丝竞相刷礼物或点赞，以刷礼物的金额或点赞数判决胜负。这种方式更能刺激粉丝消费，活跃直播间的气氛，提升主播的人气。主播可以开发更多的PK玩法，因为多样化的玩法更能激发粉丝们的互动热情，使直播间迅速升温。

2) 邀请名人进直播间

一般来说，有能力邀请名人进直播间的主播大多是影响力较大的头部主播，且名人进直播间往往与品牌宣传有很大的关联。

名人与主播的直播间互动可以实现双赢，因为名人的到来会进一步增加主播的粉丝量，并且名人与主播共同宣传，对提升主播的影响力会有很大的帮助。与此同时，主播也会利用自己的影响力为名人代言的商品进行宣传推广和销售。值得一提的是，头部主播邀请名人进入直播间也是主播积累社交资源的重要方式。

#### 4. 企业领导助播"增流"

很多企业领导看准直播的影响力和营销力，纷纷开始站到直播镜头前"侃侃而谈"，且很多企业领导所参与的直播都获得了成功。企业领导亲临直播间为主播"站台"，也在一定程度上增加了主播的影响力。

#### 5. 设计促销活动

在直播带货时，主播的本质角色就是销售人员，其最大的目的就是把商品销售出去。对电商直播来说，开展促销活动是提升直播间销量的有效方式。

主播可以根据自身情况设计以下类型的促销活动。

1）纪念促销

现在很多人追求仪式感，纪念促销利用的就是人们对特殊日期或节日的一种仪式感心理。纪念促销的形式大致有四种：节日促销，如春节、情人节、六一儿童节等；会员促销，如VIP特价、会员日活动、限量款等；纪念日促销，如生日特惠、店庆特惠等；特定周期促销，如每周二上新、每月一天半价等。

2）引用举例式促销

引用举例式促销是指在促销时重点介绍商品的优势、功能和特色，或对商品的使用效果进行介绍，并对比使用前后的效果。在介绍新品时，主播往往会以折扣价销售，如"新品九折""买新品送××"等。

3）限定促销

限定促销是利用人们"物以稀为贵"的心理，为用户创造一种该商品比较稀少的氛围使用户认为该商品与众不同，或限定购买的时间使用户产生紧迫感，从而尽快做出购买行为。

限定促销的形式大致有三种：限时促销，如秒杀、仅限今日购买；限量促销，如仅剩100件、限量款；单品促销，如只卖一款、孤品限定等。

4）组合促销

组合促销是指将商家可控的基本促销措施组成一项整体性活动。用户作为消费者，其需求是多元化的，要满足他们的需求可以采取的措施有很多。因此，主播在开展促销活动时，必须把握一些基本措施，合理地组合商品，充分发挥整体性优势和效果。

组合促销的形式大致有三种：搭配促销，如套装半价起售、冬季温暖优惠组合装等；捆绑式促销，如买护肤品送面膜、加10元送袜子等；连贯式促销，如第二份半价等。

5）奖励促销

主播在做直播促销时，要让用户在接收营销信息的同时获得奖励，他们在获得奖励以后，心理上会产生一种满足感和愉悦感，对主播的信任度和购买欲望也会大幅提升。

奖励促销的形式大致有三种：抽奖式促销，如购买商品抽奖、关注主播抽奖、抽取幸运粉丝等；互动式促销，如签到有礼、收藏有礼、下单有礼等；优惠券促销，如赠送优惠券、抵价券、现金券、包邮券等。

6）借力促销

借力促销是指借助外力或别人的优势资源来实现自己制定的营销目标的促销活动。相对于广告等传播手段，借力促销可以起到以小搏大、事半功倍的效果。

借力促销的形式大致有三种:利用热点事件促销,如华为启动6G研究等;名人促销,如某名人同款等;依附式促销,如某综艺节目官方指定品牌等。

7)临界点促销

临界点促销主要是买卖双方围绕价格开展的心理战。主播采用临界点促销形式,可以给用户营造一种占便宜的感觉。当用户发现自己只需少量的投入就能换来巨大的收益,或解决巨大的痛苦时,成交过程中的关键临界点就会被突破,进而让用户对商品动心并产生购买行为。

临界点促销的形式大致有三种:极端式促销,如全网最低价、找不到更低的价格等;最低额促销,如低至5折、最低2折起等;定时折扣促销,如定时打折清货等。

8)主题促销

促销主题是整个促销过程的灵魂,如果促销活动师出无名,就会缺乏说服力和吸引力。好的促销主题可以给用户一个充分的购买理由,有效地规避价格战对品牌的伤害。促销主题要符合促销需求,用简洁、新颖、有亲和力的语言来表达,在保持品牌形象的基础上做到易传播、易识别、时代感强、冲击力强。

主题促销的形式大致有三种:首创式促销,如"双十一"购物狂欢节、"618"购物节等;公益性促销,如拯救大熊猫、保护水资源等;特定主题式促销,如感恩大回馈等。

9)时令促销

时令促销分为两种:一种是季节性清仓销售,在季节交替间隙进行一波大甩卖,或针对滞销款商品,以"甩卖""清仓"的名义吸引喜欢占便宜、凑热闹的用户;另一种是反时令促销,一般来说,季节性商品有旺季和淡季之分,消费者往往会按时令需求购买商品,缺什么买什么,而商家也基本上按时令需求供货,所以很多商品在旺季时销量非常高,但在淡季时销量惨淡。但是,有些商家反其道而行之,会在盛夏时节销售滞销的冬季服装,这就是反时令促销。主播在直播时可以与这些商家合作,推广商家的反时令商品,很多用户往往会因为商品便宜而购买。

当然,促销的类型不止以上九种,还有悬念式促销(不标价、猜价格)、通告式促销(规定销售日期、×月×日新品首发)等其他类型。主播可尝试不同的促销方法,学会不走寻常路,这样才可能会出奇制胜。

## 六、直播间的数据分析

数据分析是直播运营中不可或缺的一部分,要想优化直播运营效果、提高直播带货的转化率,主播就要学会深耕数据。

1. 确定数据分析目标

要进行数据分析,首先要明确数据分析的目标。通常来说,数据分析的目标主要有以下三种。

(1)寻找直播间数据波动的原因,数据上升或下降都属于数据波动。

(2)通过数据分析寻找优化直播内容、提升直播效果的方案。

(3)通过数据规律推测平台算法,然后从算法出发对直播进行优化。

## 2. 获取数据

开展数据分析首先要有足够多的有效数据，主播可以通过账号后台、平台提供的数据分析工具，以及第三方数据分析工具来获取数据。

1）账号后台

在主播账号后台通常会有直播数据统计，主播可以在直播过程中或直播结束后在账号后台获得直播数据。

以淘宝直播为例，主播可以通过淘宝直播中控台、淘宝主播 APP 两个渠道获得直播数据。

2）平台提供的数据分析工具

为帮助卖家更好地运营店铺，淘宝平台提供一些运营工具，如数据银行、生意参谋、达摩盘等，这些工具也能为卖家提供淘宝直播的相关数据。卖家可以使用这些工具了解自己店铺的直播情况。

3）第三方数据分析工具

市场上有很多专门为用户提供直播数据分析的第三方数据分析工具，主播可以利用这些工具收集自己需要的数据。第三方数据分析工具有很多，下面主要介绍飞瓜数据和蝉妈妈这两款数据分析工具。

（1）飞瓜数据。飞瓜数据是一款短视频和直播电商服务平台，可以为抖音、快手、哔哩哔哩等平台上的短视频创作者和主播提供数据分析服务，如图 7-25 所示。以抖音直播为例，主播可以通过飞瓜数据查看抖音直播电商数据，并以此为依据进行数据分析。

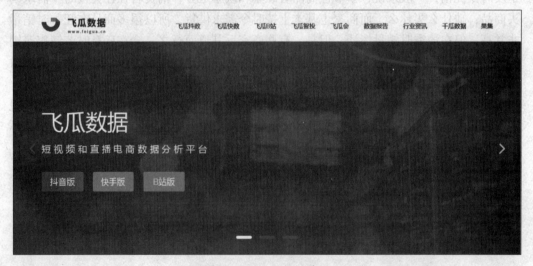

图 7-25 飞瓜数据首页

主播在抖音直播时，要重点关注以下几个数据指标。这些数据指标是制定直播优化策略的关键，通过分析这些数据指标，主播可以在提升直播转化率时更加得心应手。

① 直播销售额。直播销售额最能直观地体现出主播的直播带货能力，但需要对某一段时间内的数据走向进行综合分析。飞瓜数据可以监测抖音直播账号近 30 天的直播带货数据，主播可以根据每场直播的预估销量和销售额来判断某段时间内直播带货效果

的稳定性。当发现数据有下滑趋势时，主播要及时找出原因，尽快调整直播运营策略，以提升直播带货销售额，保证直播带货效果的稳定性。

② 正在购买人数。直播时，用户如果对主播推荐的商品感兴趣，大多会单击购物车查看商品详情，而用户的这一操作可以体现在直播中的"正在购买人数"弹幕上。

主播可以单击飞瓜数据的"直播监控"，查看直播间的"正在购买人数趋势图"，清楚地了解哪款商品购买人数较多，从而找到推广重点。

③ 直播用户留存率。用户在直播间停留的时间越长，说明直播间的人气越高，商品或直播内容越有吸引力。随着直播间人气的不断提升，系统会把直播间推荐给更多的用户观看，这与抖音短视频的推荐机制很相似。因此，要想留住直播间里的用户，提升直播用户留存率，主播就要多推荐物美价廉的优质商品，同时在直播间里积极与用户互动，营造热闹的购物氛围。

④ 用户画像数据。直播带货要基于直播间用户的需求展开，而直播间用户的需求可以通过用户画像来分析。直播间的用户画像主要包括年龄、性别、兴趣、地域等，只要掌握了这些数据，不管是选品，还是优化直播间，主播都可以迅速找到切入点。

⑤ 直播互动数据。直播互动数据的主要反映形式是弹幕词。主播通过弹幕词的分析可以看出用户都喜欢聊什么，对哪些商品的兴趣较高，发现其购买倾向和主要需求。这样当下次直播时，主播就可以准备更多的相关话题，以活跃直播间的氛围，或在直播中持续推广用户感兴趣的商品。

（2）蝉妈妈。蝉妈妈基于强大的数据分析、品牌营销及服务能力，致力于帮助国内众多的达人、机构和商家提升效率，实现精准营销。蝉妈妈是短视频、直播全网大数据开发平台，依托专业的数据挖掘与分析能力，构建多维数据算法模型，通过数据查询、商品分析、舆情洞察、用户画像研究、视频监控、数据研究、短视频小工具管理等服务，为直播达人、MCN 机构提供电商带货一站式解决方案。

以直播榜数据为例，蝉妈妈能够提供精准的直播间数据详情，包含直播间人数和人气趋势、商品销售额与销量等，具体的还有今日直播榜、达人带货榜、直播商品榜、直播分享榜四大榜单，如图 7-26 所示。

图 7-26　蝉妈妈直播榜单

带货主播可以重点参考今日直播榜、达人带货榜、直播商品榜，根据榜单的详细数据，可以清楚地知道在什么时间、选择什么商品才能更有效地触达潜在用户。

数据分析是直播电商运营的重要工作之一，主播可以运用蝉妈妈等数据平台，根据数据在短时间内分析、预测用户的购买需求，在激烈的直播带货竞争中快速、精准地抓住用户的注意力，提升其购买欲，从而构建自己的核心竞争力。

3. 数据处理

数据处理是指将收集来的数据进行排查、修正和加工，便于后续分析。通常来说，数据处理包括以下两个环节。

1）数据修正

无论是从主播账号后台抓取的数据、第三方数据分析工具上下载的数据，还是人工统计的数据，都有可能出现失误，所以首先需要对收集来的数据进行排查，发现异常数据，然后对其进行修正，以保证数据的准确性和有效性，从而保证数据分析结果的科学性和可参考性。

例如，在收集的原始数据中，某一天某款商品的"直播销量"为"0"，而通过查看店铺销售记录证实当天该款商品在直播中是有销量的，所以"0"就是一个错误值，需要对其进行更正。

2）数据计算

通过数据修正确保数据的准确性后，主播可以根据数据分析的目标对数据进行计算，以获得更丰富的数据信息，激发更多的改进思路。数据计算包括数据求和、平均数计算、比例计算、趋势分析等。为提高工作效率，主播可以使用Excel的相关功能对数据进行计算。

4. 数据分析

在完成数据的获取与处理工作后，就要对数据进行分析，目前最常用的分析方法是对比分析法和特殊事件分析法。

1）对比分析法

对比分析法又称比较分析法，指将两个或两个以上的数据进行对比，并分析数据之间的差异，从而揭示其背后隐藏的规律。在对比分析中又包括同比、环比和定基比分析。

**知识扩展** → 同比、环比和定基比分析的含义

同比：一般情况下是指今年第 $n$ 月与去年第 $n$ 月数据之比。

环比：指报告期水平与其前一期水平之比。

定基比：指报告期水平与某一固定时期水平之比。

通过对比分析，主播可以找出异常数据。异常数据并非指表现差的数据，而是指偏离平均值较大的数据。例如，某主播每场直播的新增用户数大致在50～100个，但某一场直播的新增用户数达到200个，新增用户数与之前相比偏差较大，因此属于异常数

据，主播需要对此数据进行仔细分析，查找造成异常数据的原因。

2）特殊事件分析法

很多直播数据出现异常可能与某个特殊事件有关，如淘宝直播首页或频道改版、主播变更直播标签、主播变更开播时间段等，因此主播在记录日常数据的同时，也要注意记录这些特殊事件，以便在直播数据出现异常时找到数据变化与特殊事件之间的关系。

### 知识扩展 → 直播时间的选择

轮流直播时段主要有：夜里场—上午场—下午场—晚上场（适合于新手和反应慢的主播和商家，以及商品单一的主播和商家），上午场—下午场—晚上场（适合于货源充足和店铺运营超优的主播和商家）。

晚上场时段适合于专业的电商团队、直播团队和高颜值的主播直播，还要有非常坚实的供应链支撑。

夜里场时段适合于商品单一、内容单一、反应迟钝、不想花太大精力、特别想快速看到效果的商家新手直播。如果选择这个时段开播，建议坚持3个月到半年最佳。

无论是新主播还是"网红"主播，都要避免单天多场直播（30万粉丝以上、日常单场流量过20万除外），每个时段根据自己店铺的运营类目、直播栏目做好规划，可以用3个月的时间沉淀自己，把握自己的时段定位和优势，学会错开高峰期，稳步沉淀自己的粉丝，激活自己内容优势。

### 课堂实训

| 活动题目 | 了解农村直播电商的运营 |
|---|---|
| 活动步骤 | 对学生进行教学分组，每3~5人为一个小组，以小组为单位实施活动 |
| | 小组成员对短视频与直播两种宣传形式进行对比分析，并填写表7-15 |
| | 分别调研三个直播间，并填写表7-16 |
| | 下载点淘APP，选出三个你认为做得比较好的农产品直播账号，并填写表7-17 |
| | 每个小组将结果提交给教师，教师对结果予以评价 |

表7-15 短视频与直播的区别

| 对比项目 | 短 视 频 | 直 播 |
|---|---|---|
| 表现形式 | | |
| 满足市场 | | |
| 实时性 | | |
| 社交属性 | | |

表7-16　三个直播间对比

| 对 比 项 目 | 直播间1 | 直播间2 | 直播间3 |
|---|---|---|---|
| 直播主题 | | | |
| 直播时段 | | | |
| 粉丝数 | | | |
| 主要直播设备 | | | |
| 直播间场景布置 | | | |
| 直播间选品类型 | | | |
| 直播间商品配置 | | | |
| 直播间互动方式 | | | |

表7-17　点淘直播账号分析

| 对 比 指 标 | 对象1 | 对象2 | 对象3 |
|---|---|---|---|
| 点淘号 | | | |
| 侧重方向 | | | |
| 粉丝量 | | | |
| 营销效果评价 | | | |

## ▶▶ 自学自测

1. 名词解释

（1）账号导粉

（2）产地直销式直播

（3）引用举例式促销

（4）对比分析法

2. 简答题

（1）请说明农村直播电商的优势。

（2）室内直播所需要的设备主要有哪些？

（3）简述直播营销语言技巧设计要点。

（4）请说明直播间选品的策略。

# 第八章
# 农村电商案例分析

 **教学目标**

- ☑ 了解淘宝村、县域电商、扶贫电商及民宿电商的发展背景。
- ☑ 熟悉淘宝村、县域电商、扶贫电商及民宿电商的典型案例。
- ☑ 掌握淘宝村、县域电商、扶贫电商及民宿电商未来的发展趋势。
- ☑ 分析淘宝村、县域电商、扶贫电商及民宿电商带来的启示。

 **学习重点和难点**

**学习重点：**
- ☑ 能够了解淘宝村、县域电商、扶贫电商及民宿电商的发展背景。
- ☑ 能够掌握淘宝村、县域电商、扶贫电商及民宿电商未来的发展趋势。

学习难点：
能够结合案例分析淘宝村、县域电商、扶贫电商及民宿电商带给的启示。

### 思政小课堂

通过本章的学习，在了解电子商务的典型案例的同时，要充分把握学生的群体特色，了解他们对电子商务专业课程的期望和诉求；同时，又要尊重每一个学生的个性特点、因材施教，才能把学校教育与学生自我教育相结合，调动学生的能动性，提高学生的自主学习能力。

### 思维导图

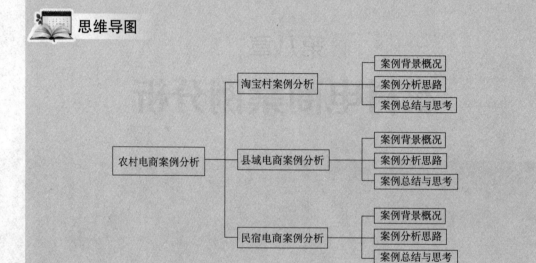

电商向农村加速渗透，甚至对电商概念都不甚了解的边远山村也借助手机上网的渠道开始了网络购物的历程，更有一大批先知先觉者，掀起了自2009年以来的农产品电商新热潮。因为各地农村实际情况的不同和电商形态的迅速演化，近年出现的淘宝村、县域电商、电商扶贫、民宿电商等，也在扩大农村电商概念的范畴。

## 第一节　淘宝村案例分析

在"互联网+"时代，电子商务作为网络化、虚拟的新型经济活动，改变了传统农村的生产和生活方式，塑造了极具中国特色的乡村电商产业与空间极具的实体形态——淘宝村，促进了农村空间及产业形态的重构，为"互联网+"时代下农村实现新型城镇化提供了一种可能的新路径。

## 一、案例背景概况

随着农产品电商的兴起，电商逐渐向农村覆盖，从 2009 年开始，我国出现了一个新的经济现象——"淘宝村"。从全球范围来看，中国淘宝村是独一无二的新经济现象，淘宝村正在改变中国农村传统的经济模式，成为新经济的代表之一。

### 1. 淘宝村的概念

根据阿里研究院的定义，淘宝村现象是指聚集在某个村落的网商，以淘宝为主要交易平台，以淘宝电商生态系统为依托，形成规模和协同效应的网络商业群聚现象。

> **知识扩展** ➤ **淘宝村的认定标准**

阿里研究院对于淘宝村的认定标准包括如下三条。
（1）交易场所、经营场所在农村，以行政村为单元。
（2）在交易规模方面，电子商务年交易额达到 1000 万元。
（3）在网商规模方面，本村活跃网店数量达到 100 家以上，或活跃网店数量达到当地家庭户数的 10% 以上。

截至 2020 年，全国淘宝村覆盖 28 个省（自治区、直辖市），数量达到 5425 个，比上年增加 1115 个，总量约占全国行政村总数的 1%。淘宝镇覆盖 27 个省（自治区、直辖市），数量达到 1756 个，比上年增加 638 个，总量约占全国乡镇总数的 5.8%。淘宝村交易规模超过 1 亿元的"亿元村"达 745 个，占淘宝村总数的 13%，凸显淘宝村的巨大能量。剔除重复部分，淘宝村和淘宝镇网店年交易额超过 1 万亿元，活跃网店 296 万个，创造了 828 万个就业机会，成为就地创业就业、就地城镇化的重要载体。淘宝村成为影响中国农村经济发展的一股不可忽视的新兴力量，不仅破解了农村信息化难题，有效提高了农民的收入，提升了农民的生活幸福指数，也成为拉动农村经济发展、促进农村创业和就业、缩小城乡差距的新渠道。

### 2. 淘宝村的发展历程

自淘宝村出现的十多年以来，淘宝村的发展历经了"萌芽期（2009—2013 年）""扩散期（2014—2018 年）""爆发期（2019 年至今）"三个发展阶段。

（1）萌芽期：城市的边缘人群接触到电子商务，成为草根创业者，在自家院子里创业、自发成长。

（2）扩散期：淘宝村的财富效应迅速向周边村镇扩散，形成淘宝村集群，政府开始有序引导和支持发展，产业空间的规模化建设与配套设施全面扩张。

（3）爆发期：农村网商的企业家化和电商服务业支撑起的生态大爆发，随着人居环境的全面优化和乡村治理体系的现代化转型。

3. 淘宝村的发展因素

虽然每个淘宝村的情况各不相同,起步的时间不一样,所经营的产品类型也有所不同,生成因素也不同,但淘宝村能发展起来还是具有共同的关键因素。

(1)人才因素。从2009年的3个淘宝村,到2019年超过3000个淘宝村,占到全国行政村总数的1%,淘宝村以其旺盛的生命力给世界带来了惊喜,让更多偏远山区的农民通过互联网将产品卖到了全国各地,实现了增收致富。总结淘宝村的发展历程,人的因素至关重要。正是无数默默奉献、辛勤耕耘的淘宝村带头人、推动者和研究者,共同组成了淘宝村大舞台英雄图谱,共同谱写着淘宝村的华丽篇章。电商英雄出少年,是一代年轻人为村子打开了一扇互联网时代的发展大门,实现了经济上的新突破。例如,有"最美淘宝村"之称的福建龙岩培斜村,就靠着村支书儿子华永良的大胆探索,带动了一批青年人投入网店,把村子的传统竹制品产业推到网上。

(2)产业基础。从目前发现的淘宝村整体来看,具有一定产业基础有利于淘宝村的形成与发展。例如,清河县因为有羊绒产业的基础,在一个村的淘宝成功实践后,已经带动形成了多个淘宝村;山东博兴湾头村的草柳编是当地的民间传统手艺,在淘宝成功实践后,同样已经扩展到多个村。还有那些做服装鞋帽的淘宝村,多集中在江浙沿海地区,具有生产贸易的基础。广东揭阳军埔村能在短短半年达到淘宝村的标准,很大程度上就得益于成熟的产品配套,可以充分满足网店的销售需要。

(3)环境因素。沿海发达地区具有形成淘宝村的天然优势。纵览十多年来淘宝村的空间分布,呈现出明显的以浙江为中心,先向东部沿海省份扩散,进而向中西部地区扩散的特征。2020年,浙江省共有1757个淘宝村,占总淘宝村的近三分之一,处于绝对的领先地位,紧随其后的是广东、江苏、山东、河北、福建等省份。以河南、湖北、江西、安徽四省为代表的中部省份的崛起,逐渐推动了"东中西"梯度格局的浮现,如图8-1所示。

## 二、案例分析思路

淘宝村的成功案例有很多,例如,浙江省金华市义乌市的青岩刘村、山东省滨州市博兴县的湾头村、浙江省杭州市临安区昌化镇的白牛村、福建省龙岩市新罗区西部的培斜村、江苏省徐州市睢宁县沙集镇的东风村、广东省普宁市区东北部的北山村、广东省揭阳市揭东区锡场镇的军埔村、福建省泉州安溪县尚卿乡的灶美村等。下面以青岩刘村和与电商相结合的湾头村为典型案例来分析淘宝村的发展。

1. 青岩刘村

青岩刘村位于浙江省金华市义乌市江东街道,电商交易额从2008年的2亿元发展到2019年的60亿元;网店从2008年的100多家发展到现在超过4000家。全村经济收

**2009—2020年各省（自治区、直辖市）淘宝村数量变化**

| 省份/年份 | 2009 | 2013 | 2014 | 2015 | 2016 | 2017 | 2018 | 2019 | 2020 |
|---|---|---|---|---|---|---|---|---|---|
| 浙江 | 1 | 6 | 62 | 280 | 506 | 779 | 1172 | 1573 | 1757 |
| 广东 |  | 2 | 54 | 157 | 262 | 411 | 614 | 798 | 1025 |
| 江苏 | 1 | 3 | 25 | 127 | 201 | 262 | 452 | 615 | 664 |
| 山东 |  | 4 | 13 | 63 | 108 | 243 | 367 | 450 | 598 |
| 河北 | 1 | 2 | 25 | 59 | 91 | 146 | 229 | 359 | 500 |
| 福建 |  | 2 | 28 | 71 | 107 | 187 | 233 | 318 | 441 |
| 河南 |  |  | 1 | 4 | 13 | 34 | 50 | 75 | 135 |
| 湖北 |  |  | 1 | 1 | 1 | 4 | 10 | 22 | 40 |
| 天津 |  |  | 1 | 3 | 5 | 9 | 11 | 14 | 39 |
| 北京 |  |  |  | 1 | 1 | 3 | 11 | 11 | 38 |
| 江西 |  | 1 |  | 3 | 4 | 8 | 12 | 19 | 34 |
| 安徽 |  |  |  |  | 1 | 6 | 8 | 13 | 27 |
| 四川 |  |  | 2 | 2 | 3 | 4 | 5 | 6 | 21 |
| 上海 |  |  |  |  |  |  |  |  | 21 |
| 陕西 |  |  |  |  |  | 1 | 1 | 2 | 16 |
| 湖南 |  |  |  | 3 | 1 | 3 | 4 | 6 | 12 |
| 广西 |  |  |  |  |  | 1 | 1 | 3 | 10 |
| 辽宁 |  |  |  | 1 | 4 | 7 | 9 | 11 | 9 |
| 重庆 |  |  |  |  |  | 1 | 3 | 3 | 9 |
| 山西 |  |  |  | 1 | 1 | 2 | 2 | 2 | 7 |
| 云南 |  |  |  |  | 2 | 1 | 1 | 1 | 6 |
| 吉林 |  |  |  | 1 | 1 | 3 | 4 | 4 | 4 |
| 贵州 |  |  |  |  |  | 1 | 1 | 2 | 4 |
| 新疆 |  |  |  |  |  | 1 | 1 | 1 | 3 |
| 黑龙江 |  |  |  |  |  |  |  | 1 | 2 |
| 宁夏 |  |  |  |  |  | 1 | 1 | 1 | 1 |
| 海南 |  |  |  |  |  |  |  |  | 1 |
| 甘肃 |  |  |  |  |  |  |  |  | 1 |
| 合计 | 3 | 20 | 212 | 779 | 1311 | 2118 | 3202 | 4310 | 5425 |

数据来源：阿里研究院，2020年9月。

图 8-1 淘宝村数量变化

入约 1.5 亿元，人均收入突破 7 万元……在这个面积只有 $1.1km^2$ 的地方，一度创造了中国网商的神话，如图 8-2 所示。青岩刘村的发展历程是探究中国农村电商发展的极为鲜活的样本。

1）发展基础

青岩刘村电商得以发展的基础如下。

图 8-2 青岩刘村

（1）扎根义乌小商品市场，有强大的货源竞争力。青岩刘村电商的发展离不开义乌小商品这个庞大的实体经济。青岩刘村距离全球最大的小商品集散地——义乌国际商贸城仅 6.7km，义乌的小商品囊括了工艺品、饰品、小五金、日用百货、电子电器、玩具、文体、袜业等几乎所有日用品，正是号称在"只有你想不到、没有你找不到"的义乌，才让电商的经营变得轻松。

义乌小商品市场极其丰富的商品种类为当地开展电子商务创造了无可比拟的货源优势。处于流通链的顶端，货源在价格上也有优惠，正是品种与价格两方面的优势，使青岩刘村的网商获得了强大的货源竞争力。

（2）货运物流方便，商户租金低廉。据统计显示，2020 年义乌全市快递服务企业业务量累计完成 71.75 亿件，其中同城业务量累计完成 4.68 亿件；异地业务量累计完成 66.51 亿件；国际及港澳台业务量累计完成 5536.7 万件。跨境快递全年累计处理 2450.46 万件，其中累计出口 2433.81 万件，累计进口 16.65 万件。可以说，义乌是全国物流成本最低的区域，因为这里有各大物流企业的分拨中心。

义乌实体市场长期累积的物流优势，在互联网经济中发挥的作用也不可小觑。青岩刘村北邻浙江省面积最大、功能最全、运量最高的江东货运市场，货运网络覆盖全国各大、中城市。正是因为紧靠大型货运市场这一先天条件，商户的直接发货及对快递公司的物流集散都十分便利。

原来的青岩刘村是一个典型的城中村，早在 2005 年青岩刘村就完成了旧村改造，大多数村民主要依靠旧城改造时形成的空房出租来生活。最开始，这些房屋主要租给在义乌日用百货批发市场做生意的小商品批发商户使用，后来义乌日用百货市场另迁新址，这里的商户便集体搬走。青岩刘村的空置房变多，租金也一路下滑，这也为起步阶段的网商提供了一个低成本的创业和生活环境。

（3）义乌人的经商传统和创新精神。义乌有着悠久的亲商经商传统，一代代的义乌商人在市场打拼，培养了对市场机会的洞察力和敏感度。遇到像电子商务这样的革命性机遇后，义乌人把握住机会，把机遇变成现实。青岩刘村发展电子商务的领头人刘文高就对市场和新生事物高度敏感，当时他是一个生意人，经营着自己的事业，在大量的本地企业纷纷做自己的企业网站的氛围下，他认定网络很有前景，就花了一万多元请人制作了一个企业网站，把自己生产的产品推到了网络平台上，刘文高觉得电子商务在义乌肯定会大有市场。

2）发展阶段

青岩刘村电商发展主要经历了三个阶段。

（1）全民从事电商创业，青岩刘村成为网商创业热土。青岩刘村进行旧村改造之后，有大量闲置的房屋可用于出租，加上青岩刘村临近义乌日用家居批发市场和江东货运市场，许多生意人都愿意到这里租房，一些网商也开始进入青岩刘村从事淘宝创业。

2008年，青岩刘村附近的篁园市场整体搬迁到7km外的国际商贸城新市场。这样一来，村子里的闲置房越来越多，如何把空房子租出去成为村子里的头等大事。

有的村民提议学习当地的其他街道做纺织品等专业街，但刘文高提出要发展电子商务，不仅要带动村民的房子出租，还要给失地村民提供就业和创业机会。为此，村子特意召开了村民代表动员会，最终刘文高担起了村子电子商务发展的重任，当时的任务就是把村里的房子以较高的租金租出去。

为解决货源问题，刘文高把当时100家淘宝网商集中起来，采用抱团发展的模式，谁在某种商品的进货上有优势，谁就负责这种商品的进货、拍照、美工、文案，并分享给其他卖家，这一模式使青岩刘村的网店在货品种类、货源质量和价格上的优势迅速凸显。

刘文高在确定以电子商务为发展方向后，还在每周固定的时间组织会议，鼓励大家相互交流经营理念和管理经验，促进大家相互学习，这对网商挺过创业之初的艰难期、壮大网店发挥了极为重要的作用。

当时，只需要有一台计算机外加租间房子，网店就能开张，这种有组织、低成本的抱团发展，让青岩刘村的网商迅速建立起了竞争优势。2009年年底，青岩刘村网店的销售额一下子冲到了8亿元。不仅义乌本地和浙江各地的网商来到青岩刘村，大量的创业青年也纷纷进驻青岩刘村。

（2）网店集聚发展，成交量增长迅速。2009年7月22日出现的日全食这一天文现象，成为奠定青岩刘村"江湖地位"的决定性事件。有网商提议利用日全食在网上卖眼镜，经过商量之后，他们觉得可以尝试，就把眼镜定位为可以观察日全食的专用眼镜。结果，一家店一天能卖出几千副眼镜，超出了所有人的意料。网商们不仅赢利上万，还获得了无数好评，网店在几天的时间内就升到了"皇冠"级。

两个星期后，青岩刘村"皇冠"遍地，半个月就走完了很多网商一年甚至几年都没走完的路。聚集发展显示出的财富效应吸引着各地的创业者。2010年年底，全村网店数量已突破 2000 家。青岩刘村的淘宝店主中还有一批来自于义乌工商职业技术学院的学生，2009 年起，以支持学生淘宝创业出名的义乌工商职业技术学院与青岩刘村"一拍即合"，一个有创业场所，一个有电商人才，两者的关系被喻为义乌的"斯坦福大学和硅谷"。学院倡导学生通过淘宝创业，并出台了在淘宝网上的业绩可以折算成实践课的学分等举措，使义乌工商职业技术学院的学生开淘宝店创业渐成潮流。

刘文高还采纳了义乌工商职业技术学院副院长贾少华的提议，打出了在青岩刘村打造"义乌·国际电子商务城筹委会"的大旗，形成了义乌工商职业技术学院提供技术和人才支持，青岩刘村提供创业场所的合作格局。学院和村子的结合，为青岩刘村有组织地发展电子商务增加了内涵。

随着网商数量的增长和规模的扩大，青岩刘村在与批发商的谈判上越来越占据主动权，抱团的优势更加明显。刘文高充分利用这种优势，为网商创造了成本更低、配套更好的有利环境。

（3）行业格局巨变，电商面临变迁。青岩刘村的淘宝网商规模不断扩大，村里的仓储配置等硬性条件渐渐无法满足商户的需求，很多商户为网店的发展选择从村中搬离。其次，义乌国际商贸城在国际商贸城五区打造了 100000$m^2$ 的网货销售中心，并面向青岩刘村的"网货超市"招商，致使原来在青岩刘村的"网货超市"纷纷搬走，青岩刘村的创业者又失去了货源及配套服务方面的优势，这也是不小的冲击。

自开始举办"双十一"网络购物节开始，电子商务行业的中心迅速转移到天猫、京东等 B2C 平台，淘宝卖家的生存难度加大。行业的成熟和网货价格竞争的激烈也让淘宝创业者们陷入和其他行业一样的"二八规律"，创业成功的人数越来越少。

行业格局的巨变使青岩刘村的电子商务从高峰开始陷入调整期，然而形势的严峻并没有阻碍创业者的步伐，创业者仍然立足于淘宝，不断丰富业务类型，以强有力的业务结构抗击市场风险，在新的市场环境下谋求生存与发展。

2. 草柳编与电商的结合——湾头村

湾头村位于山东省滨州市博兴县南，坐落于素有"北国江南"美誉的鲁北最大的淡水湖——麻大湖湖畔，小清河、支脉河贯穿其中，孕育了广阔的湿地资源。适宜的环境让野生的芦苇、蒲草生长得十分茂盛，这些植物的茎叶都可以用作织织材料，这些取之不尽的无本宝藏成为当地草柳编盛行不可缺少的基因，如图 8-3 所示。

1）发展背景

博兴草柳编的历史可追溯到清代，据文字记载，清代博兴境内草编技艺就形成了一定规模，编制的防寒蒲鞋畅销京城。据了解，在早些年代，由于缺少耕地湾头村靠编筐、编篮子换钱买粮食是村民主要的谋生手段，上至七八十岁的老太太，下至七八岁的小姑娘，人人都会编织。对于湾头村村民而言，草柳编不仅是一项生存技能，也是传统习俗与技艺传承。自 2006 年，草柳编遇上了电子商务，湾头村的网店数量有了十几家，但发展初期的网店规模与数量非常有限，直到 2008 年，湾头村的草柳编开始名声大震，其中的两件大事促进了湾头村草柳编电商的发展。

（1）北京奥运会。2008 年，第 29 届夏季奥林匹克运动会在首都北京召开，申奥

图 8-3 湾头村草柳编

标识"中国结"引发了全世界对中国传统文化和传统工艺的热爱,全球的消费者都将中国传统草柳编工艺品作为馈赠佳品,市场需求大幅增长。

(2)全球金融危机。在 2008 年之前,大量编制产品是走外贸出口的,但全球金融危机引发了国际市场格局的调整,出口渠道受阻,编制产品不得不寻求内销,电子商务此时作为发展速度最快的内销渠道,也为湾头村草柳编带来了发展机会,湾头村村民开始纷纷加入开网店的队伍。

国内草柳编电商市场的潜力也吸引着湾头村的年轻人,他们陆续返乡开店创业,涌现出一批年轻的草柳编农村网商,并成为开淘宝店的主力。在几年的发展中,湾头村村民分工合作,自发形成了运作有效的产业链,并不断发展壮大,于 2013 年入围中国首批"淘宝村"。整体来看,湾头村草柳编电商产业经历了零星起步、集中爆发、快速规模化的阶段,目前已向品牌发展之路升级转型。截至 2020 年,湾头村拥有草柳编工艺品企业 160 余家,淘宝商户 1200 余家,直接从事草柳编产业人员 3000 余人,带动周边村民就业 4 万余人,网络销售额达 4.6 亿元,实现草编、柳编、藤编、蒲编等传统工艺与数字经济的有机融合。2020 年 9 月 26 日,博兴县锦秋街道湾头村继成为全国首批淘宝村之后再获全国"最美淘宝村"荣誉称号。

2)发展因素

湾头村电商的成功离不开以下几个因素。

(1)草柳编制品满足了市场的需求。当地拥有全国最大的蒲草交易市场和草柳编交易市场,有电商发展所需的上/下游配套服务。传承千年的手工技艺为湾头村的电商发展铺就了深厚的产业基础。目前,在网上销售的草柳编主要针对年轻人群体,为他们提供性价比高的手工制造家居用品,较好地满足了这一目标市场的需求。

(2)网商带头人的示范作用是重要因素。湾头村电商的发展离不开一群有梦想、敢实践的带头人。湾头村安宝忠率先开了自己的网店并带动全村接触电子商务，为全村争取了很多与外界联系的机会。某家居网店的老板也是一位青年带头人，从开始不懂网银、没有周转资金，到创立品牌，投资 20 多万元进驻天猫商城，实现了收入翻倍，如图 8-4 所示。

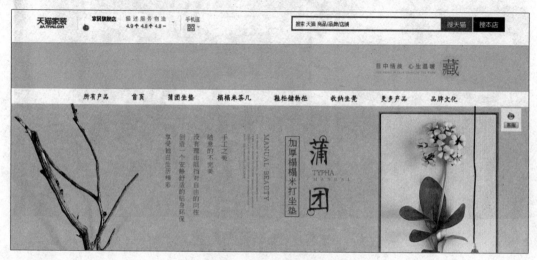

图 8-4 某家居旗舰店

（3）村民分工协作，形成了产业链条。湾头村几乎全民都加入了电商大军，并自发形成了分工协作链条。在这一产业链条中，有专门负责编制的编工、有汇总零散订单的经纪人、有专门制作配件的供货商、有专做原材料供给的上游供应商，还有包装提供商和各快递公司的驻点，这一产销模式使湾头村草柳编制品具有综合优势。

（4）通过媒体借势宣传，放大了社会影响。湾头村能快速发展起来也要得益于媒体的宣传报道，尤其是湾头村入围全国首批"淘宝村"之后，媒体的宣传更加放大了湾头村的示范作用，全民电商创业成为媒体的宣传热点。具有公信力的媒体报道为草柳编制品提供了原产地背书，也使原本不知名的小村庄吸引了一批实际消费者。

**知识扩展** ➔ **品牌背书**

为增强品牌在市场上的承诺强度，通常还会借用第三方的信誉，第三方以一种明示或者暗示的方式来对原先品牌的消费承诺作出再一次的确认和肯定。这种品牌营销策略称为"品牌背书"（brand endorsement）。通过品牌背书，被背书品牌对消费者的先前承诺被再度强化，并与消费者建立一种可持续的、可信任的品牌关联。

（5）产业能做强，政府的引导作用非常关键。政府在湾头村的发展进程中所起到的引导作用非常关键。一方面，刷墙的宣传方式激发了全村的电商创业热情；另一方面，政府从整体布局出发，组织村里的创业者参加山东省文化产业博览会、中国非物质文化遗产博览会、草柳编创新博览会等活动，借助外部平台大力宣传推介。此外，博兴县积极争取省农村电商试点县、省资助创新市场专项等，并斥资 2 亿元规划建设草柳编文化创意产业园。

## 三、案例总结与思考

随着淘宝村的快速发展,淘宝村在数量上实现了飞跃,淘宝村也开始表现出不同于初期发展的一些特性。

1. 淘宝村的发展趋势分析

淘宝村从最初成型到近几年数量的大幅增长,显现出不同于之前的很多新变化,主要体现在以下五个方面。

1)产业要素不断集中,并开始向乡镇和县域转移聚集

随着产业的不断发展壮大,小村庄渐渐无法满足产业发展的空间布局,并开始出现以下三种情况。

一是农村周边开始形成产业集中地,如商品交易市场、物流中心、配套产业园区等,近义乌的青岩刘村就围绕网上小商品销售,逐渐形成产业集中区;山东从事草柳编电商的湾头村就围绕在麻大湖湖畔。

二是开始形成淘宝镇现象,把配套产业大部分集中于乡镇的范围,农户只需在家中经营网店,配套服务在乡镇完成。例如,河北清河县的羊毛产品销售就形成了淘宝村现象,镇上有相关包装物流产业中心及网批中心;山东曹县的草柳编产业,也开始在乡镇建设电商产业园区。

三是向县域转移、聚集,已经有一定规模的网店经营户,进驻县城更有利于业务开展,村庄可以作为一个产业基地,杭州市临安市白牛村等淘宝村的山核桃产业,支撑临安市形成山货产业走廊和电商园区。

2)淘宝村从最开始的自发形成变为政府的牵头推动发展

淘宝村早期成长起来的基础要得益于农民最开始的自发行为,但网店有一定规模后,就需要政府与协会组织的出现。因为当发展到一定规模时,网店必然面临同质化竞争、配套服务跟不上、产品质量参差不齐等各类问题,威胁产业的健康发展,而这些问题只靠农户不能完全解决。因此,需要政府与协会组织集中解决面临的问题。例如,广东揭阳的军埔村能在半年内晋级淘宝村的行列,政府的行政推动就在其中起到了重要的作用。

3)网店经营户的分化与分工趋势逐渐明显

产业发展到一定阶段,会逐渐形成相关产业的聚集和产业链。例如,在江苏沙集东风村的电商发展过程中,就出现了一些从事电商配套产业的人员,如务工人员聚集后的餐饮业,包装、搬运、收件等快递服务业。在淘宝村中,网店经营户的分化与分工趋势明显,而且随着网店的激烈竞争,很多农户退出了经营网店,转而从事电商的配套服务业。

电商配套产业形成的现象并不只存在于淘宝村,如陕西宝鸡一个村的带头人在网上卖凉皮,十分畅销,而这个村的其他农户就做了一个凉皮加工店来给网店供应凉皮,并没有像淘宝村一样都开网店经营。在淘宝村的持续发展中,参与电商产业各环节与配套产业的农户比例可能会逐渐增高。

4)由最初的经济行为向经济社会转型

在淘宝村的发展中,最初以网店经营为先导,在带动相关产业发展后,村庄的经济

社会形态也相应地发生了变化，开始出现农民非农职业化、村庄生活城镇化的趋势，具备以产业为支撑的城镇化动力，农村新型社区与小城镇开始出现。例如，江苏的沙集镇，就是一个以家具业为基础产业的现代化城镇。

5）从通过网络卖出去到有卖有买的变化

淘宝村主要还是以农村为基地，在网上把东西卖出去，但随着电商的不断发展，把农民所需要的生产生活物资输送到农村也是有市场的。截至2020年12月，我国农村网民规模达3.09亿。据商务大数据监测：2020年上半年，全国农村网络交易额达7668.5亿元，全国农产品网络交易额达1937.7亿元。无论是在网上把产品卖出去，还是把农村需要的东西从网上再买进来，技术上并不存在问题，因为依托的是同样的农村信息化基础，也有成型的物流体系可以借用。

部分淘宝村已有农户在卖产品的同时，也在用现有的渠道买回自己需要的产品，将来不仅要能让网商把农村产品卖出去，也能把城市的东西买回来，打通两条农村电商路径，变成双向互通。

## 2. 淘宝村给农村电商发展的启示

在阿里研究院公布的首批淘宝村的案例中，许多是出自非经济发达地区和非改革开放沿海地区。例如，山东出现4个淘宝村，它们不在济南、青岛等大城市附近；江苏出现3个淘宝村，它们也不在经济发达的苏南地区。电商在农村的发展不仅是渗透到传统产业中，还是深刻地影响与再造甚至是催生农村新的产业，把盲目的生产逐渐转向依靠市场来定位，还带动了配套的生产、加工、储藏、物流和电商服务业的发展，增加了就业，为县域经济注入新的活力。

淘宝村的成功也预示着农村电商有良好的发展前景，其他村民也有了可借鉴的样本。观察各个淘宝村的发展经验，带给农村电商发展的启示有以下几点。

1）不同的发展阶段要有不同的发展重点

淘宝村的成长过程一般都会历经三个阶段，即初期的尝试、中期的农户加入、成熟期的调整转型。不同的发展阶段有不同的发展重点，如对于没有网店经营基础的农村来说，起步阶段的重点要放在以下三件事上。

（1）找人。要先在农村找到几个愿意从事农村电商的创业者，等他们创业成功后，再带动其他农户跟着干。

（2）找产品。在当地找到适合网上销售的具有独特性的特色产品，最好以常用（吃、穿、用）的东西为主。如果要做农产品，最好选择干货且要有标准。

（3）找方法。淘宝竞争越来越激烈，要迅速掌握开店的方法及技巧，加强对客服等相关人员的培训，打开销路。

2）将重心放在电商生态打造上

电商的发展已经由最初的卖产品发展到了卖服务，在电商发展进入服务时代的背景下，要想打造新的淘宝村，必须把重心放在电商生态打造上，让农户的电商创业更轻松、便捷，取得后发优势，做好发展环境营造、人才培养、配套服务跟进等方面的工作。

3）产业发展的核心是人才问题，要着重培养人才

无论是建设初期还是已经发展起来的淘宝村，面临的最大问题就是人才，如图8-5所示。无论是发展起步、发展加速，还是提升、转型，都需要人才来引领。

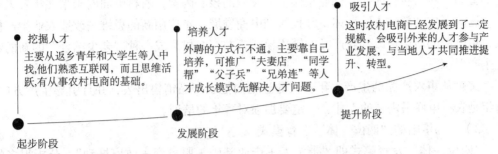

图8-5 产业发展各阶段的问题

4）找到适合电商销售的商品进行重点研究与定位

淘宝村地处农村，但销售的主营产品是成熟的工业消费品，销售农村当地产品的不多。农村想要在网上销售产品，首先必须考虑该产品是否适合网上销售，是否属于大众产品。

目前淘宝村的主要经营种类还是服装鞋帽，农产品主要是干果山货，而生鲜产品由于保鲜难、运费贵、缺乏标准等问题，在网上销售还存在一些困难。因此，农村电商网上销售产品的选择最好支持就近原则，如义乌青岩刘村就是依靠义乌小商品市场发展起来的淘宝村，在找到适合网上销售的产品后，也要对产品的包装设计进行改进，迎合网上客户的消费习惯，对细分市场的研究定位十分重要。

5）要对电商有清晰的认识，这是基本前提

淘宝只是电商的一个方面，但不是全部，网上卖东西只是电商的一个表象。在做农村电商之前，一定要认真研究电商的基本理论，深入学习电商的产业体系，找到可以支撑电商发展的产业链及服务商的配套等。如果没有这些基础，农村电商是很难起步的。

同时，由于农村电商需要将一、二、三产业打通，横向又关联电子信息、加工包装、仓储物流等若干企业，单靠政府无法解决，如果没有主要领导的清晰认识与定位，电商很难做起来。

3. 淘宝村的发展建议

相对于现有的淘宝村，将来的淘宝村应在以下几个方面实现提升。

1）多做农产品电商，把精力放在涉农产业上

目前淘宝村多数在出售工业品，真正的农产品电商还不成熟，农村依然是一个成本低廉的网商诞生基地，农产品不成熟的原因有农产品自身的特点，也有电商消费的特征原因。农产品电商虽然还处于起步阶段，但一些有良好区域特色产品的一村一品示范村、特色产业示范村等，完全具有做农产品电商的条件。农产品电商具有工业品电商所不具有的地域特色优势，特定的地域能产出特色的农产品，随着信息化、市场化的高速发展，将为农户提供不同地域特色产品低成本跨区销售的条件。例如，有很多人把精力放在了

土特产的开发上,虽然见效慢,但具有很大的发展潜力。

2)加强对农村电商的青年人才培养

农村电商无论是从业主体还是消费主体,多数是年轻人,其中从业主体中年轻人的比例更高。吸引年轻人回乡创业是淘宝村发展的核心因素,农村电商的未来在年轻人身上,逐渐形成"新农人"群体,并投入到电商领域,希望用新的思维去改造农业生产模式,用电商的新渠道改变农产品的销售模式,并在农村形成一种"老少结合"的新的农业生产形态。

父辈从事农产品的生产,年轻人通过电商把农产品销售出去,并且引导生产方向。青年是农村电商最需要的人才,一定要加强对青年的培训。

3)更为清晰的"四位一体"发育模式

"四位一体"发育模式即"带头人+产业基础+服务商+政府推动"。分析很多的淘宝村案例可以发现,带头人的作用非常重要,远超过其他因素,要想培育淘宝村,有一个好的带头人很关键。对于产业基础,培育有产业基础的淘宝村比没有产业基础的淘宝村更加容易,但也不排除其他模式产生的可能性。电商行业已经进入电商生态成熟的阶段,有没有电商服务商,对当地电商的发展非常关键。产业的发展离不开政府的推动,包括出台政策,影响产业导向;拿出资金项目,加快产业主体培育;改善基础环境,夯实产业发展基础。淘宝村的发展壮大更需要政府的推动,因为产业发展超出一个村或者乡的区域范围后,只有政府的产业政策与公共服务支持,才能解决相关问题。

4)政府应把电商服务作为重点发展方向

农村电商的发展使各地政府看到了县域经济增长的新空间,各地政府都在大力推进电商发展,但大多数仍在简单套用传统的招商引资模式,力图通过引进一两个大企业或领军人物,给出一些政策项目来发展农村电商,但效果并不理想。究其原因,主要有以下两点:一是电商行业人才普遍缺少,想要引进优秀人才并不容易;二是引进一两个企业并不能改变当地的电商生态基础。

因此,地方政府要发展农村电商,必须重视电商的生态体系建设,要把电商服务作为重点,既要改善硬件条件,也要强化软件建设,特别是在农村基础设施已经普遍改善的情况下,软件的影响更为关键。

在农村做电商,面临的首要问题就是店铺的装修、摄影与美工、软文写作、客户维护、后台管理、包装设计、市场推广等,这些都需要成熟的服务商提供服务,否则,对于初创者来说,难度可想而知。

### 4. 淘宝村的未来展望

1)重要发展方向:产业升级、数据化和生态化

过去十多年,淘宝村走过萌芽、成长、快速扩散、集群化发展等多个阶段,未来淘宝村可能会成为一种经济常态,给农村经济的转型升级插上信息化的翅膀。展望下一个十年,淘宝村的产业升级、数据化和生态化是值得关注的重要方向。

产业升级是指淘宝村特色产业的各个环节与电商全面融合,产业升级发展,电商服务体系相对完善。数据化是指在设计、制造、营销、销售、物流、金融等各环节,数据

作为新的生产要素广泛应用，显著提升效率，促动创新。生态化是指网商、服务商、政府、协会、高校等深度参与，在当地形成"物种丰富、关系多样、协同进化"的电商生态系统，共同推动电商发展。

展望未来，淘宝村发展有三大动力，即"草根创业+平台赋能+政府支持"，协同作用，共同推动。草根创业者始终是淘宝村发展的第一主体，他们的创造力和开拓精神是淘宝村最宝贵的财富。电商平台及其集成的服务体系，将从交易、营销、物流、金融、数据等维度全方位为草根创业者赋能，并且帮助他们与巨大的市场建立紧密的联系。旺盛的市场需求是淘宝村持续发展的活力源泉。政府在基础设施、公共服务、环境营造等方面给予大力支持，是淘宝村突破瓶颈、更好、更快发展的关键。

2）消费升级将为淘宝村拓展市场空间

近两年，中国经济正在发生深刻转变，从出口和投资驱动，转向消费驱动。消费驱动经济的势头初步显现，网购消费是消费增长的重要引擎。网购消费不仅规模快速增长，消费结构也发生新的变化，反映出消费升级的重要方向，如绿色消费、健康消费、智能消费、休闲消费、文化消费等。

在顺应消费升级的方向上，淘宝村的部分商品已有一定的基础，如跑步机、盆景、民宿、牡丹画等。未来值得探索的方向有：从B2C转向C2B，根据需求定制；农产品与乡村旅游相结合；挖掘本地特色文化商品；出口海外市场，等等。消费升级将为淘宝村提供新的市场空间。相应地，网商们紧跟消费需求变化，提升品质、丰富品类、创新产品，有助于淘宝村破解同质化、低水平竞争难题。

3）淘宝村创新网络将成为部分地区经济新引擎

过去几年，我们观察到"淘宝村—淘宝镇—淘宝村集群"这样的发展脉络，这不仅反映淘宝村数量的增长，也反映淘宝村促成本地产业的转型，电子商务与本地经济的深度融合。在义乌、睢宁、曹县、普宁、晋江等地，数十个淘宝村已与本地产业建立紧密而多样的联系，成为本地经济的重要组成部分，甚至成为新的区域名片。

伴随淘宝村的增长、扩散及与本地经济的深入融合，淘宝村创新网络将成为部分地区经济发展的新引擎。淘宝村创新网络由本地网商、服务商、供应商、政府、协会及电商平台、高校、智库等主体构成，具有"根植本地、开放共享、协同创新、持续进化"重要特征：根植本地，即与本地经济、社会、文化紧密联系；开放共享，即与外界联系多样，共享信息、知识、资金、人才等；协同创新，即多元主体交流分享、相互促进、共同创新；持续进化，即通过竞争、合作、选择等机制，优胜劣汰，进化升级。

展望未来，淘宝村创新网络将超越产业边界、跨越地域，通过多元主体之间正式或非正式的互动，促成信息、资金、人才、数据等的自由流动，促成多样的合作与创新，最终为本地的经济发展贡献力量。

4）淘宝村经验可为其他发展中国家提供借鉴

中国淘宝村发展的经验可以为亚洲、南美洲、非洲等地发展中国家和地区提供借鉴，为实现联合国千年发展目标、建构"网络空间命运共同体"做出贡献。

据世界银行研究，"劳动力市场更加趋于两极化，不平等加剧"。淘宝村植根于地方经济，利用全球信息化带来的契机，明显提升乡村人力资源，改善乡村与城市市场的连通性，并促进非农经济活动，为发展中国家利用互联网技术改善乡村人力资源结构、促进创业、创造就业、提升公共服务带来启发，最终有利于实现共同富裕。

**课堂实训**

| 活动题目 | 分析淘宝村电商的成功案例 |
|---|---|
| 活动步骤 | 对学生进行教学分组，每3～5人为一个小组，以小组为单位实施活动 |
| | 小组成员对广东揭阳军埔村、江苏睢宁东风村两个典型的淘宝村进行对比分析，并填写表8-1 |
| | 每个小组将结果提交给教师，教师对结果予以评价 |

表8-1 淘宝村成功案例分析

| 对 比 项 目 | 广东揭阳军埔村 | 江苏睢宁东风村 |
|---|---|---|
| 成长历程 | | |
| 核心优势 | | |
| 营销效果评价 | | |
| 电商启示 | | |

## 第二节 县域电商案例分析

县域电商现已成为各县发展的重头戏，也进入快速崛起期。电子商务借着互联网本身开放性、全球性、低成本、高效率的内在特征，不仅改变了企业本身的生产经营管理活动，更影响整个社会的经济结构和运行。县域电商是电子商务近年来发展的新趋势，也是电子商务领域最具创新、最具挑战、最有机会的市场。

### 一、案例背景概况

自政府的"互联网+"计划出台后，县域电商成为各个县发展的重头戏，我国县域电子商务也进入快速崛起期。电子商务借着互联网本身开放性、全球性、低成本、高效率的内在特征，不仅改变企业本身的生产经营管理活动，也影响整个社会的经济结构和运行。

1. 县域电商的概念

县域电商有广义和狭义之分。广义的县域电商是指在县域范围内以计算机网络为基础，基于浏览器与服务器应用方式，以电子化方式为手段，以商务活动为主体，在法律许可范围内所进行的商务活动过程。狭义的县域电商是指网络销售和网络购物，即买卖双方通过网络实现网上购物、网上交易和在线电子支付的商业过程。

2. 县域电商发展的模型

自政府的"互联网+"政策出台后，县域电商如火如荼地发展，我国县域电商进入快速发展期。我国县域电商的发展模型有以下三种。

1）一县一品生态经济模型

以某一品类县域特色商品作为切入点，以全县人力为宣传载体，打造出一个本地化地域品牌，发展县域电商经济新模式，通过"一县一品生态经济"县域电商模型来推动当地经济的发展，将当地的特色产品通过电子商务推向全国乃至全球。

一县一品生态经济模型从结果导向来讲，是以某一品类产品为主，而且该品类产品的销售额达到了该县经济总额的50%以上，如五常大米、和田大枣、洛川苹果、奉节脐橙、仙居杨梅等都可以作为这些县区打造一县一品生态经济的突破口，进行品牌化经营，打通整条电商产业链，通过电子商务进行大宗批发、零售等方式，帮助农民增收，从而带动本县区GDP的快速增长。

2）集散地生态经济模型

利用区位和交通便利的优势发展物流产业，通过建立以电子商务为依托的基础物流设施，通过物流发货的高性价比，吸引大批企业将此地作为其仓储、物流基地，从而形成"集散地模式"，带动当地电子商务及区域经济的快速发展。

例如，浙江省桐庐县距离杭州市区只有80km，是浙西地区经济实力第一强县，我国著名的物流之乡、制笔之乡，在物流方面具有村级单位物流全通的先天优势。独特的区位优势为桐庐发展电商提供了很好的支撑条件，加上政府的政策支持，为电商的发展提供了良好的环境基础。集散地生态经济模型就是依靠当地的地理优势及比较完善的物流运输体系，通过发展物流、仓储产业带动当地县域经济的大飞跃。

3）产业生态经济模型

产业生态经济模型又被称为"跨域整合某一品类生态经济模型"，是以某一品类的产品为切入点，所有与该产品有关的县（区）共同参与，制定产品分类标准、建立溯源体系（农产品类）和服务标准（服务业），按统一的标准进行产品加工，统一进行品牌宣传，打通该产品产前、产中、产后全产业链（生产/种植、加工、质检、追溯、仓储、物流、销售与售后等）。该模型的要点就是抱团发展，建立品牌，打通产业链，带动配套产业的发展。

例如，河北省清河县是我国最大的羊绒制品网络销售基地。全县网店超过两万家，羊绒纱线销售占淘宝该品类70%以上，除了第三方C店外，还建立B2C模式的"清河羊绒网"、O2O模式的"百绒汇网"（100多家商户在上面设立了网上店铺）。同时，当地人十分注重品牌建设，12个品牌获中国服装成长型品牌，8个品牌获得河北省著名商标，24家羊绒企业跻身"中国羊绒行业百强"。

3. 发展县域电商的意义

对于县域而言，发展电商具有积极的意义。

1）电商为县域的"大众创业、万众创新"创造了平台

电商创业的方式非常简单，只需一台计算机，注册一个淘宝账户就能开店，启动资金仅需几千元，生产产品有农民，发货有物流公司，自己只要会用计算机即可。只要有

好的产品，营销的方法得当，短短几个月就能致富，满足了年轻人的创业心理。例如，陕西省吴堡县郭家沟镇返乡大学生郭荣亮，就通过在淘宝开店销售红枣、小米等土特产，并且供销《舌尖上的中国2》老张家手工挂面等，使店铺年销售额达近百万元，带动了当地一批年轻人从事电商创业。年轻人的回乡也成为县域经济最活跃的转型升级因素。

2）电商是使农民收入增加的一条有效途径

电商把生产、销售便捷地联系在一起，不需要大的投资，收益十分明显。特别是一些地方的特色农产品，经历层层中间环节，农民收益并不高，有了电商平台以后，农民可以直接与消费者"见面"，大幅减少了中间环节，收入明显增加。

例如，有"中国杧果之乡"之称的广西田东，网络销售就做得非常火爆，当天摘果当天发货，3～4天就送到消费者手中，盈利空间大，附加值比实体店高。

3）电商将有效转变县域农业发展方式

电商把县域之前的传统生产方式转变为依靠市场来定位，拿到订单再生产，从根本上解决了难卖的问题。例如，安徽省绩溪县推出了全国首例私人定制农场项目——"聚土地"，用户只要提前订购一定数量的土地份额，每个月就能够收到土地产出的蔬菜、水果，并免费到当地住宿旅行。项目发布后短短5天时间，曝光单击次数合计达5亿次，参与购买人数达到3500多人，总计认购土地465亩，项目销售额228万元。通过土地流转、返聘务工和提供农家乐餐饮，农民每亩土地增收达2000余元。

4）电商将为县域消费市场带来新的增长点

农民收入水平逐年增长，消费水平也不断提升，但农村的消费环境并没有跟上步伐，电商就为县以下的消费品市场提供了便捷通道。一些地方已经出现了专门为村民代理网络购物的淘宝代购，成功购买后收取一定的佣金，也侧面显示了农村人巨大的消费潜力和电商的前景。也正因为如此，大量的电商企业开始开拓农村市场，兴起了一轮下乡热潮。

5）电商为县域经济转型发展注入了新的活力

电商是推动县域三产业融合的重要工具，它不仅要渗透到传统产业中，而且要深刻地影响与再造，催生出新的产业。

例如，目前的农产品，普遍面临标准化程度低的问题，电商运用现代信息技术和科技手段进行系统性的产业链改造，对农业生产方式有着深远影响。电商带动了配套的生产、加工、储藏、物流和电商服务业的发展，增加了就业，为县域经济注入了新活力，将为县域经济的转型带来持久动力。

## 二、案例分析思路

经过近几年的发展，全国各地涌现出了大量的县域电商发展模式，值得学习借鉴的就有遂昌模式、临安模式、博兴模式、桐庐模式、清河模式、成县模式、通榆模式、杨陵模式、海宁模式、沙集模式等十几种发展模式，下面介绍两个典型的县域电商案例。

### 1. 浙江遂昌：农村电商的全面探索者

在所有县域电商的案例中，遂昌的案例最为典型，因为其在基础条件较差的情况下，靠自己一步一步的探索，为广大的山区县和中西部电商后发地区趟出了一条由农产品电商到县域电商之路。

到 2021 年年底，遂昌预计实现全县网络零售额 22 亿元，增速保持在 18% 以上；累计建成 4 个电商专业村（镇）、3 个特色村（乡、镇）；打造一批电子商务龙头企业，已形成以农特产品为特色、多品类协同发展、城乡互动的县域电商"遂昌现象"。下面从三个方面分析遂昌在电商方面的独特路径。

1）政府的主导与支持

遂昌的电商是从农产品开始起步的，并且离不开当地政府的支持，但与一般的行政推动有所不同，遂昌政府以"不越位""不缺位"的理念鼓励当地发展农产品电商，较好地分清了政府与市场的边界，先让网商自我调节，在市场无法调节价格时，政府再宏观引导，鼓励发展农产品电商平台。

农产品电商面临的一个重大问题就是标准化程度低，这一问题仅靠一两个企业无法解决，是一个非常大的系统工程，一定要有政府的主导。因此，在遂昌的农产品电商起步之初，政府必须发挥应有的行政推动作用，将分散的货源整合起来，统一管理，统一标准，以确保产品的质量，在此过程中，网店协会也起到了关键作用。

遂昌网店协会是一个非营利组织，其性质是农村电商公共服务平台，自负盈亏。遂昌网店协会成立于 2010 年 3 月，主要承担平台公共服务项目。县政府出台"全民创业支持计划"及配套政策，每年财政补助不低于 200 万元，建设 3000m$^2$ 的配送中心和遂昌农产品检测中心，建立"政府＋农户＋合作社＋网店协会＋淘宝网"多方负责的品控机制，在协会组织后面是政府强大的支持。

以上这些完善的设计需要一个优秀的带头人来执行，这个人就是潘东明。他在外创业后返回家乡发展，一路带领遂昌电商跨过了一个又一个门槛。

2）重构电商生态系统

电商不是孤立的产业，不可能成为脱离实体经济的空中楼阁。一个强大的电商体系必须有强大的产业基础来支撑，有强大的产业生态来配套。发展到一定程度后，农村电商主体会对电商生态系统有强烈要求，因为随着电商规模的壮大，电商的各个环节开始相对独立成为一个独立的产业形态，逐渐出现电商涉及产业的纵向一体化趋势和横向关联产业的协同发展趋势，客观上要求越来越细的分工，越来越完备的产业协作。遂昌在农产品电商规模达上亿元之后，已经出现对电商生态建设的需求，一个庞大的电商服务商系统开始形成。

越是电商发达的地区，电商服务商越发达。网店刚起步时，一两个人就可以把网店运营起来，一旦生意做大之后，分工会越来越明确，人才需求会大增，成本也会相应上升。因此，当大规模的网店上线后，运营者往往不会进行全功能运营，这时就需要一个服务平台去规划、营销、推广。例如，可以交给协会平台按需要整合和分配资源，一个由四五个人组成的电商团队需要一个设计师，那么可以由平台共同聘用一个设计师服务全县，共用几个专业摄影和美工，这样才能节省成本。

一个成熟的电商必须依靠成熟的电商服务来实现，就是要依靠服务商与平台、网商、传统产业、政府的有效互动，构建新型的电子商务生态，由此才能助力县域电商的腾飞。

3)"赶街"农村电商服务站设立

遂昌的可贵之处在于创新与务实结合,探索的步伐从未停止,遂昌网店协会通过一系列的探索,成立农村电商服务站的代买代卖模式——"赶街"项目,如图8-6所示。

图8-6 "赶街"县级运营中心

遂昌"赶街"的功能定位是建立"赶街——新农村电商服务站",以定点、定人的方式,在农村实现电子商务代购、农产品售卖及基层品质监督执行等功能,让信息化在农村更深入地对接与运用。早在2013年6月,浙江遂昌就建立了第一家"赶街"村级电商服务站。

电商下乡面临的困难很多:一是很多村民家里没有宽带,没有计算机,无法联网;二是物流,顺丰和"三通一达"都做出了各种尝试,但其直营快递物流很难深入到农村;三是农村老人和儿童居多,会上网购物的人少。针对这些问题,遂昌"赶街"项目依托当地的小卖部和超市店主建立农村电商服务站,为店主配备计算机设备、液晶显示器、展示柜和收件筐,由便利店老板为村民代发、代收包裹,也为村民提供代购服务。

"赶街"项目的推出拉开了农村电商的破局序幕。"赶街"的意义在于打通县到村最后一段的配送,发展农村代购业务,让农村居民也能够享受网购的便利,把农产品卖给城里人,实现城乡一体。

2. 浙江临安:线上线下齐飞

浙江省临安市把培育发展农村电商作为撬动农业增效、农民增收、农村发展的重要支点,成功跻身于中国电子商务发展百佳县、省级电子商务示范市,其中白牛、新都、玉屏、马啸四个村成为全国百强"淘宝村",清凉峰镇成为全省六个淘宝镇之一。2020年,临安累计实现网络零售938852.7元,同比增长41.6%。

临安电商最大的特点是立足于自己的优势产品——坚果炒货,紧贴杭州优越的区位优势,大力推进县域电商的发展,如图8-7所示。在临安市,特色农产品山核桃一直是当地农民致富的"摇钱树",临安山核桃以核大、壳薄、质好、香脆可口而闻名,有"天下美果"之称。

图 8-7 中国坚果炒货食品城

临安市现有山核桃种植面积 57 万亩,年产量 1.5 万吨左右,产值超 8 亿元,其中面积、产量、加工、效益 4 个指标位居全国第一,是全区农村的"支柱产业"之一。"临安山核桃"以 27.02 亿元的品牌评估价值位列 2019 年中国果品区域公用品牌评估价值榜第 24 位,比上年提升 6 位,继续荣膺坚果类第一名。临安同时也是山核桃集散加工中心,加工量占全国的 80% 左右,其中临安市有"中国山核桃之都"之称、岛石镇有"中国山核桃第一镇"之称、银坑村有"中国山核桃第一村"之称。

临安电商发展有自己的特色,可以用 12 个字来概括,即市场倒逼、政府推动、大众创业。临安既是典型的山区县市,也是传统的农业大县,农副产品质量好,但早些年存在卖货难的问题,于是一些加工企业和大学生想到了在网上开拓市场。临安电商最早起步于"草根"式的市场自发行为,可以说是被市场倒逼出来的。

临安早从 2012 年开始,就按照线上线下联动推进的思路,积极搭建电商发展平台。线下,临安大力推进产业基地建设,形成了电子商务科技园、中国坚果炒货食品城和电子商务专业村分工协作、配套发展的格局。线上,临安形成了"一带一馆"的网销模式。之后,临安相继建立了阿里巴巴临安产业带、淘宝"特色中国·临安馆",成为全国坚果炒货网上批发第一平台。临安市政府大力推动电商发展,从以下三个方面着手。

(1) 出台发展电子商务的相关政策。制定下发一系列政策,重点扶持平台建设、电子商务主体培育、公共服务、培训交流等工作。

(2) 建立完善的电商人才培养机制。积极落实市委、市政府制定的人才引进政策,将电商人才作为紧缺急需人才,按相关人才政策优先予以引进。与浙江农林大学、杭州电子科技大学、江南大学等院校共建电商人才培养机制,与浙江农林大学信息工程学院、杭州赢动教育培训有限公司、临安中职技校共建电商人才实训基地。同时,发挥部门、高校、社会团体及镇村等力量,对返乡大学生、家庭农场主、网店经营户、合作社和龙头企业负责人等实行"菜单式"、分层式培训。

(3) 通过各种平台宣传推广临安电商。通过论坛、媒体、评比等各种平台,向外推荐临安电商产业,组织开展网上宣传促销活动,搭建集生产商、销售商、原材料供应商和电子商务服务机构于一体的合作共享平台。

临安农产品电商的网上销售只是开始，更大的目标是通过农产品加快发展农村电商，并进一步延伸到旅游电商和其他行业。

一方面，农产品电商销售模式不断创新；另一方面，加快电商覆盖三次产业，推进电商村级服务站点的建设，通过整合村一级便民服务中心功能，为村民提供代购、代缴费、代购车票等服务。集旅游、娱乐、服务、生活为一体的微信平台——微临安上线，全方位推进电商发展。

从临安电商的实践中可以发现，农村电商有基础产业支撑非常重要，在有成熟产业基础的地域，线上线下相互配合，更能提高电商发展的成功率，也会全面提升产业的发展水平。

### 三、案例总结与思考

#### 1. 县域电商的发展趋势分析

中国县域电商已经进入"多方协同发展"阶段。我国县域电商不断升温，成为发展县域经济的新引擎，县域也成为我国电子商务发展的主要阵地。未来县域电商预计会呈现以下发展趋势。

1）由简单的产品上行开始走向全网营销

各示范县推进"电子商务进农村"项目的一个基本共识，就是着力推进本地产品触网上行，壮大电商队伍，带动地方经济发展。但产品上行的本质是做生意，通过网络把产品卖出去，仅仅靠行政推动并不能从根本上解决问题。

未来县域产品上行的全网营销将会加大力度，以建立和巩固地域品牌认知。无论是全国5425个"淘宝村"，还是砀山等地出现的"微商村"，都要围绕卖给谁，然后解决卖什么、谁来卖、谁投资、怎么卖、在哪卖等这些市场化的问题，并针对不同的消费群体和交易规则，选择适合的网上交易平台和营销渠道。对于有地方优势产业的产品，先从单点突破、建立优势，再进行全网营销、优化配套。

2）特色小镇与电子商务结合

特色小镇是按照创新、协调、绿色、开放、共享的发展理念，聚焦特色产业，融合文化、旅游、社区功能的创新创业发展平台。

从2014年全国的8个试点省开始，到2020年全国共评出1231个"电子商务进农村"综合示范县，以县域为单元发展农村电商的思路深入人心，如何有效地下沉到乡（镇）将是一个主要方向。除国内拥有电商产业园区数量最多的颐高集团开始特色小镇的项目布局外，安徽巢湖的半汤"三瓜公社"、砀山的唐寨"美梨小镇"和良梨"创梦空间"，也在互联网特色小镇上做了有意义的探索，深度结合电子商务放大自身的特色优势。

3）互联网+旅游+农特产品

线上引流成本越来越高，精耕用户成为未来的重点，农特产品和旅游融合是很好的商业模式。"互联网+旅游+农特产品"的设计，让开放牧场的体验式旅游实现超高的口碑和评价，并带动当地特产的超高回购率。

做好农特产品和旅游的融合要注重参与性与融入性，这比传统的观光更加注重游客的亲身感受，通过互动和体验，让乡村旅游过程成为一段美好的回忆，这已成为县域打造品牌、圈定客户的有效手段。电子商务不仅将原来的旅游消费变成了体验营销，还带来了较高频次的网上产品消费，甚至引导客户进行分享传播，全面扩展了农业的功能和领域，有效地延长了农业价值链，实现了生态效益和经济效益的双丰收。

4）县域电商园区向"互联网+服务中心"升级

县域电商园区的软实力得到政府和社会更多的关注，必须在营造软环境、升级软服务、构建电子生态上发挥重要的作用。

由于电子商务园区的建设和运营缺乏行业规范和评价体系，目前存在进入门槛低、运营水平低、行业集中度低等问题。未来电商园区不仅要建立健全完善的电子商务公共服务体系，而且要鼓励发展与当地优势产业、优势品类相关的电子商务增值服务，县域电商要成为县域加速培育电子商务的空间载体。另外，也要做好与众创空间、教育培训基地、产学研中心、行业协会等的结合，加强与电子商务物流基地的业务联动，实现从网商办公聚集向服务聚集、生活方式，乃至"互联网+服务中心"的演进。

5）社交微商有望成为县域电商主战场

淘宝、天猫、京东等综合电商平台的创业门槛越来越高，微信、微博、直播成为流量争夺的新入口。在以熟人社会为主的乡村，社交微商有望成为县域电商主战场，县域有坚实的产业基础、规模化的人口优势，再配合政府的支持，不仅能培养一大批微商，还会衍生出一批网络达人，为农产品网销打开局面。

6）县域电商走向跨界合作

县域电商经过不断的发展，遇到的很多问题逐渐有了成熟的解决方案，开始快步走向市场化，但电子商务是竞争行业，"电子商务进农村"综合示范政策培育成长起来的各地"县域电商一站式综合服务商"，其"大而全"的业务模式在县域电商发展初期虽然有利于整合资源，实现项目不同模块间的联动和促进，但并不代表市场竞争的方向，需要尽快升级优化。互联网的机会在于专注解决某一类问题，越专注，成功的概率就越大。

县域电商领域的跨界合作会促使县域服务商强化垂直优势，走向成熟。在县域范围内，由集成服务商牵头与园区服务商、网店外包服务商、物流服务商、培训服务商、金融服务商等第三方服务商及品牌供货商分工合作，县域范围外与平台服务商、数据服务商、技术服务商、创投服务商等加强联动与合作。跨界合作将促使县域电商各项业务走向重度垂直，提高行业集中度和投资收益率。

2. 县域电商给农村电商发展的启示

从农村淘宝店到"淘宝村"再到"淘宝县"的批量涌现，从单纯农产品网上销售到各种新型的产业带在县城的逐步形成，县域电商这种新的经济增长形式并迸发出活力，让"不离土、不离网"成为不少当代农民新生活的生动写照，县域电商的成功发展也带给我们一些启示。

1）正确看待人才短缺问题

县域发展电子商务面临着人才的短缺问题，无论是刚起步的县域，还是发展不错的县域，在电子商务领域都大量缺少人才。其实哪个行业都存在人才短缺的问题，电商行业目前主要缺少一线电商从业者,这一问题只要靠短期的培训加实战就可以解决,关键在于年轻人是否愿意去做。

人才也分为不同层次:操作型人才的培训周期短,只要收入与工作环境都还不错,就可以迅速招到人;管理型、技术型的人才要求相对过高,通常要看企业的文化、团队的凝聚力,以及人才对企业发展愿景的判断是否符合一般企业管理人才的流动规律。

2)采取适合当地情况的发展模式

不同的县域差别很大,要做好县域电商,就需要因地制宜。下面来看几个县域电商的典型案例。

浙江遂昌主要以政府的背书来整合推动,由县政府倡导成立的电商协会完成了内部自律、信息对接、对外宣传和标准制定等工作,再加上政府的一系列优惠政策和基础建设支持,在农产品标准化程度低、市场信任难的情况下,让遂昌农产品赢得了市场。

吉林通榆这一传统农业县借助一号店进行包装、研发和推广,并注册营销公司和"三千禾"品牌,而县域主要负责生产基地建设,这种模式也是非常有效的。

陕西武功提出"买西北,卖全国",做电商的产业链和电商经济,采取不同于一般县域电商的举措,以建电商园区、建孵化基地、建人才培养基地的方式为大力招商引资、引进一批农产品电商企业入驻奠定基础。

3)注意发展之初的三个关系

县域要想发展电商经济,不能只卖产品,还要在企业、人才、资金、产品大流通上下功夫,这样才能发展起来。在发展之初,要注意以下三种关系。

(1)本地企业与外地企业的关系。西部县域电商大部分为外地企业,这一情况主要是因为西部县域电商企业少、实力弱、人才短缺,但县域电商经济的发展肯定要以本地企业的催生和成长为标识。

(2)本地产品与外地产品的关系。县域电商的优势就在于农特产品基础雄厚,但网上销售还存在包装与标准的问题。因此,现在的电商园区还是以买进外地产品再卖出去为主,以此扩大产业规模,带动就业,但仍然要加大开发本地产品的力度。

(3)本地人才与外地人才的关系。县域产业刚开始起步时,成批量引进人才是最直接、有效的办法,能够迅速带动产业的发展,但引进人才的另一个目的是发挥示范作用,带动本地人才的成长,进而推动产业的发展。

4)把握好政府在县域电商中的定位

在县域电商的发展中,政府的推动非常重要,如果没有政府的大力支持,县域电商很难发展到今天这个地步。虽然政府推动对产业发展非常重要,但市场的主体毕竟是企业,政府要把握好角色定位,划清与市场的界限,让产业能良性地持续发展。

(1)政府决策能引领产业发展方向。政府决策对县域经济的发展非常重要,政府有了决策之后,才会有产业发展的一系列措施,才能吸引企业和人才、技术与资金落户。县域电商的发展方向及发展到什么程度,都需要政府制定明确的战略。

(2)政府介入能加速产业的发展。政府所做的一系列工作的目的是让企业更好地发展,无论是出台的政策、投入的资金、建设的基础设施还是营造的外围环境,都是为这一目的而服务的。出台什么政策和措施,一定要从产业的现状和企业的现实需求出发。

（3）政府能保护产业的健康发展。企业都比较关注政府政策会不会变，在产业出现问题时政府能不能在关键时刻出手相帮等，政府应对此有预案。政府也要考虑当企业经营出现困难时，能不能协调相关部门与金融机构进行扶持，这十分关键。

5）重点做好三项基本工作

在县域电商的发展方向比较明确之后，就要重点做好以下三项基本工作。

（1）继续巩固县域电商基础。这包括两大方面：一方面是人才问题，把培养人才作为重点，同时继续引进企业和人才；另一方面是产业平台建设，如电商园区的问题，配套的通信、物流、包装加工等产业链建设问题。

（2）做到大小兼顾。无论是大的战略问题还是小的战术问题，都要加以考虑，也要明晰长远目标、当前阶段特征、配套的措施都是什么。不仅要引进大的企业，也要扶持小的创业网店，实现共同发展。对于不同企业、不同产品面临的问题，要因企而异、因产品而异，要有细分的理念。

（3）产品要不断创新。在电商行业，农产品一直被称为"非标产品"，因此对农产品要不断创新，制定标准和改进包装物流，从消费者的角度出发，改进产品的规格、包装，使其适合电商的标准，这是非常基础的一项工作，要由县域主导。同时，需要从县域拥有的资源出发，发展新产品，政府可给予适当的奖励，由企业来负责开发。

### 3. 县域电商的未来展望

随着互联网的发展，县域电商作为一个新兴的领域，在我国快速崛起。县域电商的发展，对于促进县域经济和社会发展的作用日益明显。

1）县域农业农村电商的短板将迅速弥补，产业链环节日趋完善

伴随我国"邮政在乡""快递下乡"工程的持续推进，以及政府支持建设的县域电子商务公共服务中心、村镇电子商务服务站点的普及，县域农村电商的服务网络覆盖率将进一步提升，下行物流的最后一千米问题将得到缓解。在农产品电商上行销售基础设施方面，2020年的中央一号文件把集中力量完成打赢脱贫攻坚战和补上全面小康"三农"领域突出短板确定为两大重点任务，在农村道路完善、行政村光纤网络和第五代移动通信网络普遍覆盖，农产品仓储保鲜冷链物流设施建设，建设产地分拣包装、冷藏保鲜、仓储运输、初加工等农业基础设施等方面加大投入，农产品电商也将得益于农村农业基础设施的整体完善，弥补供应链各环节的短板，更好地服务城乡居民消费升级的需要。

2）电子商务引领县域农村消费省级，县域新消费市场快速崛起

近年来，国家发布多项措施促进消费升级，不断挖掘城乡消费潜力，优化消费环境，满足人民群众的消费需求，促进国民经济健康发展。县域电商的发展一方面通过工业品下行丰富城乡居民的消费选择和方式，同时通过农产品上行带动当地的就业和收入增长。随着农村居民人均可支配收入的增加，县域及县以下的消费水平稳步提升，电商平台市场下沉，交通、物流、通信等消费基础设施逐步完善，驱动县域消费潜力进一步释放，消费升级趋势在县域农村地区更加明显，呈现出个性化、高端化、品质化、多样化等特征。京东大数据显示，京东平台中县域消费总额近年增速均高于平台整体，且增速差呈

扩大趋势。电商平台争先向县域市场下沉，为县域消费者提供一站式商品购买和服务体验，不仅降低了购物成本，同时带来了城市的生活品质，助力农村消费升级。智能家居产品、健康产品、进口产品等消费品在县域消费增长，县域市场对品质商品的需求迫切，县域消费市场潜力巨大。

3）信息技术与县域农村产业深度融合，电商创新发展引领

当前，我国正处于从传统农业向现代农业的转型期，农产品供给日益丰富，现代信息技术在农业领域广泛应用，已进入建设数字农业农村的新阶段。电子商务将随同互联网、大数据、人工智能、区块链、5G 和农业全产业链的深度融合展现出新业态、新模式，基于大数据的电商创新将成为市场竞争的焦点，必将为推动县域经济增长提供新动能，为产业转型升级增强新动力，数字红利将在农村地区得到更宽领域、更深程度的释放，让农民群众更好地分享信息化发展成果。应强化数字农业科技创新，建立数字化农业基地，打造数字农场，完成农产品流通数据在线化，利用农村电商大数据促进农业供给侧结构优化，针对市场调整生产结构、进行产品创新、降低成本，利用线上线下销售平台拓展农品销售，并根据销售数据提前补货，实现产—供—销的数字化管理，提升供给侧端的整体效益。

4）电商新业态新模式与县域经济加速融合，电商新生态快速发展

伴随县域电子商务蓬勃发展，新零售、共享经济、拼团、砍价、直播、短视频等新业态新模式将进一步发展成熟，直播电商成为电商发展新趋势，将激发返乡下乡人员的创业活力，大量的"村红"直接变身为农特产品、农村旅游资源的代言人，县域电商人才队伍将快速壮大。随着各地农产品出村进城的加速推进，巨大的市场空间必将引领各类产业资源向农村聚集，加快农村地区、贫困地区接入新经济。县域内各类生活服务，如在线餐饮、休闲娱乐、美容美护、酒店、亲子、在线旅游及在线教育等生活性服务的O2O市场发展迅速，为县域农村消费者带来了更加便利、更低成本、更高质量和更优服务的生活。休闲农业、农村文化旅游、农家乐等业态蓬勃发展，县域电子商务与乡村旅游业融合发展，借助抖音、快手、微信等新媒体开展网络营销，旅游服务带动当地农副产品的销售、增加农民收入、改善农村生态。值得注意的是，要防止直播电商野蛮生长，规范主播、规范商品、规范行为，只有这样，才能让"火"起来的直播电商行得正、可持续、走得远。

5）聚焦本地服务的区域小流通发展空间广阔，县域电商新市场活力凸显

快速提升的城乡居民可支配收入预示着区域性的地方市场消费潜力巨大，县域电商发展将进一步形成"政府+市场"驱动机制，市场的决定性作用更加凸显，以县域为单元形成自循环的区域性小市场将加快发展。这个市场对于区域特色明显的农产品尤其适用，也吸引以赶街网为代表的一批农村电商企业扎根小区域、做实新流通；加上抖音、快手等直播平台极大地降低了销售门槛，村播服务县域的产品地方化销售也蔚然成风。大量短期内无法形成规模化、标准化的农特产品可以通过县域及泛县域的电商小流通找到合适的消费群体，加上小区域流通物流成本低、保鲜要求低，"小而精、小而特、小而美"的电商发展模式更能激发当地市场的活力，形成有效的可持续发展机制。

## 课堂实训

| 活动题目 | 分析县域电商的成功案例 |
|---|---|
| 活动步骤 | 对学生进行教学分组,每3~5人为一个小组,以小组为单位实施活动 |
| | 分别调研吉林通榆、河北清河、山东博兴三地进行其县域电商的实施分析,并填写表8-2 |
| | 每个小组将结果提交给教师,教师对结果予以评价 |

表8-2 县域电商案例对比分析

| 对 比 项 目 | 吉林通榆 | 河北清河 | 山东博兴 |
|---|---|---|---|
| 县域电商发展模型 | | | |
| 依托产品 | | | |
| 突破方式 | | | |
| 电商启示 | | | |

# 第三节 民宿电商案例分析

在国家乡村振兴战略的推动下,互联网与农旅相结合成为当前的另一热点投资领域,其中民宿与电商的结合是最为典型的民宿电商,使传统村落焕发新的生机,创造更多的价值。在移动互联网时代,各种新兴共享经济平台的兴起成功推动民宿产业的发展。再偏远的民宿,只要有特色、有创意,也能让目标群体找到并行动起来,这为民宿产业的发展提供了无限的机会和想象空间,也为农村电商的发展提供了巨大的附加值。

## 一、案例背景概况

民宿被称为有温度的住宿、有灵魂的生活。越来越多的人在出游时舍酒店而选民宿。当下,"民宿"已成为一股不容小觑的力量,成为旅游度假行业发展的新坐标。近年来,在多主体的共同推动下,互联网"民宿风"吹来,民宿已经呈现井喷式增长,并且承包了城里人的"诗和远方"。

### 1. 民宿的概念

民宿是指利用自用住宅空闲房间或者闲置的房屋,结合当地人文、自然景观、生态、环境资源及农林渔牧生产活动,以家庭副业方式经营,提供旅客乡野生活的居住处所。民宿有别于旅馆或饭店的特质,不同于传统的饭店旅馆,也许没有高级奢华的设施,但它能让人体验当地风情、感受民宿主人的热情与服务,并体验有别于以往的生活,如

图 8-8 所示。

图 8-8 乡村民宿

2. 民宿电商的发展背景

民宿电商能够实现飞速发展，成为支撑当地经济发展的重要内容，离不开互联网技术和电子商务的发展、国民经济的提升及民宿产业本身的发展。在这三大背景下，民宿电商成功占据了旅游住宿业的部分市场。

1）互联网技术及电子商务的快速发展

国内电子商务的迅猛发展是民宿电商发展必不可少的条件，在电子商务逐渐进入成熟期后，由电子商务孕育出的 O2O 行业也开始进入高速发展阶段，开始本地化及移动设备的整合和完善。

大量的互联网用户为 O2O 模式提供了数以万计的用户基础，截至 2020 年 12 月，我国网民规模为 9.89 亿，互联网普及率达 70.4%，较 2020 年 3 月提升 5.9 个百分点。其中，农村网民规模为 3.09 亿，较 2020 年 3 月增长 5471 万；农村地区互联网普及率为 55.9%，较 2020 年 3 月提升 9.7 个百分点。

2）国民经济的提升及人们思想观念的转变

据国家统计局网站消息，2020 年，全国居民人均可支配收入 32189 元，比 2019 年名义增长 4.7%，扣除价格因素，实际增长 2.1%。

在人们的收入水平有明显提升后，人们对生活质量的要求也越来越高，开始探索高层次的精神需求，其中以旅游实现消遣休闲的人数激增。而在旅游中占据必要位置的住宿产业也随之改变，住宿消费占比逐年上升，游客更注重住宿品质。标准酒店形态无法满足消费者在住宿以外的更多需求。适合更长时间居住的公寓、能更直接全面地承载当地文化的民宿及客栈，越来越受到不同类型消费者的喜爱，它们的市场体量也在不断试错及摸索中逐渐壮大。

3）民宿产业本身的发展

各地民宿的数量都迅速增长，尤其是在旅游资源丰富的地区，民宿数量更是成倍增长，民宿数量增长的同时，质量也在不断提升，游客的入住意愿也逐渐增加，促进民宿产业的迅速发展。

在O2O发展迅速的今天，集合线下丰富民宿资源的民宿预订平台也汇聚了大量的民宿资源，并且随着民宿的发展不断进步。线上民宿预订平台从最初的信息展示，发展到现在兼具向导、综合服务等功能。目前，我国多个平台已经收录全国数以万计的民宿房源。

3. 民宿发展的特征

民宿是旅游经济文化发展到一定阶段的产物，具有私人服务的形式，采用自主经营的方式。民宿发展的特征可总结为以下八个方面。

1）有范儿——民宿的文艺与小资

如果把星级酒店比作豪华大餐，那么民宿就是回味无穷的私房小菜。奢华派喜欢五星级酒店，青年偏好文艺客栈。有情调的民宿有的坐拥碧海蓝天，有的深藏于山水花木间；有的满是轻奢格调，有的尽显简约利落。人们住在民宿能够感受家的温暖，享受自由的感觉，恬静中带着亲切，让身心都放轻松，远离工作的烦恼。

2）有性格——民宿的魅力与气魄

与传统酒店相比，民宿代表着一种全新的生活方式，诠释的是个性、自由、随性的生活态度。而旅行者也不再满足于只是睡觉、吃饭，他们要寻找与自己气场相符的民宿，虽然不似住酒店般苛刻，但更需个性。民宿恰恰满足了旅行者对个性化的需求，有着自己的独特魅力。几乎每一类人群都能找到适合自己的主题，每一种心情也能找到合适的归属，这就是民宿。

3）有贵气——民宿的高端与时尚

民宿的生命力在于体验，体验一种别样的生活，这种别样的生活需求是民宿走向高端化发展的重要原因。酒店是综合体，民宿依附当地，注重游客体验。精品化、品牌化、组织化、主题化等都是传统民宿向高端民宿转变的过程和手段。

4）有技术——民宿的智慧与便捷

随着互联网及移动终端的迅速发展，智慧旅游的时代随之到来，中国在线民宿预订市场也进入爆发式增长期，主要集中在去哪儿、携程和艺龙等在线旅游平台。此外，还出现了很多专业的民宿在线预订平台及移动APP，如Airbnb、途家、Booking、自在客等类型多样。智慧民宿的发展提高了民宿的经济效益，也方便了游客预订，民宿的管理也开始走向智能化。

> **知识扩展** → **Airbnb**

Airbnb是AirBed and Breakfast的缩写，中文名为爱彼迎。爱彼迎是一家联系旅游人士和家有空房出租的房主的服务型网站，它可以为用户提供多样的住宿信息。Airbnb

成立于 2008 年 8 月，总部设在美国加州旧金山市。Airbnb 是一个旅行房屋租赁社区，用户可通过网络或手机应用程序发布、搜索度假房屋租赁信息并完成在线预订程序。

5) 有内涵——民宿的历史与文化

每一个村落、每一个地区、每一个民族在长期发展过程中都形成了自己鲜明的历史民俗文化传统，而民宿是传承和体现对当地历史文化、生活习俗、生产方式、文化形态、价值观等的一种极为有效的载体。民宿一方面满足游客的基本住宿需求条件，另一方面成为游客体验历史文化生活、感受地域民俗文化的重要场所，是作为传承、展现历史与民俗文化的重要载体而存在的。

6) 有情怀——民宿的主人与情感

相比都市酒店在硬件与设备方面"冷"的比拼，民宿更强调人与人之间"暖"的链接。如果说都市酒店是功能性的满足，民宿则更推崇功能升华后的生活方式。一个有故事的主人、一间有情调的房子，就成为能够比拼的差异点。开民宿的人，从某种意义上讲都是艺术家。游客青睐住民宿，其实就是住在民宿主人们那深深浅浅的情怀中。

7) 有品质——民宿的服务与体验

旅行的人以前只把体验放在行走的路上，而今民宿的发展让人们开始关注住宿体验。其实比起住在商业酒店，民宿倾注了房主更多的感情，游客更容易体会那片初心的温暖。民宿也许没有高级奢华的现代设施，但它能让人感受到当地独特的自然风光，感受民宿主人的热情与服务，体验民俗风情，体验有别于其他城市的乡村生活，因此颇受现代都市人的青睐。

8) 有品牌——民宿的名气与标准

得益于互联网的发展，国内已经具有一定知名度的民宿品牌，如花间堂、宛若故里等纷纷开始了连锁扩张，民宿的规模化、品牌化、连锁化运营成为新的趋向。

## 二、案例分析思路

近几年，尽管有供大于求的隐忧，但民宿市场的热度从未消退。下面分析几个比较典型的民宿电商案例。

### 1. 莫干山民宿电商

乡村旅游的火热、自驾游的盛行，使民宿在莫干山遍地开花。莫干山民宿除具备民宿的基本特征以外，也有其独有的优势。

1) 很高的人气

莫干山有最"洋气"的民宿：有的小奢侈，有的小清新；这些房子，不只是酒店，更是理想美学的实现；这些房子不只是民宿，也让山居成为美好的日常经验。

"洋家乐"是莫干山的代名词，莫干山出现了一批由专业设计师和建筑师打造、倡导自然环保低碳的生活理念的小奢侈或小清新的"洋气"民宿，吸引大量国内外游客慕名而来参观与体验。"洋家乐"的出现带动了莫干山民宿业的迅猛发展，使其呈现井喷式状态。独特新颖的"洋家乐"满足了人们喜爱新事物的心理，加上政府的宣传和媒体的不断报道，莫干山民宿在全国成名。如此高的人气在一定程度上促进了莫干山民宿的发展与壮大。

2）独特的地理位置优势

莫干山民宿兴起的一个重要原因就是地理位置优势。休闲旅游里有一个重要的因素，就是和客源地的距离，这决定了市场的潜力和大小。莫干山地处沪、宁、杭金三角的中心，莫干山脚下的德清筏头乡距杭州、湖州55km，离上海不过210km，离南京也仅250km。一旦处于长三角这个全国最大经济市场的辐射圈内，就解决了一大半的需求。一年365天，周末再加上法定节假日和寒暑假，足以支撑一个旅游产业的发展。

3）浓厚的历史氛围

莫干山得名于春秋末年吴王阖闾命干将、莫邪夫妇在此铸剑的故事，可见其历史悠久。清朝时期，有人在竹海之中建造了风格不一的精致别墅，这也成为莫干山一道独特的风景线。很多民宿经营者对民国风情有独钟，选择青砖黛瓦的怀旧复古风格装饰房屋，吸引了不少游客的目光。

4）微信自媒体的影响

莫干山这批民宿崛起时，正好是以微信公众号为首的自媒体崛起的时期，为抢占流量，各家都在疯狂地搜寻素材，而且基本都不收费，而莫干山民宿刚好搭上了自媒体这辆超级免费顺风车。

2. 云南民宿电商

云南自然景观的奇异性和独特性都很高，民族文化斑斓多姿，拥有一个世界自然遗产（三江并流）、一个世界文化遗产（丽江古城）、一个世界地质公园（大理苍山）。云南美丽雄浑的自然风光、巍峨的山、婉约的水都是发展民宿、发展乡村旅游的自然天赋。这个区域是民宿和客栈发展最早、最成熟的区域之一，也是民宿与客栈投资最炙手可热的区域。

丽江古城已经形成一种客栈文化，丽江的客栈包含纳西民族文化、民居式建筑，这里吸引了全国各地优秀的客栈经营者，他们以打造休闲度假旅游模式为蓝图，结合良好的周边景观、配套设施、设计理念、当地特色美食，搭配当地文化古迹解说导览、创意商品，不断提高民宿的附加价值。

加上国家政策的扶持，云南民宿的增加与经营模式的多样化，云南民宿的明天将更好。

云南民宿层次多样化，从简单到精品、高端都有，一晚价位从几十元到上千元，可以满足各种游客的需求。特色民宿产品已经成为网络旅游预订的新热点，云南民宿旅游还会持续升温，成为一种主流的旅行方式。云南民宿推广有一半是网上宣传，剩下的很大一部分是旅客的口碑宣传，很多经营较好的民宿都有好的服务和口碑。

云南在全省范围内开展的旅游市场秩序整治使人气不断上涨，云南旅游止损上扬，主打情怀牌的民宿贡献不少，在人气上涨的区域，旅游业态也为民宿带来源源不断的客源。

民宿客栈经营者要继续转变观念，增强行业自律，为客户提供高性价比的服务，同时也要明白，民宿的本质是文化创意产品，一味加大硬件建设可能是本末倒置，还要因地制宜地挖掘特色潜力，打云南特有的民族牌、乡土牌、文化牌，以民宿品牌发展结合云南旅游继续转型升级。

无论是莫干山还是云南民宿的成功，除市场需求旺盛、乡土情怀推动、有特色外，最重要的是注重民宿品牌文化建设，通过电商进行适时的氛围营造与推广。由于民宿业的门槛较低，大批资本涌入民宿业，行业的激烈竞争促进了民宿品牌文化的建设。民宿经营者或相关企业通过将民宿与当地传统特色文化相结合，打造出别具一格的民宿形式，从而树立了各自的品牌。品牌信誉的积累和口碑的传播也促进了民宿在游客心中的感知形象和认可程度。此外，电商平台还采用自媒体等手段进行行业氛围的营造和宣传。民宿的"诗和远方"和"小资格调"吸引了一大批青年和厌倦了案牍劳形的城市白领。服务行业中，口碑与声誉至关重要。在"互联网+"时代，民宿的推广与宣传除一部分游客带动外，网上宣传对提高民宿客栈的附加价值也起到了关键的作用。

## 三、案例总结与思考

### 1. 民宿电商的发展趋势分析

我国民宿行业整体发展迅猛，预计未来我国民宿行业的发展将呈现以下几个趋势。

1）短期数量持续增长，未来发展呈抛物线型

近几年，我国民宿数量急剧增长。供给端正在爆发式地增长，并且产能仍然在不断释放。岛屿村落、乡村民居都是民宿的储备资源。

我国在线短租市场规模持续高增长。互联网经济推动了民宿业的发展。虽然互联网环境存在风险和挑战，但各网络平台仍纷纷试水，中国内地的在线预订市场的规模日益壮大。

政府为维护民宿的健康发展，出台一系列法规限制行业门槛；部分热门区域行业发展过快，竞争激烈，也使民宿投资增速放缓，入住率也出现了下降。虽然目前民宿业增长下滑，但随着长假常态化及游客出行的常态化，民宿发展也呈现常态化趋势。

2）"民宿+互联网"时代，大数据指导民宿提升

随着民宿市场竞争的不断加剧，民宿提升势在必行。民宿业主一般情况下每五年就必须对其房屋进行重新装修，保障其独有的特色，将市场需求与文化再度融合。这不单单涉及资金的问题，更多的是根据新的市场需求设计更高品位的产品，而针对市场需求的把握，专业化平台可以运用大数据，使其具有更强的决策力、洞察力和优化能力，指导其提升规划。

3）政策放宽市场准入，资本助力民宿升级

越来越多的地方政府将民宿视为乡村建设和乡村旅游的重要入口，开始积极为民宿提供各种政策和资金方面的支持。长久以来，困扰民宿投资者的土地纠纷和证照不全的问题得到解决。但对于民宿的发展观念、支持力度、专业程度、管理方法等，各地政府发展并不平衡，双方的合作仍需不断磨合。

民宿领域也受到资本的青睐，各种资本开始不断注入民宿产业，携程、美团、首旅、

如家及地产商们纷纷看好民宿领域，希望利用资金、流量及管理优势，在民宿领域抢占市场，资本的注入势必直接助推民宿的发展。民宿实现规范化，标准出台喜忧参半。

民宿业作为一个独立的产业形态已经成型并有着良好的发展空间。如何对这个行业进行法律规制与监管，成为业内重要的话题。近几年，一批民宿业相关的部门规章和行业标准陆续出台。各项标准的陆续出台，意味着对行业标准呼吁已久的国内民宿等非标准化住宿终于迎来了统一规范。随着国家标准的出台，越来越多的民宿会走向特色化、差异化的发展道路，更会涌现出一大批精品民宿，未来游客也能更好地通过民宿体验到当地的风情。

4）游客追求独与特，民宿建设小而精

现在的游客越来越注重对情怀的追求，建立独特的客栈情怀是吸引游客的重要因素：民宿的核心竞争力是人，民宿为游客提供的是非标准产品，能让游客叫好的只有内涵，而内涵氛围需要运营者来造就。要满足游客追求独特性的要求，未来的民宿一定不能停留在模仿阶段，而要做出属于自己的民宿品牌，朝着有独特风格的民宿方向发展。

民宿旅游的开发建设也趋向于小而精、小而特，规划设计与周边环境巧妙融合，注重特色饮食与原汁原味的参与体验，让游客进入休闲、放松的环境。

5）居民休闲需求巨大，民宿转向短租市场

自由行游客的需求高度个性化，体验目的地文化、当地社交需求日益增长，而民宿正好能满足这样的需求。中国短租行业一直努力在摆脱"日租房"的形象，"互联网+""主题特色""有人情味的民宿"等已经成为它们的市场标签，一批特色民宿在全国各地异军突起。民宿短租市场属于挖掘存量市场，而国内大量的闲置房源供应为其提供了巨大的发展支撑。未来闲置房源的开发仍有很大的空间，这为在线短租提供了充足的供给资源，也成为在线短租市场的"源泉活水"，为短租市场的长远发展打下坚实的基础。

6）筹资、筹智、筹资源，民宿开启众筹模式

由于民宿的大面积兴起，众筹民宿也跟着热起来，通过众筹来筹钱、筹智、筹资源。

### 知识扩展 → 筹钱、筹智、筹资源

筹钱：民宿是非标准住宿的代称，很多民宿主人都想扩大规模。这些有众筹的发起人多数都是运营主体，他们对资金的需求非常多，民宿的特点决定了通过众筹来筹集资金是比较现实的，通过互联网做众筹是比较好的筹钱方式。

筹智：众筹集聚各行各业、各层次的人员，考虑问题会更全面与细致。例如，民宿怎样装修出自己的风格，股东们通过单独或几个人认领一个房间的方式，根据自己的想象与灵感设计出诸如海盗、地中海、少数民族、学生时代、复古、亲子、田园、竹林等多种装修与布置风格。

筹资源：通过众筹进行二次宣传，把对民宿感兴趣的消费者作为合伙人，由共建人直接带来客源，是一种精准化的营销模式。

众筹切入民宿有很大的市场空间，一方面，民宿的消费者大多是追求品质服务的中产阶级，而众筹投资人也集中在中产阶级，两者用户有一定程度的重合，相互渗透；另

一方面，国内民宿虽然数量庞大，但除热门旅游风景区外，很多小众地区的民宿并不为人所知，因众筹具备宣传的功能，可弥补民宿本身缺少宣传途径的弱点。

### 2. 民宿电商给农村电商发展的启示

#### 1）找准民宿的市场定位

民宿的前提是民，结果是宿。在政府、市场、消费者对民宿的定位还存在争议时，开发民宿既要面临"准入"的问题，又要面临"个性打造"的问题，也就是"难"的问题。但是，问题背后就是机会，在一个行业的发展初期，一个项目做得好，就可以成为行业标杆，或者成为被模仿的对象。

从产业链的角度来看，当民宿还没有规模化，还没有形成产业集群之前，一般都需要经历"依托景区存在"的发展阶段，也就是说做旅游景区的配套，依附于旅游而生存。目前国内的民宿基本处于这个阶段，且还是处在市场萌芽期，民宿还不能成为独立的旅游支点，需要靠政府的扶持和引导，单纯靠市场的手和民间的力量是做不到的，必须要有政府参与进来，才能推动行业的发展，使其最终成为一个产业。

从营销的角度来说，要走个性化的道路，就是做一个自己喜欢、别人很难模仿的民宿，既具有市场竞争力，又可以满足自己的情怀。只有加入情怀，民宿的主人和游客才会沉浸在梦想的绮丽星空中，让时光定格，生活充满滋味。

从定位的角度出发，民宿除+互联网外，还需要+文艺、+怀旧、+乡愁、+发呆等，最重要的是+情怀，否则，再好的民宿也只是一个人的游戏。

民宿经营是生活态度的分享，是关于人情味及主人魅力的温情产业，是创造幸福与感动的地方。民宿的价值就在于它的生活气息，它曲径通幽地让游客深入体验当地生活，它让游客清晨起床看到的是邻居家的饭菜，而不是酒店的停车场；它让游客能从主人那里得到更多的趣味，而不只是酒店服务员的机械动作，这也是民宿受热捧的重要原因。

#### 2）完善民宿的产品内容

有了精准的定位，接下来就是怎么把民宿产品打造出来的问题。民宿的运营模式一般有自发型、协会型、政府主导型、运营商主导型等，当前大部分以自发型民宿为主，因为整个行业还处于萌芽中，对民宿从业者和管理者来说，都还在摸索着前进。

（1）民宿的产业链要完善。考虑产业链的指标可以看项目周边，或者自身是否拥有极具吸引力的旅游资源，可以吸收大量的游客；是否拥有优美宜人的气候环境；是否能让游客居住逗留。另外，应考虑政府是否有鼓励性的政策，对民宿的发展是否有政策的扶持，是否努力营造良好的投资软环境。

（2）产品结构要完整。民宿作为一种产品，想要热卖，必须具备产品结构的完整性。

① 基本产品：提供基本的符合标准的住宿、餐饮服务。例如，室外有庭院、花园、菜园、小果园、公共大露台、观景廊、小型户外运动场等，室内有自助厨房、自助洗衣机、休闲茶室、咖啡吧、小型红酒吧、棋牌室、台球桌、书房、影音室、理疗室、工艺品陈列室等。

② 特色产品：结合主人的爱好，打造创意民宿休闲活动，如工艺品制作、休闲娱乐室、音乐酒吧、沙画制作等。

③ 配套产品：提供住宿以外的餐饮、购物、休闲等配套产品，如咖啡馆、餐厅、

特产销售等；联合周边资源和景区，开展主体性旅游活动，如农耕体验、垂钓、温泉浴、滑草、古建筑参观、景区游览等。

④ 免费服务：早餐、咖啡茶饮、美食加工、旅游行程咨询、代订机票/车票/门票、推荐美食、出租车、土特产代购、接站/接机服务、组织特色民宿活动、包车服务、自行车/轿车租赁等。

3）打造民宿的系统营销

对民宿产品而言，生活就是最好的营销。民宿的营销推广方式包括网络营销，通过建立预订网站及豆瓣、微博、微信、网页等网络渠道展示推广民宿；整体营销，联合组建民宿协会，整合资源，整体打包营销，同时可以通过集体举办节庆活动来提高人气；口碑营销，与游客建立良好的客户关系，通过温馨的服务打响自身品牌等。除这些常规的推广方式外，最重要的就是体验。

有体验，就要有生活。没有生活的民宿，卖得只有住宿，注定会经营惨淡。对于一般的民宿经营者来说，要建设专业而整合的推广平台并不现实，他们要通过自媒体开展营销。携程、去哪儿是流量平台，适用于大酒店；而民宿是小而美的个体，属于场景范畴，其内核是社群商业。社群商业的要义便是去中介化，充分运用场景营销。因此，民宿经营者要学会使用自媒体工具，包括微信、微博等媒介，做足经营特色与调性，找准自己的客户群，做到精准营销。

近几年，Airbnb、自在客等民宿平台开始在国内兴起，而一些小而美的民宿及生活方式分享平台也逐渐在国内兴起，包括态客、故乡旅行等。在宣传推广产业链不完整的环境中，民宿经营者要像全能电商一样，把自媒体的价值做出来，从而形成自媒体的强大黏合度。

在工业化泛滥的今天，人们普遍有一种田园情怀，在城市待久了，都有到乡村放飞心灵的渴求，渴望过上几天闲云野鹤的生活，体验一下"谈笑有鸿儒、往来无白丁"的田园情趣。这就是民宿的市场所在，关键问题是如何去激活。

首先，在认识上不要有误区，不要以为有好的设计、好的品位、好的硬件，就可以乐得清闲，客人就应该乐于其中。其次，如何在有情怀的鼓动下盈利。经营民宿其实是一件很累的事情，是因为你喜欢，就不累；做久了，累就成为一种享受，享受就变成了情怀；再做下去，情怀就会成为一种遥望。

准确地说，民宿的营销更应该是一种分享，对民宿经营者生活的一种展播。在移动互联网时代，每个人都是自媒体，只要把自媒体经营好，民宿品牌就会跟着个人品牌成长。民宿的营销传播关键不是告诉别人这里有民宿，而是要告诉别人这里有什么样的民宿，我们在过一种什么样的生活。

跳出民宿看民宿，能给民宿注入更多的生命力。我们不能简单地将民宿看成住宿，而应该与周边环境融为一体，保留当地特色生活。如果只是强调住宿，将很难与酒店竞争，从而难以给游客留下的理由。故乡旅行的实践是把"民宿+人+物产"结合起来，给游客一种当地深度的体验，给他们选择民宿而不是选择酒店的理由。例如，故乡旅行对广州某民宿的运营就采用了这种模式。该民宿原本只是该区域的一栋孤楼，环境好但留不住人。故乡旅行因时因地制宜，春天摘青梅、夏天摘杨梅，并充分运用当地山水资源丰富等特点，创设出皮划艇、徒步等户外活动；再结合人的要素，让该民宿的经营格局与效果有了质的改变。

游客住民宿是为旅行休闲，感受另一种生活方式。因此，借用环境、人文等要素，注意设计感与卖点，把餐饮、客房、人、物产等结合起来，民宿经营会看到一片新天地。如果单个民宿没有能力组织大型的节庆营销、事件营销，可以举行连续不断的小型活动，尤其是那种结合当地民俗的活动，这样才能形成民宿项目强大的黏合力。

4）描绘"民宿+"的未来

从宏观上看，随着我国经济增长速度由高速转向中高速，经济发展驱动因素由投资、出口更多地转向消费，突然慢下来的节奏会让人们重新审视生活，乡土文化情结集中爆发。与此同时，城市化的快速发展导致农村出现空心化，闲置农村住宅为民宿的投资、建设和运营提供了机会与空间，民宿和电商使传统村落焕发出新的生机，从而创造更多价值。

民宿在"互联网+"时代加速发展，并从小众走向大众，尤其是在黄山、婺源、大理、丽江等旅游目的地，如花间堂、隐居、德懋堂、安缦法云等一系列民宿品牌迅速崛起，途家等民宿分享预订平台已成互联网新贵。

这种充满文艺范儿的实践在受到游客欢迎的同时，也挠动了许多有梦想的青年的心，让越来越多的民宿爱好者加入民宿投资、改造中。现在，民宿逐渐迎来新局面：一是涌现出越来越多的竞争对手；二是房屋租金迅速上涨，配套服务跟不上，导致口碑下降，民宿经营在多面夹击中陷入困局。

国内的民宿发展存在一些问题，如缺少规划、破坏乡村地景风貌，缺乏项目地文化内涵主题的结合，缺乏前瞻性、整体性的地域整合规划，部分民宿房屋及土地权属复杂，个体发展后劲缺乏，经营者素质不高、服务、市场意识低下等。这就给民宿经营者提出了新的要求，民宿不只是个人情怀的释放地，也是一种新经济的体现。既然是经济行为，就需要按照经济的规律办事，不只是一厢情愿的个人追求。随着民宿"量"的倍增，在"质"上也会提出更高的要求。就发展规律来说，未来的民宿将会呈以下几个发展趋势。

（1）产品主体化。随着民宿市场竞争的加剧，未来民宿将逐渐摆脱早期单一依托景区的发展模式，而围绕某个主题进行差异化打造，形成本身具有旅游吸引力的主题民宿。随着产业规模的扩大，民宿也必将会呈群集式发展，而不单单是某个民宿项目单体的主体化问题。

（2）品质精品化。随着市场的成熟，大资本将大量涌入民宿产业，民宿产品会向精品化、豪华化、高端化演进。这是民宿产业大洗牌的开始，也是民宿产业进入大发展的时期，这是一个从量变到质变的过程。

（3）业态多元化。从单一到多元化是民宿行业发展的必然规律。未来的民宿将会不断延伸产业链，在住宿和早餐的基础上，拓展出向导服务、特产销售、休闲娱乐等增值服务，甚至向跨界方向发展。

（4）经营连锁化。当民宿发展到一定阶段，经营者将着手打造自身的独特品牌，并逐渐扩大经营范围，实现连锁化经营，甚至会有国际型企业进入这个行业，这也是民宿产业品牌化的开始。

（5）管理规范化。目前国内的民宿发展尚缺乏统一的标准，有待政府出台相应的法律法规和管理细则，推进民宿开发与管理的规范化发展。

（6）运营专业化。运营专业化是必然趋势，也是产业发展的需要。目前这种"摸着石头过河"的模式注定走不远、做不长，只是行业的探索式前进。未来，不管是在开发模式上，还是在推广模式上，民宿都会慢慢形成自己的专业化作业，借助互联网的力量，形成线上跟线上的互动，将社会资源进行更良性的整合，为游客的出行提供各种个性化的服务，让"在路上"成为一种生活。

## 课堂实训

| 活动题目 | 分析民宿电商的成功案例 |
|---|---|
| 活动步骤 | 对学生进行教学分组，每3～5人为一个小组，以小组为单位实施活动 |
|  | 了解民宿电商，选出三个你认为做得比较成功的代表，并填写表8-3 |
|  | 每个小组将结果提交给教师，教师对结果予以评价 |

表8-3 民宿电商的代表案例

| 对比指标 | 对象1 | 对象2 | 对象3 |
|---|---|---|---|
| 民宿名称 |  |  |  |
| 所属地 |  |  |  |
| 民宿特征 |  |  |  |
| 客户需求 |  |  |  |
| 客流量 |  |  |  |
| 营销效果评价 |  |  |  |

## ▶▶ 自学自测

1. 名词解释

（1）淘宝村

（2）县域电商

（3）电商扶贫

（4）民宿

2. 简答题

（1）影响淘宝村的发展因素有哪些？

（2）请说明县域电商发展的模型。

（3）电商扶贫主要有哪几种形式？

（4）请说明民宿发展的特征。

# 参考文献

[1] 柳西波，丁菊，黄睿. 农村电商 [M]. 北京：人民邮电出版社，2020.
[2] 惠亚爱，乔晓娟，谢蓉. 网络营销推广与策划 [M]. 北京：人民邮电出版社，2019.
[3] 何晓兵. 网络营销基础与实践 [M]. 北京：人民邮电出版社，2017.
[4] 杨路明，罗裕梅，陈曦，等. 网络营销 [M]. 北京：机械工业出版社，2017.
[5] 郑舒文，吴海瑞，柳枝. 农村电商运营实战 [M]. 北京：人民邮电出版社，2017.
[6] 徐骏骅，陈郁青，宋文正. 直播营销与运营 [M]. 北京：人民邮电出版社，2021.
[7] 孙爱凤. 直播技巧 实力圈粉就这么简单 [M]. 北京：机械工业出版社，2019.
[8] 柏承能. 直播修炼手册 [M]. 北京：清华大学出版社，2018.